모듈형

NCS
핵심영역

한권으로 끝내기

+ 무료NCS특강

시대에듀

2024 최신판 시대에듀 모듈형 NCS 핵심영역
한권으로 끝내기 + 무료NCS특강

Always **with you**

사람의 인연은 길에서 우연하게 만나거나 함께 살아가는 것만을 의미하지는 않습니다.
책을 펴내는 출판사와 그 책을 읽는 독자의 만남도 소중한 인연입니다.
시대에듀는 항상 독자의 마음을 헤아리기 위해 노력하고 있습니다. 늘 독자와 함께하겠습니다.

머리말

정부는 양질의 일자리를 창출하고자 다각도로 채용을 진행하고 있으며, 필기전형에 국가직무능력표준(NCS)을 도입하여 우리 사회에 직무 위주의 채용 문화를 정착시키는 데 기여하고 있다. 문제유형은 대표적으로 모듈형, PSAT형, 피듈형 3가지로 구분할 수 있으며, 그중 모듈형은 이론·개념을 활용하여 출제되는 유형이다. 채용 기업에 따라 10개의 영역 중 직무 관련 문제를 선발하여 출제되고, 핵심영역인 의사소통능력, 수리능력, 문제해결능력, 자원관리능력은 대부분 기업에서 출제하고 있다. 따라서 공사·공단 채용을 준비하는 수험생들은 필기전형에서 고득점을 받기 위해 가장 기본이 되는 핵심영역의 모듈형 유형에 대한 폭넓은 학습과 문제풀이능력을 높이는 등 철저한 준비가 필요하다.

공사·공단 필기 합격을 위해 시대에듀에서는 NCS 도서 시리즈 판매량 1위의 출간 경험을 토대로 다음과 같은 특징을 가진 도서를 출간하였다.

도서의 특징

❶ 기출복원문제를 통한 출제유형 확인!
- 2023년 주요 공기업 모듈형 기출복원문제를 수록하여 공기업 필기시험의 전반적인 유형과 경향을 파악할 수 있도록 하였다.

❷ 모듈이론 학습으로 영역별 출제 이론 파악!
- NCS 영역 중에서도 핵심영역인 의사소통능력, 수리능력, 문제해결능력, 자원관리능력의 모듈이론을 학습할 수 있도록 하였다.

❸ 모듈형 기출복원문제와 적중예상문제로 실력 상승!
- 핵심영역별 모듈형 기출복원문제를 수록하여 시험 경향을 확인할 수 있도록 하였다.
- 핵심영역별 적중예상문제로 다양한 문제 유형을 연습할 수 있도록 하였다.

❹ 최종점검 모의고사로 완벽한 실전 대비!
- 철저한 분석을 통해 실제 유형과 유사한 최종점검 모의고사를 수록하여 학습한 내용을 점검할 수 있도록 하였다.

❺ 다양한 콘텐츠로 최종합격까지!
- NCS 핵심이론 및 대표유형 PDF와 온라인 모의고사, 그리고 무료특강을 제공하여 필기시험 전반에 대비할 수 있도록 하였다.

끝으로 본 도서를 통해 공사·공단 채용을 준비하는 모든 수험생 여러분이 합격의 기쁨을 누리기를 진심으로 기원한다.

SDC(Sidae Data Center) 씀

◇ 국가직무능력표준(NCS; National Competency Standards)

▸ 산업 현장의 직무를 수행하기 위해 필요한 능력(지식, 기술, 태도)을 국가적 차원에서 표준화한 것
▸ 능력단위 또는 능력단위의 집합

◇ 직무능력

직무능력 = 직업기초능력 + 직무수행능력

▸ **직업기초능력** : 직업인으로서 기본적으로 갖추어야 할 공통 능력
▸ **직무수행능력** : 해당 직무를 수행하는 데 필요한 역량(지식, 기술, 태도 등)

◇ NCS의 활용

구분	내용
기업	조직 내 직무를 체계적으로 분석함
	직무 중심의 인사 제도(채용, 배치, 승진, 교육, 임금 등)를 운영함
취업 준비생	기업이 어떤 능력을 지닌 사람을 채용하고자 하는지 명확히 앎
	직무능력을 키워 스펙 쌓기에 부담이 줄어듦
교수자	교육 과정을 설계함으로써 체계적으로 교육훈련 과정을 운영함
	산업 현장에서 필요로 하는 실무형 인재를 양성함

◇ 모듈형의 영역

구분	정의	하위 영역
의사소통능력	읽고 들음으로써 다른 사람이 뜻한 바를 파악하고, 자신이 뜻한 바를 정확하게 쓰거나 말하는 능력	문서이해능력, 문서작성능력, 경청능력, 의사표현능력, 기초외국어능력
수리능력	사칙연산, 통계, 확률의 의미를 정확하게 이해하고 적용하는 능력	기초연산능력, 기초통계능력 도표분석능력, 도표작성능력
문제해결능력	창조적이고 논리적인 사고를 통해 문제 상황을 올바르게 인식하고 적절히 해결하는 능력	사고력, 문제처리능력
자원관리능력	자원이 얼마나 필요한지 확인하고, 이용 가능한 자원을 최대한 수집하여 어떻게 활용할 것인지 계획하고, 계획대로 할당하는 능력	시간자원관리능력, 예산자원관리능력, 물적자원관리능력, 인적자원관리능력

◇ 모듈형의 특징

특징	이론 및 개념을 활용하여 푸는 유형
	채용 기업 및 직무에 따라 NCS 10개 영역 중 선발하여 출제함
	기업의 특성을 고려한 직무 관련 문제를 출제함
	주어진 상황에 대한 판단 및 이론 적용을 요구함
대행사	사람인, 인트로맨, 잡플러스, 휴스테이션, ORP연구소 등

◇ 과년도 모듈형 출제 기업

건강보험심사평가원, 국민건강보험공단, 국민연금공단, 근로복지공단, 도로교통공단, 부산교통공사, 서울교통공사, 코레일 한국철도공사, 한국가스공사, 한국가스기술공사, 한국가스안전공사, 한국관광공사, 한국남동발전, 한국남부발전, 한국농어촌공사, 한국도로공사, 한국동서발전, 한국마사회, 한국서부발전, 한국수력원자력, 한국전기안전공사, 한국전력공사, 한국중부발전, 한국환경공단, 한전KDN, 한전KPS, 해양환경공단, HRDK 한국산업인력공단, HUG 주택도시보증공사, KAC 한국공항공사, K-water 한국수자원공사, LH 한국토지주택공사, LX 한국국토정보공사, SH 서울주택도시공사, SRT 수서고속철도, TS 한국교통안전공단 등

주요 공기업 적중 문제 TEST CHECK

코레일 한국철도공사

글의 제목 ▶ 유형

01 다음 글의 제목으로 가장 적절한 것은?

중세 유럽에서는 토지나 자원을 왕실이 소유하고 있었다. 사람들은 이러한 토지나 자원을 이용하려면 일정한 비용을 지불해야 했다. 예를 들어 광산을 개발하거나 수산물을 얻는 사람들은 해당 자원의 이용에 대한 비용을 왕실에 지불하였고 이는 왕실의 권력과 부의 유지를 돕는 동시에 국가의 재정을 보충하는 역할을 하였는데, 이때 지불한 비용이 바로 로열티이다.

로열티의 개념은 산업 혁명과 함께 발전하였다. 산업 혁명을 통해 특허, 상표 등의 지적 재산권이 보호되기 시작하면서 기업들은 이러한 권리를 보유한 개인이나 조직에게 사용에 대한 보상을 지불하게 되었다. 지적 재산권은 기업이 특정한 기술, 디자인, 상표 등을 보유하고 있을 때 그들에게 독점적인 권리를 제공하는 것이며, 이러한 권리의 보호와 보상을 위해 로열티 제도가 도입되었다. 로열티는 기업과 지적 재산권 소유자 간의 계약에 의해 설정되는 형태로 발전하였다. 기업이 특정 제품을 판매하거나 특정 기술을 이용하는 경우 지적 재산권 소유자에게 계약에 따라 정해진 로열티를 지불하게 된다. 이로써 지적 재산권을 보유한 개인이나 조직은 자신들의 창작물이나 기술의 사용에 대한 보상을 받을 수 있으며, 기업들은 이러한 지적 재산권의 이용을 허가받아 경쟁 우위를 확보할 수 있게 되었다.

현재 로열티는 제품 판매나 라이선스, 저작물의 이용 등 다양한 형태로 나타나며 지적 재산권의 보호와 경제적 가치를 확보하는 중요한 수단으로 작용하고 있다. 로열티는 지식과 창조성의 보상으로서의 역할을 수행하며 기업들의 연구 개발을 촉진하고 혁신을 격려한다. 이처럼 로열티 제도는 기업과 지적 재산권 소유자 간의 상호 협력과 혁신적인 경제 발전에 기여하는 중요한 구조적 요소이다.

① 지적 재산권을 보호하는 방법

② 로열티 지급 시 유의사항

국민건강보험공단

접속사 ▶ 유형

08 다음 중 빈칸에 들어갈 접속사로 가장 적절한 것은?

날이 추우면 통증이 커질 수 있는 질환이 몇 가지 있다. 골관절염이나 류마티스 관절염 등 관절 관련 질환이 여기에 해당한다. 통증은 신체에 어떤 이상이 있으니 상황이 악화되지 않도록 피할 방법을 준비하라고 스스로에게 알리는 경고이다.

골관절염과 류마티스 관절염은 여러 면에서 차이가 있으나 환절기에 추워지면 증상이 악화될 수 있다는 공통점이 있다. 날씨에 따라 관절염 증상이 악화되는 이유를 의학적으로 명확하게 설명할 수 있는 근거는 다소 부족하지만 추위로 인해 관절염 통증이 심해질 수 있다. 우리는 신체의 신경을 통해 통증을 느끼는데, 날이 추워지면 신체의 열을 빼앗기지 않고자 조직이 수축한다. 이 과정에서 신경이 자극을 받아 통증을 느끼게 되는 것이다. 즉, 관절염의 질환 상태에는 큰 변화가 없을지라도 평소보다 더 심한 통증을 느끼게 된다.

_____ 날이 추워질수록 외부 온도 변화에 대응할 수 있도록 가벼운 옷을 여러 개 겹쳐 입어 체온을 일정하게 유지해야 한다. 특히 일교차가 큰 환절기에는 아침, 점심, 저녁으로 변화하는 기온에 따라 옷을 적절하게 입고 벗을 필요가 있다. 오전에 첫 활동을 시작할 때는 가벼운 스트레칭을 통해 체온을 올린 후 활동하는 것도 효과적이다. 춥다고 웅크린 상태에서 움직이지 않으면 체온이 유지되지 않을 수 있으므로 적절한 활동을 지속하는 것이 중요하다.

① 그러나

② 따라서

한전KDN

비율 ▶ 유형

※ 다음은 외국인 직접투자의 투자건수 비율과 투자금액 비율을 투자규모별로 나타낸 자료이다. 이어지는 질문에 답하시오. [12~13]

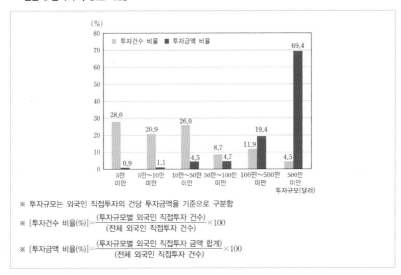

※ 투자규모는 외국인 직접투자의 건당 투자금액을 기준으로 구분함

※ [투자건수 비율(%)] = $\dfrac{(\text{투자규모별 외국인 직접투자 건수})}{(\text{전체 외국인 직접투자 건수})} \times 100$

※ [투자금액 비율(%)] = $\dfrac{(\text{투자규모별 외국인 직접투자 금액 합계})}{(\text{전체 외국인 직접투자 건수})} \times 100$

12 다음 중 투자규모가 50만 달러 미만인 투자건수 비율은?

① 55.3%　　　　　　　　② 62.8%

③ 68.6%　　　　　　　　④ 74.9%

⑤ 83.6.3%

국민연금공단

소금물의 농도 ▶ 유형

02 농도가 9%인 A소금물 300g과 농도가 11.2%인 B소금물 250g을 합쳐서 C소금물을 만들었다. C소금물을 20% 덜어내고 10g의 소금을 추가했을 때, 만들어진 소금물의 농도는?

① 12%　　　　　　　　② 13%

③ 14%　　　　　　　　④ 15%

주요 공기업 적중 문제 TEST CHECK

서울교통공사 9호선

SWOT 분석 ▶ 유형

02 다음은 국내 화장품 제조 회사에 대한 SWOT 분석 자료이다. 〈보기〉 중 분석에 따른 대응 전략으로 옳은 것을 모두 고르면?

강점(Strength)	약점(Weakness)
• 신속한 제품 개발 시스템 • 차별화된 제조 기술 보유	• 신규 생산 설비 투자 미흡 • 낮은 브랜드 인지도
기회(Opportunity)	위협(Threat)
• 해외시장에서의 한국 제품 선호 증가 • 새로운 해외시장의 출현	• 해외 저가 제품의 공격적 마케팅 • 저임금의 개발도상국과 경쟁 심화

보기

ㄱ. 새로운 해외시장의 소비자 기호를 반영한 제품을 개발하여 출시한다.
ㄴ. 국내에 화장품 생산 공장을 추가로 건설하여 제품 생산량을 획기적으로 증가시킨다.
ㄷ. 차별화된 제조 기술을 통해 품질 향상과 고급화 전략을 추구한다.
ㄹ. 브랜드 인지도가 낮으므로 해외 현지 기업과의 인수·합병을 통해 해당 회사의 브랜드로 제품을 출시한다.

① ㄱ, ㄴ
② ㄱ, ㄷ
③ ㄴ, ㄷ
④ ㄴ, ㄹ
⑤ ㄷ, ㄹ

한국중부발전

참거짓 ▶ 유형

06 이번 학기에 4개의 강좌 A ~ D가 새로 개설되는데, 강사 갑 ~ 무 중 4명이 한 강좌씩 맡으려 한다. 배정 결과를 궁금해 하는 5명은 다음 〈보기〉와 같이 예측했다. 배정 결과를 보니 갑 ~ 무의 진술 중 한 명의 진술만이 거짓이고 나머지는 참임이 드러났을 때, 다음 중 바르게 추론한 것은?

보기

갑 : 을이 A강좌를 담당하고 병은 강좌를 담당하지 않을 것이다.
을 : 병이 B강좌를 담당할 것이다.
병 : 정은 D강좌가 아닌 다른 강좌를 담당할 것이다.
정 : 무가 D강좌를 담당할 것이다.
무 : 을의 말은 거짓일 것이다.

① 갑은 A강좌를 담당한다.
② 을은 C강좌를 담당한다.
③ 병은 강좌를 담당하지 않는다.
④ 정은 D강좌를 담당한다.

한국남동발전

인원 선발 ▶ 유형

11 K사는 사원들에게 사택을 제공하고 있다. 사택 신청자 A ~ E 중 2명만이 사택을 제공받을 수 있고 추첨은 조건별 점수에 따라 진행된다고 할 때, 〈보기〉 중 사택을 제공받을 수 있는 사람이 바르게 연결된 것은?

〈사택 제공 조건별 점수〉

근속연수	점수	직급	점수	부양가족 수	점수	직종	점수
1년 이상	1점	차장	5점	5명 이상	10점	연구직	10점
2년 이상	2점	과장	4점	4명	8점	기술직	10점
3년 이상	3점	대리	3점	3명	6점	영업직	5점
4년 이상	4점	주임	2점	2명	4점	서비스직	5점
5년 이상	5점	사원	1점	1명	2점	사무직	3점

※ 근속연수는 휴직기간을 제외하고 1년마다 1점씩 적용하여 최대 5점까지 받을 수 있다. 단, 해고 또는 퇴직 후 일정기간을 경과하여 재고용된 경우에는 이전에 고용되었던 기간(개월)을 통산하여 근속연수에 포함한다. 근속연수 산정은 2023. 01. 01을 기준으로 한다.
※ 부양가족 수의 경우 배우자는 제외된다.
※ 무주택자의 경우 10점의 가산점을 가진다.
※ 동점일 경우 부양가족 수가 많은 사람이 우선순위로 선발된다.

보기

구분	직급	직종	입사일	가족 구성	주택 유무	비고
A	대리	영업직	2019. 08. 20	남편	무주택자	–
B	사원	기술직	2021. 09. 17	아내 아들 1명 딸 1명	무주택자	–

한국수력원자력

성과급 ▶ 유형

03 다음은 KH학교의 성과급 기준표이다. 이를 적용해 H학교 교사들의 성과급 배점을 계산하고자 할 때, 〈보기〉의 A ~ E교사 중 가장 높은 배점을 받을 교사는?

〈성과급 기준표〉

구분	평가사항	배점기준	
수업 지도	주당 수업시간	24시간 이하	14점
		25시간	16점
		26시간	18점
		27시간 이상	20점
	수업 공개 유무	교사 수업 공개	10점
		학부모 수업 공개	5점
생활 지도	담임 유무	담임교사	10점
		비담임교사	5점
담당 업무	업무 곤란도	보직교사	30점
		비보직교사	20점
경력	호봉	10호봉 이하	5점
		11 ~ 15호봉	10점
		16 ~ 20호봉	15점
		21 ~ 25호봉	20점

도서 200% 활용하기 STRUCTURES

기출복원문제로 출제경향 파악

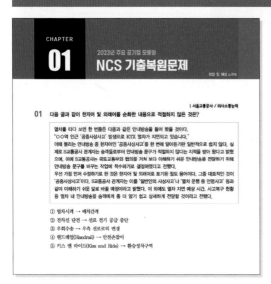

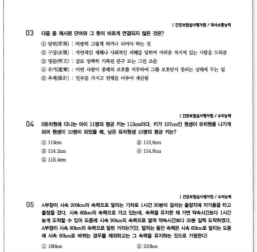

▸ 2023년 주요 공기업 모듈형 기출복원문제를 수록하여 출제경향을 파악할 수 있도록 하였다.

모듈이론 + 기출복원문제 + 적중예상문제로 영역별 학습

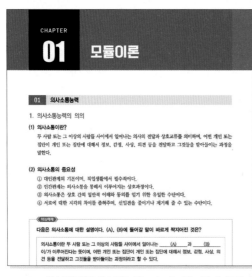

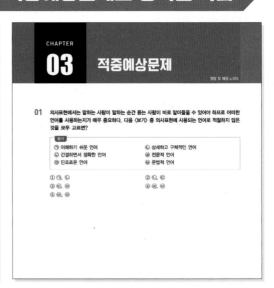

▸ NCS 핵심영역(의사소통능력 · 수리능력 · 문제해결능력 · 자원관리능력) 모듈이론 및 기출복원문제를 통해 영역별 학습을 할 수 있도록 하였다.

▸ 영역별 적중예상문제를 통해 다양한 문제 유형을 연습할 수 있도록 하였다.

최종점검 모의고사 + OMR을 활용한 실전 연습

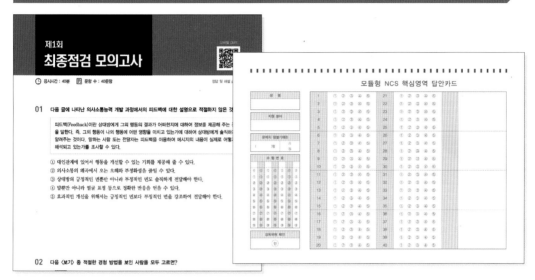

▶ 최종점검 모의고사와 OMR 답안카드를 수록하여 실제로 시험을 보는 것처럼 최종 마무리 연습을 할 수 있도록 하였다.
▶ 모바일 OMR 답안채점/성적분석 서비스를 통해 필기전형에 대비할 수 있도록 하였다.

상세한 해설로 정답과 오답을 완벽하게 이해

▶ 정답과 오답에 대한 상세한 해설을 수록하여 혼자서도 충분히 학습을 할 수 있도록 하였다.

이 책의 차례 CONTENTS

Add+

특별부록

│ 서울교통공사 / 의사소통능력

01 다음 글과 같이 한자어 및 외래어를 순화한 내용으로 적절하지 않은 것은?

> 열차를 타다 보면 한 번쯤은 다음과 같은 안내방송을 들어 봤을 것이다.
> "○○역 인근 '공중사상사고' 발생으로 KTX 열차가 지연되고 있습니다."
> 이때 들리는 안내방송 중 한자어인 '공중사상사고'를 한 번에 알아듣기란 일반적으로 쉽지 않다. 실제로 S교통공사 관계자는 승객들로부터 안내방송 문구가 적절하지 않다는 지적을 받아 왔다고 밝혔으며, 이에 S교통공사는 국토교통부와 협의를 거쳐 보다 이해하기 쉬운 안내방송을 전달하기 위해 안내방송 문구를 바꾸는 작업에 착수하기로 결정하였다고 전했다.
> 우선 가장 먼저 수정하기로 한 것은 한자어 및 외래어로 표기된 철도 용어이다. 그중 대표적인 것이 '공중사상사고'이다. S교통공사 관계자는 이를 '일반인의 사상사고'나 '열차 운행 중 인명사고' 등과 같이 이해하기 쉬운 말로 바꿀 예정이라고 밝혔다. 이 외에도 열차 지연 예상 시간, 사고복구 현황 등 열차 내 안내방송을 승객에게 좀 더 알기 쉽고 상세하게 전달할 것이라고 전했다.

① 열차시격 → 배차간격
② 전차선 단전 → 선로 전기 공급 중단
③ 우회수송 → 우측 선로로 변경
④ 핸드레일(Handrail) → 안전손잡이
⑤ 키스 앤 라이드(Kiss and Ride) → 환승정차구역

│ 서울교통공사 / 문제해결능력

02 다음 문장에서 나타난 논리적 오류로 옳은 것은?

> 공부를 잘 하는 사람은 무엇이든 잘할 것이다.

① 근접효과　　　　　　　　　② 초두효과
③ 최신효과　　　　　　　　　④ 후광효과
⑤ 현저성 효과

03 다음 중 제시된 단어와 그 뜻이 바르게 연결되지 않은 것은?

① 당위(當爲) : 마땅히 그렇게 하거나 되어야 하는 것

② 구상(求償) : 자연적인 재해나 사회적인 피해를 당하여 어려운 처지에 있는 사람을 도와줌

③ 명문(明文) : 글로 명백히 기록된 문구 또는 그런 조문

④ 유기(遺棄) : 어떤 사람이 종래의 보호를 거부하여 그를 보호받지 못하는 상태에 두는 일

⑤ 추계(推計) : 일부를 가지고 전체를 미루어 계산함

04 S유치원에 다니는 아이 11명의 평균 키는 113cm이다. 키가 107cm인 원생이 유치원을 나가게 되어 원생이 10명이 되었을 때, 남은 유치원생 10명의 평균 키는?

① 113cm

② 113.6cm

③ 114.2cm

④ 114.8cm

⑤ 115.4cm

05 A부장이 시속 200km의 속력으로 달리는 기차로 1시간 30분이 걸리는 출장지에 자가용을 타고 출장을 갔다. 시속 60km의 속력으로 가고 있는데, 속력을 유지한 채 가면 약속시간보다 1시간 늦게 도착할 수 있어 도중에 시속 90km의 속력으로 달려 약속시간보다 30분 일찍 도착하였다. A부장이 시속 90km의 속력으로 달린 거리는?(단, 달리는 동안 속력은 시속 60km로 달리는 도중에 시속 90km로 바뀌는 경우를 제외하고는 그 속력을 유지하는 것으로 가정한다)

① 180km

② 210km

③ 240km

④ 270km

⑤ 300km

06 S공장은 어떤 상품을 원가에 23%의 이익을 남겨 판매하였으나, 잘 팔리지 않아 판매가에서 1,300원 할인하여 판매하였다. 이때 얻은 이익이 원가의 10%일 때, 상품의 원가는?

① 10,000원

② 11,500원

③ 13,000원

④ 14,500원

⑤ 16,000원

07 어느 날 민수가 사탕 바구니에 있는 사탕의 $\frac{1}{3}$을 먹었다. 그다음 날 남은 사탕의 $\frac{1}{2}$을 먹고 또 그다음 날 남은 사탕의 $\frac{1}{4}$을 먹었다. 현재 남은 사탕의 개수가 18개일 때, 처음 사탕 바구니에 들어있던 사탕의 개수는?

① 48개   ② 60개
③ 72개   ④ 84개
⑤ 96개

08 다음 중 성급한 일반화의 오류를 범한 사례로 적절한 것을 〈보기〉에서 모두 고르면?

> 보기
> ㄱ. 진호는 성철이보다 크고, 성철이는 상현이보다 크므로 진호는 상현이보다 클 것이다.
> ㄴ. C동굴에 박쥐가 있으므로 모든 박쥐는 C동굴에서만 살 것이다.
> ㄷ. 그 갈색 음료수가 커피이므로, 모든 갈색 음료수는 커피일 것이다.
> ㄹ. 수연이는 점심에 햄버거를 먹었으므로 주말에 늦잠을 잘 것이다.

① ㄱ, ㄴ   ② ㄱ, ㄹ
③ ㄴ, ㄷ   ④ ㄴ, ㄹ
⑤ ㄷ, ㄹ

09 다음 명제들에서 나타난 논리적 오류로 옳은 것은?

> • 밤에만 볼 수 있는 동물은 야행성 동물이다.
> • 고양이는 야행성 동물이다.
> • 따라서 고양이는 밤에만 볼 수 있는 동물이다.

① 후건긍정의 오류   ② 전건부정의 오류
③ 논점 일탈의 오류   ④ 허수아비 공격의 오류
⑤ 무지에 호소하는 오류

10 G공사의 작년 상반기 공채 필기시험에 합격한 남성 지원자는 456명이고, 여성 지원자는 544명이 였다. 올해 상반기 공채 필기시험에 합격한 전체 인원수는 20% 증가하였고, 필기시험에 합격한 남성 지원자 수는 82명 감소하였을 때, 올해 필기시험에 합격한 남녀 지원자 수의 차이는 작년에 비해 얼마나 증가하였는가?

① 356명   ② 360명
③ 364명   ④ 368명
⑤ 372명

11 다음 중 〈보기〉에 해당하는 문제해결방법이 바르게 구분된 것은?

> **보기**
> ㉠ 중립적인 위치에서 그룹이 나아갈 방향과 주제에 대한 공감을 이룰 수 있도록 도와주어 깊이 있는 커뮤니케이션을 통해 문제점을 이해하고 창조적으로 해결하도록 지원하는 방법이다.
> ㉡ 상이한 문화적 토양을 가진 구성원이 사실과 원칙에 근거한 토론을 바탕으로 서로의 생각을 직설적인 논쟁이나 협상을 통해 조정하는 방법이다.
> ㉢ 구성원이 같은 문화적 토양을 가지고 서로를 이해하는 상황에서 권위나 공감에 의지하여 의견을 중재하고, 타협과 조정을 통해 해결을 도모하는 방법이다.

	㉠	㉡	㉢
①	하드 어프로치	퍼실리테이션	소프트 어프로치
②	퍼실리테이션	하드 어프로치	소프트 어프로치
③	소프트 어프로치	하드 어프로치	퍼실리테이션
④	퍼실리테이션	소프트 어프로치	하드 어프로치
⑤	하드 어프로치	소프트 어프로치	퍼실리테이션

12 다음 대화에서 나타난 논리적 오류로 옳지 않은 것은?

A : 올해는 성과급이 없을 것 같아. F부장님이 그렇게 말씀하셨어.

B : F부장님은 법인카드 부정사용으로 경고받으신 분이잖아. 그분 말씀을 믿어?

C : 그래도 성과급이 없지는 않을 것 같아. 작년 대비 조금 줄어드는 수준이라고만 들었어.

D : 성과급을 준다는 근거가 있어? 그런 근거가 없으면 올해는 성과급을 못 받겠네.

E : A씨 말대로라면 올해 회사에서 급여를 못 받는다는 얘기 아니야? 올해 업황 전망을 보면 그건
    말도 안 되는 주장인 것 같아. 그러니 올해 성과급도 잘 받을 수 있을 거라 생각해.

---

① 무지의 오류　　　　　　　　② 인신공격의 오류

③ 순환논증의 오류　　　　　　④ 허수아비 공격의 오류

13 2 ~ 8의 자연수가 적힌 숫자 카드 7장이 있다. 7장의 카드 중 2장을 고를 때, 고른 수의 합이 짝수
가 될 확률은?(단, 한 번 뽑은 카드는 다시 넣지 않는다)

① $\dfrac{1}{2}$　　　　　　　　　　② $\dfrac{3}{7}$

③ $\dfrac{5}{14}$　　　　　　　　　④ $\dfrac{2}{7}$

14 다음은 B중학교 A반 학생 9명을 대상으로 50m 달리기 기록을 정리한 표이다. 이 반에 새로 전학 온 학생의 기록이 10초일 때, 전학 전 A반 학생들의 50m 달리기 기록의 중앙값과 전학 후 달리기 기록의 중앙값은 각각 얼마인가?

7.8	9.6	7.2	8.3	10.2	8.8	7.5	11.2	8.9

	전학 전	전학 후
①	8.8초	8.85초
②	8.8초	8.9초
③	10.2초	9.25초
④	10.2초	9.5초

15 여러 개의 구슬을 갖고 있는 A는 친구 B ~ E에게 구슬을 남김없이 나누어 주고자 한다. B에게 전체의 $\frac{1}{2}$, C에게 전체의 $\frac{1}{3}$, D에게 남은 구슬의 $\frac{1}{4}$ 을 나누어 주었더니 E에게 줄 수 있는 구슬이 18개였다. 처음에 A가 갖고 있던 구슬의 개수는?

① 144개 ② 156개
③ 168개 ④ 180개

16 다음 중 목표 달성을 위한 SMART 기법으로 옳지 않은 것은?

① 목표는 구체적으로 정의되어야 한다.
② 목표는 능력, 시간, 자원 등을 고려하여 현실적으로 달성 가능한 수준이어야 한다.
③ 목표는 측정할 수 있는 객관적 지표로 평가할 수 있어야 한다.
④ 목표는 예기치 못한 사태를 대비해 시간 제약을 두어서는 안 된다.

17 성부장은 연말에 A해수욕장에서 개최할 신년맞이 불꽃놀이 행사에 대한 기획 초안을 검토하고 있다. 다음 중 기획안의 예상 비용에서 직접비용과 간접비용을 바르게 분류한 것은?

〈신년맞이 불꽃놀이 기획 초안〉

• 개최일 : 2023년 12월 31일
• 개최시각 : 22시 00분 ~ 01시 00분
• 개최지 : 경상남도 B시 A해수욕장
• 목적 : 연말 및 신년맞이 행사와 연계한 지역 관광 상품 홍보 및 B시 지역 경제 활성화 도모, 추후 국제 행사 개최지 유치를 위한 B시 이미지 개선 및 홍보
• 초대가수 : ○○○, ○○○, ○○○ 등
• 행사 순서

시각	내용
22:00 ~ 22:30	개회식 및 B시 시장 축사
22:30 ~ 23:50	초대가수 축하공연
23:50 ~ 00:10	신년맞이 불꽃놀이 및 새해 소원 기원
00:10 ~ 00:50	초대가수 축하공연
00:50 ~ 01:00	폐회식

• 예상 비용

항목	비용
㉠ 무대 설치비	1억 원
㉡ 무대 설치 인건비	5천만 원
㉢ 초대 가수 섭외비	4천 5백만 원
㉣ 행사광고비	2억 5천만 원
㉤ 외부 발전차 임대료	1천 2백만 원
㉥ 행사용 폭죽	2천 5백만 원

제출일 : 2023년 00월 00일
보고자 : 최○○

	직접비용	간접비용
①	㉠, ㉣, ㉥	㉡, ㉢, ㉤
②	㉠, ㉡, ㉣, ㉤, ㉥	㉢
③	㉠, ㉡, ㉤, ㉥	㉢, ㉣
④	㉠, ㉡, ㉢, ㉤, ㉥	㉣

18 S마스크 회사에서는 지난달에 제품 A, B를 합하여 총 6,000개를 생산하였다. 이번 달의 생산량은 지난달에 비하여 제품 A는 6% 증가하였고, 제품 B는 4% 감소하였으며, 전체 생산량은 2% 증가하였다고 한다. 이번 달 두 제품 A, B의 생산량의 차이는 얼마인가?

① 1,500개   ② 1,512개

③ 1,524개   ④ 1,536개

⑤ 1,548개

19 다음 중 담화의 구성요소에 대한 설명으로 옳지 않은 것은?

① 담화의 의미는 고정되어 있다.

② 담화 내 발화는 통일된 주제로 모여 있어야 한다.

③ 맥락은 담화가 이루어지는 시간, 장소 등의 배경이다.

④ 담화에는 화자, 청자, 내용, 맥락이 있어야 한다.

⑤ 독백은 화자와 청자가 같은 담화의 일종으로 볼 수 있다.

20 다음 대화에서 민철이가 범한 논리적 오류로 옳은 것은?

> 상호 : 어제 무슨 일 있었어?
>
> 민철 : 어제 새로 개장한 놀이공원에 여자친구와 데이트하러 갔는데 사람이 너무 많아서 놀이기구는 거의 타지도 못하고 기다리기만 했어. 모든 놀이공원은 이렇게 사람만 많고 정작 놀거리는 없는 곳이야. 앞으로 데이트할 때는 놀이공원 말고 다른 곳을 가야겠어.

① 인신공격의 오류   ② 성급한 일반화의 오류

③ 허수아비 공격의 오류   ④ 순환논증의 오류

⑤ 복합 질문의 오류

21 다음 중 시간을 관리하는 방법의 성격이 다른 것은?

① 이마누엘 칸트는 매일 똑같은 시간에 똑같은 장소에서 산책하였다고 한다.

② 집에서 30분 거리에 있는 곳에서 친구와 만나기로 한 기현이는 약속시간보다 30분 일찍 출발했다.

③ K사 고객지원팀에 근무하는 예서는 어제 쌓인 고객 문의를 확인하고자 평소보다 1시간 일찍 출근하였다.

④ 다음 달에 첫 출근을 하는 희수는 회사가 집으로부터 45분 거리에 있으나 출근 정시로부터 1시간 20분 전에 출발하기로 하였다.

⑤ 시험 때마다 OMR카드 오기입 등 실수를 자주 하는 현수는 수능 때 검토시간을 만들어 보고자 시험 종료 15분 전까지 모든 문제를 푸는 연습을 하였다.

22 다음 중 승진보상의 기본 원칙과 그 내용이 바르게 짝지어진 것은?

	승진보상의 크기	승진보상의 배분	공헌의 측정 기준
①	적정선의 원칙	합리성의 원칙	공정성의 원칙
②	적정선의 원칙	공정성의 원칙	합리성의 원칙
③	공정성의 원칙	적정선의 원칙	합리성의 원칙
④	공정성의 원칙	합리성의 원칙	적정선의 원칙
⑤	합리성의 원칙	적정선의 원칙	공정성의 원칙

23 다음 〈보기〉 중 맥킨지 매트릭스의 특징에 대한 설명으로 옳은 것을 모두 고르면?

> **보기**
> ㉠ 기업의 현재 포트폴리오를 분석하고, 사업부문에 따라 취해야 할 전략적 투자 혹은 철수 등의 전략을 제시하는 것을 목적으로 한다.
> ㉡ 맥킨지 매트릭스에 따르면 기업의 특정 사업부문이 시장에서의 지위는 낮고 시장 매력도가 중간 수준인 경우 취해야 할 전략은 위험이 적은 영역을 대상으로 하여 제한적으로 사업을 확장하고, 수익을 실현하는 것이다.
> ㉢ 시장에서의 기업의 지위와 시장 매력도를 기준으로 전략을 제시한다.
> ㉣ 사업 단위 간의 상호작용이 반영되어 있다는 강점이 있다.

① ㉠

② ㉠, ㉡

③ ㉡, ㉣

④ ㉠, ㉡, ㉢

⑤ ㉡, ㉢, ㉣

24 다음 중 협상전략에 대한 설명으로 옳지 않은 것은?

① 요구사항의 철회는 협력전략에 해당한다.

② 쟁점에 대해 자신의 입장을 위압적으로 천명하는 것은 강압전략에 해당한다.

③ 협상 이외의 방법으로 쟁점의 해결이 가능한 경우에는 회피전략을 취하는 것이 적절하다.

④ 단기적 성과보다 장기적인 관계 유지를 중시하는 경우에는 회피전략보다 유화전략이 적절하다.

⑤ 협력전략은 문제를 해결하는 합의에 이르기 위해 협상 당사자들이 서로 협력하는 전략으로, 당사자 간 신뢰의 유지가 중요하다.

25 다음 상황에 대한 설명으로 옳은 것을 〈보기〉에서 모두 고르면?

> 민지 : 이번 상품의 마케팅은 외주를 주는 것이 합리적일 것 같습니다.
> 희재 : 우리 팀이 그동안 미리 준비해왔습니다. 외주를 주는 것은 적절하지 않아 보이네요.
> 지윤 : 미리 마케팅을 준비하면서 여러 안을 검토하느라 고생했지만, 말씀하시는 대로 외주를 줘도 괜찮을 것 같습니다.
> 정아 : 검토 중인 외주 업체들 모두 이번 상품에 대한 이해도도 높고, 마케팅 역량도 뛰어난 곳들입니다. 우리가 직접 하는 것보다 품질 측면에서 나을 수 있어요. 우리도 외주 업체를 검토하느라 고생했습니다.
> 영환 : 아니면 미리 준비한 이번 상품은 우리가 직접 하고, 이번과 유사한 다음 상품의 마케팅은 외주를 주는 것은 어떨까요?
> 세휘 : 아직 다음 달까지 시간이 있으니 그때 결정할까요? 급한 일도 아닌데 지금 논의할 필요는 없을 것 같습니다.

> **보기**
> ㉠ 목표에 대한 불일치로 인한 갈등상황에 해당한다.
> ㉡ 불필요하고 해결불가능한 갈등에 해당한다.
> ㉢ 세휘는 회피형 갈등 해결방식을 보이고 있다.
> ㉣ 지윤은 수용형 갈등 해결방식을 보이고 있다.

① ㉠, ㉡
② ㉠, ㉢
③ ㉡, ㉢
④ ㉡, ㉣
⑤ ㉢, ㉣

26 다음 중 맞춤법이 옳지 않은 것은?

① 은혁이는 실험이 실패한 원인을 분석하고 수차례 재실시하였으나 번번이 실패하였다.
② 올해 가장 많이 팔린 책은 자기 계발에 관한 책이었다.
③ 영호는 등살에 떠밀려 조별 과제의 조장을 맡게 되었다.
④ 나무 덩굴들이 얽히고설켜 신비로운 분위기를 풍기고 있다.

27 다음 중 $1^2 - 2^2 + 3^2 - 4^2 + \cdots + 199^2$의 값은?

① 17,500

② 19,900

③ 21,300

④ 23,400

⑤ 25,700

28 어떤 학급에서 이어달리기 대회 대표로 A ~ E학생 5명 중 3명을 뽑으려고 할 때, 순서와 상관없이 뽑을 수 있는 경우의 수는?

① 5가지

② 10가지

③ 20가지

④ 60가지

⑤ 120가지

29 개발팀 사원 4명의 평균 나이는 32세이다. 올해 신입사원 1명이 들어와서 다시 평균 나이를 계산해 보니 31세가 되었다. 이때, 신입사원의 나이를 구하면?

① 24세

② 25세

③ 26세

④ 27세

30 무게가 1개당 15g인 사과와 20g인 자두를 합하여 14개를 살 때, 총무게가 235g 이상 250g 이하가 되도록 하려고 한다. 사과는 최대 몇 개까지 살 수 있는가?

① 7개

② 8개

③ 9개

④ 10개

01	02	03	04	05	06	07	08	09	10	11	12	13	14	15	16	17	18	19	20
③	④	②	②	④	①	③	③	①	③	②	③	②	①	①	④	④	②	①	②
21	22	23	24	25	26	27	28	29	30										
①	②	④	①	⑤	③	②	②	④	③										

01
정답 ③

'우회수송'은 사고 등의 이유로 직통이 아닌 다른 경로로 우회하여 수송한다는 뜻이기 때문에 '우측 선로로 변경'으로 순화하는 것은 적절하지 않다.

오답분석
① '열차시격'에서 '시격'이란 '사이에 뜬 시간'이라는 뜻의 한자어로, 열차와 열차 사이의 간격, 즉 '배차간격'으로 순화할 수 있다.
② '전차선'이란 철로를 의미하고, '단전'은 전기의 공급이 중단됨을 말한다. 따라서 바르게 순화되었다.
④ '핸드레일(Handrail)'은 난간을 뜻하는 영어 단어로, 우리말로는 '안전손잡이'로 순화할 수 있다.
⑤ '키스 앤 라이드(Kiss and Ride)'는 헤어질 때 키스를 하는 영미권 문화에서 비롯된 용어로, '환승정차구역'을 지칭한다.

02
정답 ④

후광효과는 대상에 대한 긍정적 또는 부정적인 측면으로 인해 그와 무관한 영역에 대해서도 같은 시각으로 평가하는 논리적 오류이다.

오답분석
① 근접효과 : 평가표상 위치가 근접하거나 평가시점이 근접한 평가요소로 인해 평가 결과가 유사하게 나타나는 논리적 오류이다.
② 초두효과 : 먼저 인지한 정보가 이후 접하는 정보보다 더 큰 영향력을 끼치는 현상이다.
③ 최신효과 : 최근에 인지한 정보가 그보다 이전에 접한 정보보다 더 큰 영향력을 끼치는 현상이다.
⑤ 현저성 효과 : 가장 눈에 들어오고 특징적인 정보에서 받은 인상만으로 대상을 판단하는 논리적 오류이다.

03
정답 ②

• 구상(求償) : 무역 거래에서 수량·품질·포장 따위에 계약 위반 사항이 있는 경우, 매주(賣主)에게 손해 배상을 청구하거나 이의를 제기하는 일
• 구제(救濟) : 자연적인 재해나 사회적인 피해를 당하여 어려운 처지에 있는 사람을 도와줌

04
정답 ②

유치원생이 11명일 때 평균 키는 113cm이므로 유치원생 11명의 키의 합은 $113 \times 11 = 1,243$cm이다. 키가 107cm인 유치원생이 나갔으므로 남은 유치원생 10명의 키의 합은 $1,243 - 107 = 1,136$cm이다. 따라서 남은 유치원생 10명의 평균 키는 $\frac{1,136}{10} = 113.6$cm이다.

05

정답 ④

출장지까지 거리는 $200 \times 1.5 = 300$km이므로 시속 60km의 속력으로 달릴 때 걸리는 시간은 5시간이고, 약속시간보다 1시간 늦게 도착하므로 약속시간은 4시간 남았다. 300km를 시속 60km의 속력으로 달리다 도중에 시속 90km의 속력으로 달릴 때 약속시간보다 30분 일찍 도착했으므로, 이때 걸린 시간은 $4 - \dfrac{1}{2} = \dfrac{7}{2}$ 시간이다.

시속 90km의 속력으로 달린 거리를 $x$km라 하면 다음 식이 성립한다.

$\dfrac{300-x}{60} + \dfrac{x}{90} = \dfrac{7}{2}$

$\rightarrow 900 - 3x + 2x = 630$

$\therefore x = 270$

따라서 A부장이 시속 90km의 속력으로 달린 거리는 270km이다.

06

정답 ①

상품의 원가를 x원이라 하면 처음 판매가격은 $1.23x$원이다.
여기서 1,300원을 할인하여 판매했을 때 얻은 이익은 원가의 10%이므로 다음 식이 성립한다.

$(1.23x - 1,300) - x = 0.1x$

$\rightarrow 0.13x = 1,300$

$\therefore x = 10,000$

따라서 상품의 원가는 10,000원이다.

07

정답 ③

처음 사탕의 개수를 x개라 하면 처음으로 사탕을 먹고 남은 사탕의 개수는 $\left(1 - \dfrac{1}{3}\right)x = \dfrac{2}{3}x$개이다.

그다음 날 사탕을 먹고 남은 사탕의 개수는 $\dfrac{2}{3}x \times \left(1 - \dfrac{1}{2}\right) = \dfrac{1}{3}x$개이고, 또 그다음 날 사탕을 먹고 남은 사탕의 개수는

$\dfrac{1}{3}x \times \left(1 - \dfrac{1}{4}\right) = \dfrac{1}{4}x$개다.

따라서 처음 사탕 바구니에 들어있던 사탕의 개수는 $\dfrac{1}{4}x = 18$이므로 $x = 72$이다.

08

정답 ③

오답분석

ㄱ. 삼단논법에 근거한 논리적인 추론을 한 사례이다.
ㄹ. 햄버거를 먹는 것과 주말에 늦잠을 자는 것은 서로 관련이 없으므로 논점 일탈의 오류를 범한 사례이다.

09

정답 ①

'밤에만 볼 수 있는 동물은 야행성 동물이다.'라는 명제에서 '고양이는 야행성 동물이다.'라는 명제를 통해 대전제의 후건을 긍정하여 '고양이는 밤에만 볼 수 있는 동물이다.'라는 결론을 내린 것은 후건긍정의 오류를 범한 것이다.

10

정답 ③

작년 G공사 상반기 공채 필기시험에 합격한 전체 인원은 $456+544=1,000$명이고, 합격한 남녀 지원자 수의 차이는 $544-456=88$명이다.

올해 G공사 상반기 공채 필기시험에 합격한 전체 인원은 작년에 비해 20% 증가한 $1,000\times1.2=1,200$명이고, 남성 합격자 수는 82명 감소하였으므로 $456-82=374$명이며, 여성 합격자 수는 $1,200-374=826$명이다. 따라서 올해 합격한 남녀 지원자 수의 차이는 $826-374=452$명이므로 작년에 비해 $452-88=364$명 증가하였다.

11

정답 ②

㉠ 퍼실리테이션(Facilitation)이란 '촉진'을 의미하며, 어떤 그룹이나 집단이 의사결정을 잘하도록 도와주는 일을 가리킨다. 최근 많은 조직에서는 보다 생산적인 결과를 가져올 수 있도록 그룹이 나아갈 방향을 알려 주고, 주제에 대한 공감을 이룰 수 있도록 능숙하게 도와주는 퍼실리테이터를 활용하고 있다. 퍼실리테이션에 의한 문제해결방법은 깊이 있는 커뮤니케이션을 통해 서로의 문제점을 이해하고 공감함으로써 창조적인 문제해결을 도모한다. 소프트 어프로치나 하드 어프로치 방법은 타협점의 단순 조정에 그치지만, 퍼실리테이션에 의한 방법은 초기에 생각하지 못했던 창조적인 해결방법을 도출한다. 동시에 구성원의 동기가 강화되고 팀워크도 한층 강화된다는 특징을 보인다. 이 방법을 이용한 문제해결은 구성원이 자율적으로 실행하는 것이며, 제3자가 합의점이나 줄거리를 준비해 놓고 예정대로 결론이 도출되어 가도록 해서는 안 된다.

㉡ 하드 어프로치에 의한 문제해결방법은 상이한 문화적 토양을 가지고 있는 구성원을 가정하여 서로의 생각을 직설적으로 주장하고 논쟁이나 협상을 통해 의견을 조정해 가는 방법이다. 이때 중심적 역할을 하는 것이 논리, 즉 사실과 원칙에 근거한 토론이다. 제3자는 이것을 기반으로 구성원에게 지도와 설득을 하고 전원이 합의하는 일치점을 찾아내려고 한다. 이러한 방법은 합리적이긴 하지만 잘못하면 단순한 이해관계의 조정에 그치고 말아서 그것만으로는 창조적인 아이디어나 높은 만족감을 이끌어내기 어렵다.

㉢ 소프트 어프로치에 의한 문제해결방법은 대부분의 기업에서 볼 수 있는 전형적인 스타일로, 조직 구성원들은 같은 문화적 토양을 가지고 이심전심으로 서로를 이해하는 상황을 가정한다. 코디네이터 역할을 하는 제3자는 결론으로 끌고 갈 지점을 미리 머릿속에 그려가면서 권위나 공감에 의지하여 의견을 중재하고, 타협과 조정을 통하여 해결을 도모한다. 결론이 애매하게 끝나는 경우가 적지 않으나, 그것은 그것대로 이심전심을 유도하여 파악하면 된다. 소프트 어프로치에서는 문제해결을 위해서 직접 표현하는 것이 바람직하지 않다고 여기며, 무언가를 시사하거나 암시를 통하여 의사를 전달하고 기분을 서로 통하게 함으로써 문제해결을 도모하려고 한다.

12

정답 ③

순환논증의 오류는 어떤 주장을 할 때, 주장의 결론을 그 주장의 근거로 제시하는 오류이다. 제시된 대화에서 순환논증의 오류를 범한 사람은 없다.

[오답분석]

① 무지의 오류는 어떤 논제가 거짓이라는 것이 증명되지 않았다는 것을 이유로 논제를 참이라고 주장하거나 그 반대로 어떤 논제가 참이라는 것이 증명되지 않았다는 이유로 논제를 거짓이라고 주장하는 오류이다. D는 성과급을 줄 것이라는 근거를 제시하지 않았다는 이유로 C의 주장이 거짓이라고 주장하고 있다.

② 인신공격의 오류는 주장의 내용을 반박하는 것이 아니라 주장을 하는 자 자체를 비판하는 것으로 주장을 반박하는 오류이다. B는 F부장이 법인카드 부정사용으로 경고를 받았다는 것을 근거로 F부장을 비판하면서 A의 발언을 부정하고 있다.

④ 허수아비 공격의 오류는 상대방의 주장을 부적절하게 비약 혹은 왜곡한 후, 그 왜곡된 주장을 반박하는 오류이다. E는 성과급이 없을 것 같다는 A의 주장을 급여 전체를 못 받을 것이라고 비약하여 반박하고 있다.

13

정답 ②

카드에 적힌 두 수를 더하여 짝수가 되는 경우는 두 장 모두 짝수를 고르거나 홀수를 고르는 경우이다.

2 ~ 8의 숫자 카드 중 짝수 카드는 2, 4, 6, 8이므로 모두 4장이고, 홀수 카드는 3, 5, 7이므로 모두 3장이다.

• 2장 모두 짝수 카드를 고를 확률 : $\dfrac{_4C_2}{_7C_2}$

• 2장 모두 홀수 카드를 고를 확률 : $\dfrac{_3C_2}{_7C_2}$

따라서 구하고자 하는 확률은 $\dfrac{_4C_2+_3C_2}{_7C_2}=\dfrac{6+3}{21}=\dfrac{3}{7}$ 이다.

14

정답 ①

전학생이 오기 전 학생 수는 9명으로 홀수이므로, 전학생이 오기 전 50m 달리기 기록의 중앙값은 다섯 번째 기록으로 그 중앙인 8.8초이다.

또한 전학생이 온 후 학생 수는 10명으로 짝수이므로, 전학생이 온 후 50m 달리기 기록의 중앙값은 다섯 번째 기록과 여섯 번째 기록의 평균인 $\dfrac{8.8+8.9}{2}=8.85$초이다.

15

정답 ①

처음에 A가 갖고 있는 구슬의 수를 x개라 하면 다음 식이 성립한다.

$x=\dfrac{1}{2}x+\dfrac{1}{3}x+\left[1-\left(\dfrac{1}{2}+\dfrac{1}{3}\right)\right]\times\dfrac{1}{4}x+18$

$\rightarrow x=\dfrac{5}{6}x+\dfrac{1}{24}x+18$

$\rightarrow \dfrac{1}{8}x=18$

$\therefore x=144$

따라서 처음에 A가 갖고 있던 구슬의 개수는 144개이다.

16

정답 ④

목표 달성을 위한 SMART 기법

• 구체적(Specify) : 목표는 지나치게 모호하거나 광범위하게 설정하지 않고 구체적으로 설정하여야 한다.
• 측정 가능(Measurable) : 목표는 수치화할 수 있는 데이터 등의 객관적 지표로 평가할 수 있어야 한다.
• 달성 가능(Achievable) : 목표는 능력 내에서 현실적으로 실현할 수 있어야 한다.
• 관련성(Relevant) : 목표는 시간의 경과에 따른 궁극적 목표와 서로 연결되어 있어야 한다.
• 시간 제약(Time – Bound) : 목표는 기한을 두어 목표 달성을 위한 의욕 고취, 효율적인 자원 배분 등의 노력을 해야 한다.

17

정답 ④

무대 설치, 무대 설치 인력, 초대가수 섭외, 외부 발전차 임대, 행사용 폭죽은 불꽃놀이 행사에 직접적으로 필요한 사안이므로 관련 비용은 직접비용에 해당한다. 반면에 행사 광고비는 부수적으로 필요한 간접비용에 해당한다.

18

지난달 제품 A, B의 생산량을 각각 x개, y개라 하면 지난달에 두 제품 A, B를 합하여 6,000개를 생산하였으므로 총 생산량은 $x+y=6,000$개이다.

이번 달에 생산한 제품 A의 양은 지난달에 비하여 6% 증가하였으므로 증가한 생산량은 $0.06x$이고, 제품 B의 양은 지난 달에 비하여 4% 감소하였으므로 감소한 생산량은 $0.04y$이다.

전체 생산량은 2% 증가하였으므로 $6,000\times0.02=120$개가 증가했음을 알 수 있다.

이를 식으로 정리하면 다음과 같다.

$$\begin{cases} x+y=6,000 \\ 0.06x-0.04y=120 \end{cases}$$

x, y의 값을 구하면 $x=3,600$, $y=2,400$이다.

따라서 지난달 제품 A의 생산량은 3,600개이고 제품 B의 생산량은 2,400개이므로, 이번 달 제품 A의 생산량은 6% 증가한 $3,600\times(1+0.06)=3,816$개이고, 제품 B의 생산량은 4% 감소한 $2,400\times(1-0.04)=2,304$개이다. 그러므로 이번 달 두 제품의 생산량의 차이는 $3,816-2,304=1,512$개이다.

19

담화의 의미는 고정되어 있지 않으며, 다양한 맥락에 따라 다른 의미로 전달된다.

20

놀이공원에 사람이 많아 놀이기구는 타지도 못하고 기다리기만 했다는 한 가지 경험으로 모든 놀이공원에 대한 부정적 평가를 한 것은 성급한 일반화의 오류를 범한 것이다.

오답분석

① 인신공격의 오류 : 주장의 내용이 아닌 화자 자체를 비난함으로써 주장을 비판하는 오류이다.

③ 허수아비 공격의 오류 : 상대방의 입장을 곡해하여 주장을 비판하는 오류이다.

④ 순환논증의 오류 : 주장이 참일 때 낼 수 있는 결론으로 주장에 대한 근거를 내세움으로써 발생하는 오류이다.

⑤ 복합 질문의 오류 : 두 가지 이상의 질문을 하나의 질문으로 묶여넣음으로써 상대방이 '예' 또는 '아니오'로 대답할 시 공격의 여지를 남기는 오류이다.

21

낭비되는 시간이 없도록 하는 철저한 시간관리법으로, 원래 계획한 시간에 여유시간을 두는 나머지와는 그 성격이 다르다.

오답분석

②·③·④·⑤ 하나의 계획이 틀어지더라도 모든 계획이 미루어지지 않도록 원래 계획에 여유시간을 두는 60 : 40의 법칙에 대한 예시이다.

22

승진보상의 기본 원칙

• 적정선의 원칙 : 조직구성원이 일정한 정도의 공헌을 했을 때 적절한 크기의 승진보상을 제공해야 한다.

• 공정성의 원칙 : 조직이 조직구성원에게 나누어 줄 수 있는 보상을 적절한 사람에게 배분하여야 한다.

• 합리성의 원칙 : 조직은 조직구성원이 조직의 목표달성을 위해 어떤 것을 공헌한 것으로 인정할 것인지 정해야 한다.

23

정답 ④

맥킨지 매트릭스는 기업의 시장 매력도와 시장 지위를 3단계로 나누어 평가하는 분석법으로, 상황별로 비즈니스의 전략적 선택을 제시하는 것을 목적으로 한다. 맥킨지 매트릭스의 주요 내용을 정리하면 다음과 같다.

시장매력도	높음	선택적 투자	투자	유지·방어
	중간	제한적 확장	선택적 투자	투자
	낮음	전환·철수	선택적 방어	유지·사업 초점 조정
		낮음	중간	높음

시장 지위

㉠ 맥킨지 매트릭스의 목표에 대한 옳은 설명이다.
㉡ 시장 지위는 낮고 시장의 매력도는 중간인 경우, 제한적인 투자를 통해 확장 및 수익 실현 전략을 취해야 한다.
㉢ 맥킨지 매트릭스의 두 가지 기준은 시장 지위와 시장 매력도이다.

[오답분석]
㉣ 맥킨지 매트릭스는 사업 단위 및 부문 간의 상호작용은 반영되지 않는다는 한계점을 가진다.

24

정답 ①

유화, 양보, 순응, 수용, 굴복, 요구사항의 철회 등은 유화전략에 해당한다. 협력전략에는 협동적 원인 탐색, 정보수집 및 제공, 대안 개발, 공동평가 등이 있다.

[오답분석]
② 위압적인 입장 천명, 협박 및 위협, 협박적 회유 등은 강압전략에 해당한다.
③ 협상의 가치가 매우 낮거나 그 외의 방식으로 해결이 가능한 경우에는 협상을 회피하고 다른 방식을 통해 목적을 달성하는 것이 적절하다.
④ 단기적 성과보다 상대방과의 장기적 관계 유지를 선호하는 경우에는 회피전략보다 유화전략이 적절하다.
⑤ 협력전략은 문제를 해결하는 합의에 이르기 위해 협상 당사자들이 서로 협력하는 전략으로, 당사자 간 신뢰의 유지가 중요하다.

25

정답 ⑤

㉢ 세휘는 갈등상황에 대한 답을 도출하기보다 피하려고 하는 회피형 갈등 해결방식을 보이고 있다.
㉣ 지윤은 상대의 의견을 받아들여 논쟁을 해결하려는 수용형 갈등 해결방식을 보이고 있다.

[오답분석]
㉠ 목표가 아니라 방법에 대한 갈등상황이 제시되어 있다.
㉡ 마케팅 실행을 위해 필요하며, 해결 가능한 갈등상황에 해당한다.

26

정답 ③

등살에 떠밀려 → 등쌀에 떠밀려

27

정답 ②

1^2-2^2, 3^2-4^2, $\cdots$, $(2n-1)^2-(2n)^2$의 수열의 합으로 생각한다.

$1^2-2^2+3^2-4^2+\cdots+199^2$

$=1^2-2^2+3^2-4^2+\cdots+199^2-200^2+200^2$

$=[\sum_{n=1}^{100}\{(2n-1)^2-(2n)^2\}]+200^2$

$=\{\sum_{n=1}^{100}(-4n+1)\}+200^2$

$=\left\{\left(-4\times\dfrac{100\times101}{2}\right)+100\right\}+40,000$

$=-20,200+100+40,000$

$=19,900$

28

정답 ②

5명 중에서 3명을 순서와 상관없이 뽑을 수 있는 경우의 수는 $_5C_3=\dfrac{5\times4\times3}{3\times2\times1}=10$가지이다.

29

정답 ④

사원 4명의 평균 나이는 $\dfrac{a+b+c+d}{4}=32$세이므로 사원 4명의 나이의 합은 $32\times4=128$세이다.

신입사원 1명의 나이를 x세라고 할 때, 사원 5명의 평균 나이는 $\dfrac{a+b+c+d+x}{5}=31$세이므로 다음 식과 같이 정리할 수 있다.

$a+b+c+d+x=155$

$\therefore\ x=155-(a+b+c+d)=155-128=27$

따라서 신입사원의 나이는 27세이다.

30

정답 ③

사과를 x개 산다고 하면 자두는 $(14-x)$개 살 수 있다.

$235\leq15x+20(14-x)\leq250$

$\therefore\ 6\leq x\leq9$

따라서 사과는 최대 9개까지 살 수 있다.

PART 1

의사소통능력

의사소통능력

합격 Cheat Key

의사소통능력은 평가하지 않는 공사·공단이 없을 만큼 필기시험에서 중요도가 높은 영역으로, 세부 유형은 문서이해, 문서작성, 의사표현, 경청, 기초 외국어로 나눌 수 있다. 문서이해·문서작성과 같은 지문에 대한 주제 찾기, 내용 일치 문제의 출제 비중이 높으며, 문서의 특성을 파악하는 문제도 출제되고 있다.

1 문제에서 요구하는 바를 먼저 파악하라!

의사소통능력에서 가장 중요한 것은 제한된 시간 안에 빠르고 정확하게 답을 찾아내는 것이다. 의사소통능력에서는 지문이 아니라 문제가 주인공이므로 지문을 보기 전에 문제를 먼저 파악해야 하며, 문제에 따라 전략적으로 빠르게 풀어내는 연습을 해야 한다.

2 잠재되어 있는 언어 능력을 발휘하라!

세상에 글은 많고 우리가 학습할 수 있는 시간은 한정적이다. 이를 극복할 수 있는 방법은 다양한 글을 접하는 것이다. 실제 시험장에서 어떤 내용의 지문이 나올지 아무도 예측할 수 없으므로 평소에 신문, 소설, 보고서 등 여러 글을 접하는 것이 필요하다.

3 상황을 가정하라!

업무 수행에 있어 상황에 따른 언어 표현은 중요하다. 같은 말이라도 상황에 따라 다르게 해석될 수 있기 때문이다. 그런 의미에서 자신의 의견을 효과적으로 전달할 수 있는 능력을 평가하는 것이다. 업무를 수행하면서 발생할 수 있는 여러 상황을 가정하고 그에 따른 올바른 언어표현을 정리하는 것이 필요하다.

4 말하는 이의 입장에서 생각하라!

잘 듣는 것 또한 하나의 능력이다. 상대방의 이야기에 귀 기울이고 공감하는 태도는 업무를 수행하는 관계 속에서 필요한 요소이다. 그런 의미에서 다양한 상황에서 듣는 능력을 평가하는 것이다. 말하는 이가 요구하는 듣는 이의 태도를 파악하고, 이에 따른 판단을 할 수 있도록 언제나 말하는 사람의 입장이 되는 연습이 필요하다.

01 의사소통능력

1. 의사소통능력의 의의

(1) 의사소통이란?

두 사람 또는 그 이상의 사람들 사이에서 일어나는 의사의 전달과 상호교류를 의미하며, 어떤 개인 또는 집단이 개인 또는 집단에 대해서 정보, 감정, 사상, 의견 등을 전달하고 그것들을 받아들이는 과정을 말한다.

(2) 의사소통의 중요성

① 대인관계의 기본이며, 직업생활에서 필수적이다.
② 인간관계는 의사소통을 통해서 이루어지는 상호과정이다.
③ 의사소통은 상호 간의 일반적 이해와 동의를 얻기 위한 유일한 수단이다.
④ 서로에 대한 지각의 차이를 좁혀주며, 선입견을 줄이거나 제거해 줄 수 있는 수단이다.

《 핵심예제 》

다음은 의사소통에 대한 설명이다. (A), (B)에 들어갈 말이 바르게 짝지어진 것은?

의사소통이란 두 사람 또는 그 이상의 사람들 사이에서 일어나는 ____(A)____ 과 ____(B)____
이/가 이루어진다는 뜻이며, 어떤 개인 또는 집단이 개인 또는 집단에 대해서 정보, 감정, 사상, 의견 등을 전달하고 그것들을 받아들이는 과정이라고 할 수 있다.

	(A)	(B)
①	의사의 전달	상호분석
②	의사의 이행	상호분석
③	의사의 전달	상호교류
④	의사의 이행	상호교류

의사소통이란 기계적으로 무조건적인 정보의 전달이 아니라 두 사람 또는 그 이상의 사람들 사이에서 '의사의 전달'과 '상호교류'가 이루어진다는 뜻이며, 어떤 개인 또는 집단이 개인 또는 집단에 대해서 정보, 감정, 사상, 의견 등을 전달하고 그것들을 받아들이는 과정이다.

정답 ③

(3) 성공적인 의사소통의 조건

내가 가진 정보를 상대방이 이해하기 쉽게 표현

＋

상대방이 어떻게 받아들일 것인가에 대한 고려

‖

일방적인 말하기가 아닌 의사소통의 정확한 목적을 알고, 의견을 나누는 자세

2. 의사소통능력의 종류

(1) 문서적인 의사소통능력

문서이해능력	업무와 관련된 다양한 문서를 읽고 핵심을 이해하고, 정보를 획득하며, 수집·종합하는 능력
문서작성능력	목적과 상황에 적합하도록 정보를 전달할 수 있는 문서를 작성하는 능력

(2) 언어적인 의사소통능력

경청능력	원활한 의사소통을 위해 상대의 이야기를 집중하여 듣는 능력
의사표현능력	자신의 의사를 목적과 상황에 맞게 설득력을 가지고 표현하는 능력

(3) 특징

구분	문서적인 의사소통능력	언어적인 의사소통능력
장점	권위감, 정확성, 전달성, 보존성이 높음	유동성이 높음
단점	의미를 곡해함	정확성이 낮음

(4) 기초외국어능력

외국어로 된 간단한 자료를 이해하거나 외국인과의 전화 응대와 간단한 대화 등 외국인의 의사표현을 이해하고, 자신의 의사를 기초외국어로 표현할 수 있는 능력을 말한다.

3. 의사소통의 저해요인

(1) 의사소통 기법의 미숙, 표현능력의 부족, 이해능력의 부족

'일방적으로 말하고', '일방적으로 듣는' 무책임한 태도

(2) 복잡한 메시지, 경쟁적인 메시지

너무 복잡한 표현, 모순되는 메시지 등 잘못된 정보 전달

(3) 의사소통에 대한 잘못된 선입견

'말하지 않아도 아는 문화'에 안주하는 태도

(4) 기타요인

정보의 과다, 메시지의 복잡성, 메시지의 경쟁, 상이한 직위와 과업지향성, 신뢰의 부족, 의사소통을 위한 구조상의 권한, 잘못된 의사소통 매체의 선택, 폐쇄적인 의사소통 분위기

《 핵심예제 》

다음 중 의사소통의 저해요인에 해당하지 않는 것은?

① 표현능력의 부족
② 평가적이며 판단적인 태도
③ 상대방을 배려하는 마음가짐
④ 선입견과 고정관념

'상대방을 배려하는 마음가짐'은 성공적인 대화를 위해 필수적으로 갖춰야 하는 마음가짐이다. 따라서 의사소통의 저해요인에 해당하지 않는다.

정답 ③

---

4. 키슬러의 대인관계 의사소통 유형

유형	특징	제안
지배형	자신감이 있고 지도력이 있으나, 논쟁적이고 독단이 강하여 대인 갈등을 겪을 수 있음	타인의 의견을 경청하고 수용하는 자세가 필요
실리형	이해관계에 예민하고 성취지향적으로 경쟁적이며 자기중심적임	타인의 입장을 배려하고 관심을 갖는 자세가 필요
냉담형	이성적인 의지력이 강하고 타인의 감정에 무관심하며 피상적인 대인관계를 유지함	타인의 감정상태에 관심을 가지고 긍정적 감정을 표현하는 것이 필요
고립형	혼자 있는 것을 선호하고 사회적 상황을 회피하며 지나치게 자신의 감정을 억제함	대인관계의 중요성을 인식하고 타인에 대한 비현실적인 두려움의 근원을 성찰하는 것이 필요
복종형	수동적이고 의존적이며 자신감이 없음	적극적인 자기표현과 주장이 필요
순박형	단순하고 솔직하며 자기주관이 부족함	자기주장을 적극적으로 표현하는 것이 필요
친화형	따뜻하고 인정이 많고 자기희생적이나 타인의 요구를 거절하지 못함	타인과의 정서적인 거리를 유지하는 노력이 필요
사교형	외향적이고 인정하는 욕구가 강하며 타인에 대한 관심이 많고 쉽게 흥분함	심리적으로 안정을 취할 필요가 있으며 지나친 인정욕구에 대한 성찰이 필요

5. 의사소통능력의 개발

(1) 사후검토와 피드백의 활용

직접 말로 물어보거나 표정, 기타 표시 등을 통해 정확한 반응을 살핀다.

(2) 언어의 단순화

명확하고 쉽게 이해 가능한 단어를 선택하여 이해도를 높인다.

(3) 적극적인 경청

감정을 이입하여 능동적으로 집중하며 경청한다.

(4) 감정의 억제

감정에 치우쳐 메시지를 곡해하지 않도록 침착하게 의사소통한다.

6. 입장에 따른 의사소통전략

화자의 입장	• 의사소통에 앞서 생각을 명확히 할 것 • 문서를 작성할 때는 주된 생각을 앞에 쓸 것 • 평범한 단어를 쓸 것 • 편견 없는 언어를 사용할 것 • 사실 밑에 깔린 감정을 의사소통할 것 • 어조, 표정 등 비언어적인 행동이 미치는 결과를 이해할 것 • 행동을 하면서 말로 표현할 것 • 피드백을 받을 것
청자의 입장	• 세세한 어휘를 모두 들으려고 노력하기보다는 요점의 파악에 집중할 것 • 말하고 있는 바에 관한 생각과 사전 정보를 동원하여 말하는 바에 몰입할 것 • 모든 이야기를 듣기 전에 결론에 이르지 말고 전체 생각을 청취할 것 • 말하는 사람의 관점에서 진술을 반복하여 피드백할 것 • 들은 내용을 요약할 것

1. 문서이해능력의 의의

(1) 문서이해능력이란?

다양한 종류의 문서에서 전달하고자 하는 핵심내용을 요약·정리하여 이해하고, 문서에서 전달하는 정보의 출처를 파악하고 옳고 그름을 판단하는 능력을 말한다.

(2) 문서이해의 목적

문서이해능력이 부족하면 직업생활에서 본인의 업무를 이해하고 수행하는 데 막대한 지장을 끼친다. 따라서 본인의 업무를 제대로 수행하기 위해 문서이해능력은 필수적이다.

2. 문서의 종류

(1) 공문서

- 행정기관에서 공무를 집행하기 위해 작성하는 문서
- 정부기관이 일반회사, 단체로부터 접수하는 문서 및 일반회사에서 정부기관을 상대로 사업을 진행할 때 작성하는 문서
- 엄격한 규격과 양식에 따라 정당한 권리를 가진 사람이 작성함
- 최종 결재권자의 결재가 있어야 문서로서의 기능이 성립함

(2) 보고서

특정 업무에 대한 현황이나 진행 상황 또는 연구·검토 결과 등을 보고할 때 작성하는 문서이다.

종류	내용
영업보고서	영업상황을 문장 형식으로 기재해 보고하는 문서
결산보고서	진행됐던 사안의 수입과 지출결과를 보고하는 문서
일일업무보고서	매일의 업무를 보고하는 문서
주간업무보고서	한 주간에 진행된 업무를 보고하는 문서
출장보고서	출장 후 외부 업무나 그 결과를 보고하는 문서
회의보고서	회의 결과를 정리해 보고하는 문서

(3) 설명서

상품의 특성이나 사물의 성질과 가치, 작동 방법이나 과정을 소비자에게 설명하는 것을 목적으로 작성한 문서이다.

종류	내용
상품소개서	• 일반인들이 내용을 쉽게 이해하도록 하는 문서 • 소비자에게 상품의 특징을 잘 전달해 상품을 구입하도록 유도함
제품설명서	• 제품의 특징과 활용도에 대해 세부적으로 언급하는 문서 • 제품의 사용법에 대해 알려주는 것이 주목적임

(4) 비즈니스 메모

업무상 필요한 중요한 일이나 앞으로 체크해야 할 일이 있을 때 필요한 내용을 메모형식으로 작성하여 전달하는 글이다.

종류	내용
전화 메모	• 업무적인 내용부터 개인적인 전화의 전달사항을 간단히 작성하여 당사자에게 전달하는 메모 • 스마트폰의 발달로 현저히 줄어듦
회의 메모	• 회의에 참석하지 못한 구성원에게 회의 내용을 간략하게 적어 전달하거나 참고자료로 남기기 위해 작성한 메모 • 업무 상황 파악 및 업무 추진에 대한 궁금증이 있을 때 핵심적인 역할을 하는 자료
업무 메모	• 개인이 추진하는 업무나 상대의 업무 추진 상황을 기록하는 메모

(5) 비즈니스 레터(E-mail)

• 사업상의 이유로 고객이나 단체에 편지를 쓰는 것
• 직장업무나 개인 간의 연락, 직접 방문하기 어려운 고객관리 등을 위해 사용되는 비공식적 문서
• 제안서나 보고서 등 공식적인 문서를 전달하는 데도 사용됨

(6) 기획서

하나의 프로젝트를 문서 형태로 만들어 상대방에게 기획의 내용을 전달하여 해당 기획안을 시행하도록 설득하는 문서이다.

(7) 기안서

회사의 업무에 대한 협조를 구하거나 의견을 전달할 때 작성하며, 흔히 사내 공문서로 불린다.

(8) 보도자료

정부기관이나 기업체, 각종 단체 등이 언론을 상대로 하여 자신들의 정보가 기사로 보도되도록 하기 위해 보내는 자료이다.

(9) 자기소개서

개인의 가정환경과 성장과정, 입사 동기와 근무자세 등을 구체적으로 기술하여 자신을 소개하는 문서이다.

3. 문서의 이해

(1) 문서이해의 절차

1. 문서의 목적을 이해하기

2. 이러한 문서가 작성된 배경과 주제를 파악하기

3. 문서에 쓰인 정보를 밝혀내고, 문서가 제시하고 있는 현안을 파악하기

4. 문서를 통해 상대방의 욕구와 의도 및 내게 요구되는 행동에 대한 내용을 분석하기

5. 문서에서 이해한 목적 달성을 위해 취해야 할 행동을 생각하고 결정하기

6. 상대방의 의도를 도표나 그림 등으로 메모하여 요약·정리하기

《 핵심예제 》

다음 문서이해를 위한 절차 중 가장 먼저 해야 하는 것은 무엇인가?

① 문서의 목적을 이해하기
② 문서가 작성된 배경과 주제를 파악하기
③ 현안을 파악하기
④ 내용을 요약하고 정리하기

문서를 이해하기 위해 가장 먼저 해야 하는 것은 문서의 목적을 먼저 이해하는 것이다. 목적을 명확히 해야 문서의 작성 배경과 주제, 현안을 파악할 수 있다. 또한, 궁극적으로 문서에서 이해한 목적 달성을 위해 취해야 할 행동을 생각하고 결정할 수 있게 된다.

정답 ①

(2) 내용종합능력의 배양

① 주어진 모든 문서를 이해했다 하더라도 그 내용을 모두 기억하기란 불가능하므로 문서내용을 요약하는 문서이해능력에 더해 내용종합능력의 배양이 필요하다.
② 이를 위해서는 다양한 종류의 문서를 읽고, 구체적인 절차에 따라 이해하고, 정리하는 습관을 들여야 한다.

1. 문서작성능력의 의의

(1) 문서작성능력이란?

① 문서의 의미

제안서·보고서·기획서·편지·메모·공지사항 등 문자로 구성된 것을 지칭하며, 일상생활뿐만 아니라 직업생활에서도 다양한 문서를 자주 사용한다.

② 문서작성의 목적

상대를 설득하거나 조직의 의견을 전달하고자 한다.

〈핵심예제〉

다음은 무엇에 대한 설명인가?

상황과 목적에 적합한 문서를 시각적이고 효과적으로 작성하기 위한 능력이다.

① 문서이해능력   ② 문서작성능력
③ 언어이해능력   ④ 언어표현능력

제시된 설명은 문서작성능력에 대한 정의이다.

정답 ②

---

(2) 문서작성 시 고려사항

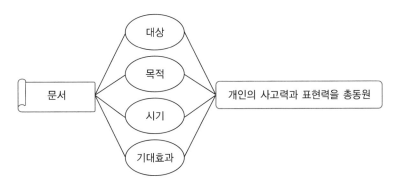

2. 문서작성의 실제

(1) 상황에 따른 문서의 작성

상황	내용
요청이나 확인을 위한 경우	• 공문서 형식 • 일정한 양식과 격식을 갖추어 작성
정보 제공을 위한 경우	• 홍보물, 보도자료, 설명서, 안내서 • 시각적인 정보의 활용 • 신속한 정보 제공
명령이나 지시가 필요한 경우	• 업무 지시서 • 명확한 지시사항이 필수적
제안이나 기획을 할 경우	• 제안서, 기획서 • 종합적인 판단과 예견적인 지식이 필요
약속이나 추천을 위한 경우	• 제품의 이용에 대한 정보 • 입사지원, 이직 시 작성

(2) 문서의 종류에 따른 작성법

① 공문서

- '누가, 언제, 어디서, 무엇을, 어떻게(왜)'가 드러나도록 작성해야 함
- 날짜는 연도와 월일을 반드시 함께 기입해야 함
- 날짜 다음에 괄호를 사용할 때는 마침표를 찍지 않음
- 내용이 복잡할 경우 '-다음-', '-아래-'와 같은 항목을 만들어 구분함
- 한 장에 담아내는 것이 원칙임
- 마지막엔 반드시 '끝' 자로 마무리함
- 대외문서이고 장기간 보관되는 문서이므로 정확하게 기술해야 함

② 설명서

- 간결하게 작성함
- 전문용어의 사용은 가급적 삼가해야 함
- 복잡한 내용은 도표화함
- 명령문보다 평서형으로, 동일한 표현보다는 다양한 표현으로 작성함
- 글의 성격에 맞춰 정확하게 기술해야 함

③ 기획서

- 무엇을 위한 기획서인지 핵심 메시지가 정확히 도출되었는지 확인해야 함
- 상대가 요구하는 것이 무엇인지 고려하여 작성함
- 글의 내용이 한눈에 파악되도록 목차를 구성함
- 분량이 많으므로 핵심내용의 표현에 유념해야 함
- 효과적인 내용 전달을 위해 표나 그래프를 활용함
- 제출하기 전에 충분히 검토해야 함
- 인용한 자료의 출처가 정확한지 확인해야 함

④ 보고서

- 핵심 내용을 구체적으로 제시해야 함
- 간결하고 핵심적인 내용의 도출이 우선이므로 내용의 중복을 피해야 함
- 독자가 궁금한 점을 질문할 것에 대비해야 함
- 산뜻하고 간결하게 작성함
- 도표나 그림은 적절히 활용해야 함
- 참고자료는 정확하게 제시해야 함
- 개인의 능력을 평가하는 기본 자료이므로 제출하기 전 최종점검을 해야 함

〈핵심예제〉

다음 중 설명서의 작성법으로 적절하지 않은 것은?

① 정확한 내용 전달을 위해 명령문으로 작성한다.
② 상품이나 제품에 대해 설명하는 글의 성격에 맞춰 정확하게 기술한다.
③ 정확한 내용 전달을 위해 간결하게 작성한다.
④ 소비자들이 이해하기 어려운 전문용어는 가급적 사용을 삼간다.

설명서는 명령문이 아닌 평서형으로 작성해야 한다.

정답 ①

3. 문서작성의 원칙

(1) 문장 구성 시 주의사항

- 간단한 표제를 붙일 것
- 결론을 먼저 작성할 것
- 상대방이 이해하기 쉽게할 것
- 중요하지 않은 경우 한자의 사용은 자제할 것
- 문장은 짧고, 간결하게 쓸 것
- 문장은 긍정문의 형식으로 쓸 것

(2) 문서작성 시 주의사항

- 문서의 작성 시기를 기입할 것
- 제출 전 반드시 최종점검을 할 것
- 반드시 필요한 자료만 첨부할 것
- 금액, 수량, 일자는 정확하게 기재할 것

다음 중 문서작성의 원칙으로 적절하지 않은 것은?

① 문장을 짧고, 간결하게 작성하도록 한다.
② 정확한 의미전달을 위해 한자어를 최대한 많이 사용한다.
③ 간단한 표제를 붙인다.
④ 문서의 주요한 내용을 먼저 쓰도록 한다.

문서의미의 전달에 있어서 중요하지 않은 경우에는 한자 사용을 최대한 자제하도록 하며, 상용한자의 범위 내에서
사용하는 것이 상대방의 문서이해에 도움이 된다.

정답 ②

4. 문서표현의 시각화

(1) 시각화의 구성요소

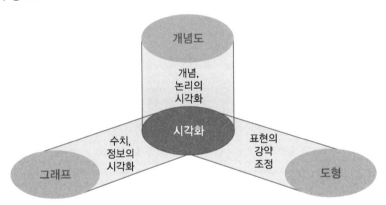

문서의 내용을 시각화하기 위해서는 전하고자 하는 내용의 개념이 명확해야 하고, 수치 등의 정보는 그
래프 등을 사용하여 시각화하며, 특히 강조하여 표현하고 싶은 내용은 도형을 이용할 수 있다.

(2) 시각화 방법

① **차트 시각화** : 데이터 정보를 쉽게 이해할 수 있도록 시각적으로 표현하며, 주로 통계 수치 등을 도
표나 차트를 통해 명확하고 효과적으로 전달한다.
② **다이어그램 시각화** : 개념이나 주제 등 중요한 정보를 도형, 선, 화살표 등 여러 상징을 사용하여
시각적으로 표현한다.
③ **이미지 시각화** : 전달하고자 하는 내용을 관련 그림이나 사진 등으로 표현한다.

1. 경청능력의 의의

(1) 경청능력이란?

① 경청의 의미

상대방이 보내는 메시지에 주의를 기울이고 이해를 위해 노력하는 행동으로, 대화의 과정에서 신뢰를 쌓을 수 있는 최고의 방법이다.

② 경청의 효과

대화의 상대방이 본능적으로 안도감을 느끼게 되어 무의식적인 믿음을 갖게 되며, 이 효과로 인해 말과 메시지, 감정이 효과적으로 상대방에게 전달된다.

(2) 경청의 중요성

경청을 통해	+ 대화의 상대방을(의) ⇨	• 한 개인으로 존중하게 된다. • 성실한 마음으로 대하게 된다. • 입장에 공감하며 이해하게 된다.

2. 효과적인 경청방법

(1) 적극적 경청과 소극적 경청

① 적극적 경청

상대의 말에 집중하고 있음을 행동을 통해 표현하며 듣는 것으로, 질문이나 확인, 공감 등으로 표현된다.

② 소극적 경청

상대의 말에 특별한 반응 없이 수동적으로 듣는 것을 말한다.

(2) 적극적 경청을 위한 태도

• 비판적·충고적인 태도를 버린다.
• 상대방이 말하고자 하는 의미를 이해한다.
• 단어 이외에 표현에도 신경쓴다.
• 경청하고 있다는 것을 표현한다.
• 흥분하지 않는다.

(3) 경청의 올바른 자세

• 상대를 정면으로 마주하여 의논할 준비가 되었음을 알린다.
• 손이나 다리를 꼬지 않는 개방적 자세를 취한다.
• 상대를 향해 상체를 기울여 경청하고 있다는 사실을 강조한다.
• 우호적인 눈빛을 교환한다.
• 편안한 자세를 취한다.

(4) 효과적인 경청을 위한 트레이닝

종류	내용
준비	미리 나누어준 계획서 등을 읽어 강연 등에 등장하는 용어에 친숙해질 필요가 있음
집중	말하는 사람의 속도와 말을 이해하는 속도 사이에 발생하는 간격을 메우는 방법을 학습해야 함
예측	대화를 하는 동안 시간 간격이 있으면, 다음에 무엇을 말할 것인가를 추측하려고 노력해야 함
연관	상대방이 전달하려는 메시지가 무엇인가를 생각해보고 자신의 삶, 목적, 경험과 관련지어 보는 습관이 필요함
질문	질문에 대한 답이 즉각적으로 이루어질 수 없다고 하더라도 질문을 하려고 하면 경청하는 데 적극적이 되고 집중력이 높아지게 됨
요약	대화 도중에 주기적으로 대화의 내용을 요약하면 상대방이 전달하려는 메시지를 이해하고, 사상과 정보를 예측하는 데 도움이 됨
반응	상대방에 대한 자신의 지각이 옳았는지 확인할 수 있으며, 상대방에게 자신이 정확하게 의사소통을 하였는가에 대한 정보를 제공함

〈 핵심예제 〉

다음 중 효과적인 경청방법으로 적절하지 않은 것은?

① 주의를 집중한다.
② 나와 관련지어 생각해 본다.
③ 상대방의 대화에 적절히 반응한다.
④ 상대방의 말을 적당히 걸러내며 듣는다.

경청을 방해하는 요인으로 상대방의 말을 듣기는 하지만 듣는 사람이 임의로 그 내용을 걸러내며 들으면 상대방의 의견을 제대로 이해할 수 없는 경우가 있다. 효과적인 경청자세는 상대방의 말을 전적으로 수용하며 듣는 태도이다.

정답 ④

---

3. 경청의 방해요인

요인	내용
짐작하기	상대방의 말을 듣고 받아들이기보다 자신의 생각에 들어맞는 단서들을 찾아 자신의 생각을 확인하는 것
대답할 말 준비하기	자신이 다음에 할 말을 생각하기에 바빠서 상대방이 말하는 것을 잘 듣지 않는 것
걸러내기	상대의 말을 듣기는 하지만 상대방의 메시지를 온전하게 듣지 않는 것
판단하기	상대방에 대한 부정적인 판단 때문에 또는 상대방을 비판하기 위해 상대방의 말을 듣지 않는 것
다른 생각하기	상대방이 말을 할 때 다른 생각을 하는 것으로, 현실이 불만스럽지만 이러한 상황을 회피하고 있다는 신호임
조언하기	본인이 다른 사람의 문제를 지나치게 해결해 주고자 하는 것을 말하며, 말끝마다 조언하려고 끼어들면 상대방은 제대로 말을 끝맺을 수 없음
언쟁하기	단지 반대하고 논쟁하기 위해서만 상대방의 말에 귀를 기울이는 것
자존심 세우기	자존심이 강한 사람에게서 나타나는 태도로, 자신의 부족한 점에 대한 상대방의 말을 듣지 않으려 함
슬쩍 넘어가기	문제를 회피하려 하거나 상대방의 부정적 감정을 회피하기 위해서 유머 등을 사용하는 것으로 이로 인해 상대방의 진정한 고민을 놓치게 됨
비위 맞추기	상대방을 위로하기 위해서 너무 빨리 동의하는 것을 말하며, 상대방에게 자신의 생각이나 감정을 충분히 표현할 시간을 주지 못하게 됨

다음 중 경청을 방해하는 요인에 해당하지 않는 것은?

① 상대방의 말을 짐작하면서 듣기
② 대답할 말을 미리 준비하며 듣기
③ 상대방의 마음상태를 이해하며 듣기
④ 상대방의 말을 판단하며 듣기

상대방의 마음상태를 이해하며 듣는 것은 올바른 경청방법으로, 방해요인에 해당하지 않는다.

정답 ③

4. 경청훈련

(1) 대화법을 통한 경청훈련

① 주의 기울이기

바라보기, 듣기, 따라하기가 이에 해당하며, 산만한 행동은 중단하고 비언어적인 것, 즉 상대방의 얼굴과 몸의 움직임뿐만 아니라 호흡하는 자세까지도 주의하여 관찰해야 한다.

② 상대방의 경험을 인정하고 더 많은 정보 요청하기

화자가 인도하는 방향으로 따라가고 있다는 것을 언어적 · 비언어적인 표현을 통하여 상대방에게 알려주는 것은 상대방이 더 많은 것을 말할 수 있는 수단이 된다.

③ 정확성을 위해 요약하기

상대방에 대한 이해의 정확성을 확인할 수 있게 하며, 자신과 상대방의 메시지를 공유할 수 있도록 한다.

④ 개방적인 질문하기

단답형의 대답이나 반응보다 상대방의 다양한 생각을 이해하고, 상대방으로부터 보다 많은 정보를 얻기 위한 방법이다.

⑤ '왜?'라는 질문 피하기

'왜?'라는 질문은 보통 진술을 가장한 부정적 · 추궁적 · 강압적인 표현이므로 사용하지 않는 것이 좋다.

(2) 경청능력을 높이는 공감하는 태도

① 공감적 태도

성숙된 인간관계를 유지하기 위해서는 서로의 의견을 공감하고 존중해야 하며 의견 조율이 필요하다. 이를 위해 깊이 있는 대화가 필요하며, 이때 필요한 것이 공감적 태도이다. 즉, 공감이란 상대방이 하는 말을 상대방의 관점에서 이해하고 느끼는 것이다.

② 공감적 반응

㉠ 상대방의 이야기를 자신의 관점이 아닌 그의 관점에서 이해한다.
㉡ 상대방의 말 속에 담겨 있는 감정과 생각에 민감하게 반응한다.

1. 의사표현능력의 의의

(1) 의사표현능력이란?

① 의사표현의 의미

말하는 이가 자신의 생각과 감정을 듣는 이에게 음성언어나 신체언어로 표현하는 행위로, 말하는 이의 목적을 달성하는 데 효과가 있다고 생각하는 말하기를 의미한다.

② 의사표현의 종류

종류	내용
공식적 말하기	• 사전에 준비된 내용을 대중을 상대로 하여 말하는 것 • 연설, 토의, 토론 등
의례적 말하기	• 정치적·문화적 행사에서와 같이 의례 절차에 따라 말하는 것 • 식사, 주례, 회의 등
친교적 말하기	• 매우 친근한 사람들 사이에서 이루어지는 것으로, 자연스러운 상황에서 떠오르는 대로 주고받으며 말하는 것

(2) 의사표현의 중요성

언어에 의해 그려지는 이미지로 인해 자신의 이미지가 형상화될 수 있다. 즉, 자신이 자주 하는 말로 자신의 이미지가 결정된다는 것이다.

2. 의사표현에 영향을 미치는 비언어적 요소

(1) 연단공포증

청중 앞에서 이야기를 해야 하는 상황일 때 정도의 차이는 있지만 누구나 가슴이 두근거리는 등의 현상을 느끼게 된다. 이러한 연단공포증은 소수가 경험하는 심리상태가 아니라, 90% 이상의 사람들이 호소하는 불안이므로 이를 걱정할 필요는 없으며, 오히려 이러한 심리현상을 잘 통제하면서 표현을 한다면 청자는 그것을 더 인간답다고 생각하게 된다.

(2) 말

① 장단

표기가 같은 말이라도 소리가 길고 짧음에 따라 전혀 다른 뜻이 되는 단어의 경우 긴 소리와 짧은 소리를 구분하여 정확하게 발음해야 한다.

② 발음

발음이 분명하지 못하면 듣는 이에게 정확하게 의사를 전달하기 어렵다. 천천히 복식호흡을 하며 깊은 소리로 침착하게 이야기하는 습관을 가져야 한다.

③ 속도

발표할 때의 속도는 10분에 200자 원고지 15장 정도가 적당하다. 이보다 빠르면 청중이 내용에 대해 생각할 시간이 부족하고 놓친 메시지가 있다고 느끼며, 말하는 사람이 바쁘고 성의 없다는 느낌을 주게 된다. 반대로 느리게 말하면, 분위기가 처지게 되어 청중이 내용에 집중을 하지 못한다. 발표에 능숙하게 되면 청중의 반응을 감지하면서 분위기가 처질 경우 좀 더 빠르게, 내용상 중요한 부분을 짚고 넘어가고자 할 경우는 조금 여유 있게 말하는 등의 조절을 할 수 있다.

④ 쉼

의도적으로 쉼을 잘 활용함으로써 논리성, 동질감 등을 확보할 수 있다.

(3) 몸짓

① 몸의 방향

몸의 방향을 통해 대화 상대를 향하는가 혹은 피하는가가 판단된다. 예를 들어 대화 도중에 끼어든 제3자가 있다고 상상했을 때, 말하는 이가 제3자를 불편하게 생각하는 경우 살짝 몸을 돌릴 수 있다. 몸의 방향은 의도적일 수도 있고, 비의도적일 수도 있으나 말하는 이가 그 사람을 '피하고' 있음을 표현하는 방식이 된다.

② 자세

특정 자세를 보고 그 사람의 분노, 슬픔, 행복과 같은 일부 감정들을 맞히는 것이 90% 이상 일치한다는 연구 결과가 있다. 자신뿐 아니라 지금 대화를 나누고 있는 상대방의 자세에 주의를 기울임으로써 우리는 언어적 요소와는 다른 중요한 정보를 얻을 수 있다.

③ 몸짓

몸짓의 가장 흔한 유형은 몸동작으로, 화자가 말을 하면서 자연스럽게 동반하는 움직임이다. 누군가 우리에게 길을 물어볼 때 자연스럽게 말과 함께 손가락과 몸짓을 통해 길을 알려준다. 몸동작은 말로는 설명하기 어려운 것들을 설명하는 데 자주 사용되며, 몸동작이 완전히 배제된 의사표현은 때로 어색함을 줄 수 있다. 또한, "최고다."라는 긍정적 신호를 보내기 위해 엄지를 들어 올리는 등의 상징적 동작은 말을 동반하지 않아도 의사표현이 가능하게 한다. 상징적 동작은 문화권에 따라 다를 수 있으므로, 다른 문화권의 사람들과 의사소통을 해야 할 경우에는 문화적 차이를 고려해야 한다.

④ 유머

유머는 의사표현을 더욱 풍요롭게 도와준다. 하지만 하루아침에 유머를 포함한 의사표현을 할 수 있는 것은 아니며, 평소 일상생활 속에서 부단히 유머 감각을 훈련하여야만 자연스럽게 상황에 맞는 유머를 즉흥적으로 구사할 수 있다.

3. 효과적인 의사표현법

상황	내용
지적	• 충고나 질책의 형태로 나타난다. • '칭찬 – 질책 – 격려'의 샌드위치 화법을 사용한다. • 충고는 최후의 수단으로 은유적으로 접근한다.
칭찬	• 대화 서두의 분위기 전환용으로 사용한다. • 상대에 어울리는 중요한 내용을 포함한다.
요구	• 부탁 : 상대의 상황을 확인한 후 응하기 쉽도록 구체적으로 부탁하며, 거절을 당해도 싫은 내색을 하지 않는다. • 업무상 지시, 명령 : 강압적 표현보다는 청유식 표현이 효과적이다.
거절	• 거절에 대한 사과와 함께 응할 수 없는 이유를 설명한다. • 요구를 들어주는 것이 불가능할 경우 단호하게 거절하지만, 정색하는 태도는 지양한다.
설득	• 강요는 금물이다. • 문 안에 한 발 들여놓기 기법을 사용한다. • 얼굴 부딪히기 기법을 사용한다.

1. 기초외국어능력의 의의

(1) 기초외국어능력이란?

우리만의 언어가 아닌 세계의 언어로 의사소통을 가능하게 하는 능력을 말하며, 문서이해나 문서작성, 의사표현, 경청 등 기초적인 의사소통을 기본적인 외국어로 가능하게 하는 능력을 말한다.

(2) 기초외국어능력의 중요성

외국인들과의 업무가 잦은 특정 직무뿐만 아니라 컴퓨터 활용 및 공장의 기계 사용, 외국산 제품의 사용법을 확인하는 경우 등 기초외국어를 모르면 불편한 경우가 많다.

2. 외국인과의 비언어적 의사소통

(1) 표정으로 알아채기

외국인과 마주하여 대화할 때 그들의 감정이나 생각을 가장 쉽게 알 수 있는 것이 표정이다. 웃는 표정은 행복과 만족, 친절을 표현하는 데 비해, 눈살을 찌푸리는 표정은 불만족과 불쾌를 나타낸다. 또한 눈을 마주 쳐다보는 것은 흥미와 관심이 있음을, 그리고 그렇게 하지 않음은 무관심을 말해 준다.

(2) 음성으로 알아채기

어조가 높으면 적대감이나 대립감을 나타내고, 낮으면 만족이나 안심을 나타낸다. 목소리가 커졌으면 내용을 강조하는 것이거나 흥분, 불만족 등의 감정 상태를 표현하는 것이다. 또한 말의 속도와 리듬이 매우 빠르거나 짧게 얘기하면 공포나 노여움을 나타내는 것이며, 너무 자주 말을 멈추면 결정적인 의견이 없음을 의미하거나 긴장 또는 저항을 의미한다.

(3) 외국인과의 의사소통에서 피해야 할 행동

- 상대를 볼 때 흘겨보거나 아예 보지 않는 것
- 팔이나 다리를 꼬는 것
- 표정이 없는 것
- 다리를 흔들거나 펜을 돌리는 것
- 맞장구를 치지 않거나 고개를 끄덕이지 않는 것
- 생각 없이 메모하는 것
- 자료만 들여다 보는 것
- 바르지 못한 자세로 앉는 것
- 한숨, 하품, 신음소리를 내는 것
- 다른 일을 하며 듣는 것
- 상대방에게 이름이나 호칭을 어떻게 부를지 묻지 않고 마음대로 부르는 것

다음 중 기초외국어능력을 대하는 마음가짐으로 적절하지 않은 것은?

① 상대방과 목적을 공유하라.

② 외국어를 너무 어렵게만 생각하지 마라.

③ 자신을 극복하라.

④ 자신의 부족한 외국어 실력을 의식하고 실수하지 않도록 하라.

외국어에 대한 자신감이 부족한 사람들이 가지는 특징은 외국어를 잘 못한다는 지나친 의식, 불명확한 의사표현, 의견정리의 어려움, 표현력의 저하 등이다. 따라서 이러한 마음상태를 극복하고, 자신만의 기초외국어로의 의사소통 방법을 만들어 나가는 것이 기초외국어능력을 높이는 좋은 방법이라 할 수 있다.

정답 ④

| 코레일 한국철도공사

01 다음 글을 참고할 때, 문법적 형태소가 가장 많이 포함된 문장은?

> 문법형태소(文法形態素)는 문법적 의미가 있는 형태소로, 어휘형태소와 함께 쓰여 그들 사이의 관계를 나타내는 기능을 하는 형태소를 말한다. 한국어에서는 조사와 어미가 이에 해당한다. 의미가 없고 문장의 형식 구성을 보조한다는 의미에서 형식형태소(形式形態素)라고도 한다.

① 동생이 나 몰래 사탕을 먹었다.

② 우리 오빠는 키가 작았다.

③ 봄이 오니 산과 들에 꽃이 피었다.

④ 나는 가게에서 김밥과 돼지고기를 샀다.

⑤ 지천에 감자꽃이 가득 피었다.

| 코레일 한국철도공사

02 다음 중 밑줄 친 단어가 문맥상 적절하지 않은 것은?

① 효율적인 회사 운영을 위해 회의를 정례화(定例化)해야 한다는 주장이 나왔다.

② 그 계획은 아무래도 중장기적(中長期的)으로 봐야 할 필요가 있다.

③ 그 문제를 해결하기 위해서는 표면적이 아닌 피상적(皮相的)인 이해가 필요하다.

④ 환경을 고려한 신제품을 출시하는 기업들의 친환경(親環境) 마케팅이 유행이다.

⑤ 인생의 중대사를 정할 때는 충분한 숙려(熟慮)가 필요하다.

| 코레일 한국철도공사

03 다음 문장 중 어법상 옳은 것은?

① 오늘은 날씨가 추우니 옷의 지퍼를 잘 잠거라.

② 우리 집은 매년 김치를 직접 담궈 먹는다.

③ 그는 다른 사람의 만류에도 서슴지 않고 악행을 저질렀다.

④ 염치 불구하고 이렇게 부탁드리겠습니다.

⑤ 우리집 뒷뜰에 개나리가 예쁘게 피었다.

04 다음 대화에서 나타난 논리적 오류로 가장 적절한 것은?

> A : 내가 어제 귀신과 싸워서 이겼다.
> B : 귀신이 있어야 귀신과 싸우지.
> A : 내가 봤다니까. 귀신 없는 거 증명할 수 있어?

① 성급한 일반화의 오류　　　　　　② 무지에 호소하는 오류
③ 거짓 딜레마의 오류　　　　　　　④ 대중에 호소하는 오류
⑤ 인신공격의 오류

05 다음 중 토론의 정의에 대한 설명으로 가장 적절한 것은?

① 주어진 주제에 대하여 찬반을 나누어, 서로 논리적인 의견을 제시하면서 상대방의 의견이 이치에 맞지 않다는 것을 명확하게 하는 논의이다.
② 주어진 주제에 대하여 찬반을 나누어, 서로의 주장에 대한 논리적인 근거를 제시하면서 상호 간의 타협점을 찾아가는 논의 방식이다.
③ 주어진 주제에 대한 자신의 의견을 밝히고 이에 대한 추론적인 근거를 들어가면서 상대방과 청중을 설득하는 말하기 방식이다.
④ 주어진 주제에 대하여 찬성하는 측과 반대하는 측이 다양한 의견을 제시하고, 제시된 의견에 대해 분석하면서 해결방안을 모색하는 말하기 방식이다.
⑤ 주어진 주제에 대하여 제시된 다양한 의견을 인정하고 존중하되, 자신의 의견에 대한 논리적인 근거를 제시하며 말하는 논의이다.

06 다음과 같은 상황에서 A의 의사소통을 저해하는 요소로 가장 적절한 것은?

> 〈상황〉
>
> A : B씨, 회의 자료 인쇄했어요?
> B : 네? 말씀 안 하셔서 몰랐어요.
> A : 아니, 사람이 이렇게 센스가 없어서야. 그런 건 알아서 해야지.

① 상호작용 부족　　　　　　　　　② 경쟁적인 메시지
③ 감정의 억제 부족　　　　　　　　④ 잘못된 선입견
⑤ 복잡한 메시지

07 다음 제시된 단어와 유사한 관계를 가진 단어는 무엇인가?

조절	낭비	절제
태만	( )	나태

① 과실   ② 근면

③ 권태   ④ 게으름

08 다음은 문화적 커뮤니케이션에 대한 설명이다. 빈칸 ㉠과 ㉡에 들어갈 단어를 바르게 연결한 것은?

> 직업인이 외국인과 함께 일하는 국제 비즈니스에서는 커뮤니케이션이 매우 중요하다. 직업인은 자신이 속한 조직의 목적을 달성하기 위해 외국인을 설득하거나 이해시켜야 한다. 이와 같이 서로 상이한 문화 간 커뮤니케이션을 _____㉠_____이라고 한다. 반면에 _____㉡_____은 국가 간의 커뮤니케이션으로, 직업인이 자신의 일을 수행하는 가운데 문화배경을 달리하는 사람과 커뮤니케이션을 하는 것은 _____㉠_____에 해당된다.
> _____㉠_____은 언어적과 비언어적으로 구분된다. 언어적 커뮤니케이션은 의사를 전달할 때 직접적으로 이용되는 것으로, 이는 외국어 사용능력과 직결된다. 그러나 국제관계에서는 이러한 언어적 커뮤니케이션 외에 비언어적 커뮤니케이션 때문에 여러 가지 문제를 겪는 경우가 많다. 즉, 아무리 외국어를 유창하게 하는 사람이라고 하더라도 문화적 배경을 잘 모르면 언어에 내포된 의미를 잘못 해석하거나 수용하지 않을 수도 있다. 또한, 대접을 잘 하겠다고 한 행동이 오히려 모욕감이나 당혹감을 주는 행동으로 비춰질 수도 있다. 따라서 국제 사회에서 성공적인 업무 성과를 내기 위해서는 외국어 활용능력을 키우는 것뿐만 아니라 상대국의 문화적 배경에 입각한 생활양식, 행동규범, 가치관을 사전에 이해하기 위한 노력을 지속적으로 기울여야 한다.

	㉠	㉡
①	비공식적 커뮤니케이션	공식적 커뮤니케이션
②	다문화 커뮤니케이션	국제 커뮤니케이션
③	이문화 커뮤니케이션	국제 커뮤니케이션
④	이문화 커뮤니케이션	국가 커뮤니케이션

09 다음 〈보기〉 중 공문서 작성 방법에 대한 설명으로 옳지 않은 것은 모두 몇 개인가?

> **보기**
>
> ㄱ. 회사 외부 기관에 송달되는 문서인 만큼 육하원칙에 따라 명확하게 작성하여야 한다.
> ㄴ. 날짜의 연도와 월일을 함께 작성하며, 날짜 다음에 마침표를 반드시 찍는다.
> ㄷ. 내용이 복잡하게 얽혀 있는 경우 '−다음−' 또는 '−아래−'와 같은 표기를 통해 항목을 나누어 서술하도록 한다.
> ㄹ. 대외 문서인 공문서는 특성상 장기간 보관되므로 정확한 기술을 위해 여러 장을 사용하여 세부적인 내용까지 기술하도록 한다.
> ㅁ. 공문서 작성 후 마지막에는 '내용 없음'이라는 문구를 표기하여 마무리하도록 한다.

① 1개   ② 2개
③ 3개   ④ 4개

10 다음 중 문서작성의 원칙에 대한 설명으로 옳지 않은 것은?

① 문서가 담고 있는 전반적인 내용을 한눈에 파악할 수 있도록 글의 표제를 함께 표시한다.
② 문서를 구성할 때는 문서의 가장 핵심적인 내용을 마지막에 표기하여 문서가 전달하고자 하는 내용을 명확하게 한다.
③ 문서작성 시에는 문서를 통해 전달하고자 하는 내용만을 육하원칙에 따라 간단명료하게 표현하여야 한다.
④ 문서작성 시에는 문서가 작성된 시기를 정확하게 표기하여야 하며, 문서가 금액, 수량, 일자 등의 내용을 담고 있을 때에는 그 수치 또한 정확하게 표기하여야 한다.

11 다음은 NCS의 정의와 도입 영향에 대한 글이다. 이에 대한 설명으로 옳지 않은 것은?

• NCS(National Competency Standards : 국가직무능력표준)란?
산업현장에서 직무를 수행하는 데 필요한 능력(지식, 기술, 태도)을 국가가 표준화한 것으로, 교육훈련·자격에 NCS를 활용하여 현장 중심의 인재를 양성할 수 있도록 지원하고 있다.

• NCS 도입 영향

1. 직업훈련으로 이직률이 감소하였다.
2. 교육훈련 프로그램으로 숙련도는 증가하였고, 이직률은 감소하였다.
3. 교육훈련 프로그램으로 현장 기반 실무를 익힐 수 있게 되었고, 로열티를 지급하는 관행을 깰수 있게 되었다.
4. NCS를 활용하여 교육과정을 설계함으로써 체계적으로 교육훈련과정을 운영할 수 있고, 이를 통해 산업현장에서 필요로 하는 실무형 인재를 양성할 수 있게 되었다.
5. 국가기술자격을 직무 중심(NCS 활용)으로 개선해서 실제로 그 일을 잘할 수 있는 사람이 자격증을 취득할 수 있도록 도와주었다.
6. NCS로 직무를 나누고 직무별로, 수준별로 교육하기 시작하면서 신입들의 업무적응이 눈에 띄게 빨라졌다.
7. NCS 기반 자격을 설계하여 현장과 교육, 자격의 미스매치가 줄어들었다.

---

① 높은 이직률을 해소하는 데 도움이 된다.
② 로열티를 지급해야 훈련을 받을 수 있다.
③ 업무에 적합한 실무를 익힐 수 있다.
④ 신입사원 교육이 더 쉬워질 수 있다.
⑤ 실무에 필요한 자격을 취득할 수 있다.

※ 다음 글을 읽고 질문에 답하시오. [12~13]

J공사는 전기와 소금을 동시에 만들어낼 수 있는 염전 태양광 발전 기술을 개발했다. 우리나라와 비슷한 방식으로 소금을 만들어 내는 중국, 인도 등에 기술을 이전해 수익을 낼 수 있을 것으로 기대된다.

J공사는 녹색에너지연구원, SM소프트웨어와 공동으로 10kW급 염전 태양광 발전시스템을 개발했다고 7일 밝혔다. 수심 5cm 내외의 염전 증발지 바닥에 수중 태양광 모듈을 설치해 소금과 전력을 동시에 생산할 수 있는 _____ㄱ_____ 시스템이다. 태양광 발전과 염전은 일사량이 많고 그림자가 없으며 바람이 잘 부는 곳에 설치해야 한다는 공통점이 있다.

국내 염전 중 85%는 전남에 밀집해 있다. 연구진은 2018년 3월부터 전남 무안에 염전 태양광 6kW 설비를 시범 설치한 뒤 이번에 10kW급으로 용량을 늘렸다.

J공사는 염전 내부에 태양광 설치를 위해 수압에 잘 견디는 태양광 모듈을 설계하고, 태양광 – 염전 통합운영시스템을 개발했다. 그 결과 여름철에는 염수(소금물)에 의한 냉각으로 일반 지상 태양광과 비교해 발전량이 5% 개선됐다. 또한, J공사는 태양광 모듈에서 발생하는 복사열로 염수 증발 시간도 줄어서 소금 생산량도 늘었다고 설명했다. 발전시스템 상부에 염수가 항상 접촉해 있지만, 전기 안전과 태양광 모듈 성능 저하 등 운영 결함은 없었다고 전했다.

국내 염전 증발지 40km² 에 이 기술을 적용하면 최대 4GW 발전 부지 확보가 가능하다. 특히 국내와 유사한 천일염 방식으로 소금을 생산하는 중국, 인도, 프랑스, 이탈리아 등에 기술 이전도 가능해 해외 수익도 창출할 수 있을 것으로 기대된다.

J공사 관계자는 "추가적인 부지 확보 없이 염전에서 태양광 전력을 생산할 수 있어 일석이조이다."라며 "열악한 염전산업계를 지원해 주민들의 소득 증대에도 기여할 것"이라고 말했다.

❙ 한국중부발전

12 다음 중 윗글의 내용으로 적절하지 않은 것은?

① 우리나라 과반수 이상의 염전은 전라남도에 위치해 있다.
② 태양광 발전시스템에는 모듈 저하 현상이 있다.
③ 이탈리아는 천일염 방식으로 소금을 생산한다.
④ 염전 태양광 발전 기술은 추가적인 부지 확보가 필요 없는 기술이다.

❙ 한국중부발전

13 다음 중 빈칸 ㉠에 들어갈 사자성어로 가장 적절한 것은?

① 아전인수(我田引水)　　　　　　② 일거양득(一擧兩得)
③ 토사구팽(兎死狗烹)　　　　　　④ 백척간두(百尺竿頭)

※ 다음 글을 읽고 이어지는 질문에 답하시오. [14~15]

무공해 에너지의 공급원으로 널리 알려진 수력발전소가 실제로는 기후 변화에 악영향을 미친다는 주장이 제기되었다고 영국의 옵서버 인터넷판이 보도했다.

프랑스와 브라질 과학자들은 이번주 프랑스 파리에서 열리는 유네스코(UNESCO) 회의에서 수력발전을 위해 건설된 댐과 발전소에서 많은 양의 메탄이 배출되어 지구온난화를 야기한다는 내용을 발표할 것으로 알려졌다.

메탄이 지구온난화에 미치는 영향은 이산화탄소의 20배에 달한다. 이들은 댐이 건설되면서 저수지에 갇힌 유기물들이 부패 과정에서 이산화탄소는 물론 메탄을 생성하며, 이러한 현상은 특히 열대 지방에서 극심하게 나타난다고 주장했다.

필립 펀사이드 아마존 국립연구소(NIRA)를 포함한 과학자들은 이번주 영국 과학전문지 네이처를 통해 수력발전소가 가동 후 첫 10년 동안 화력발전소의 4배에 달하는 이산화탄소를 배출한다는 견해를 밝힐 예정이다. 그러나 이들의 주장에 반대하는 의견을 표명하는 과학자들도 있다. 반론을 제기한 학자들은 메탄 배출은 댐 운영 첫해에만 발생하는 현상으로, 수력발전소가 안정적으로 운영되면 상대적으로 적은 양의 메탄과 이산화탄소만 나오게 된다고 지적했다.

| 한국중부발전

14 다음 중 윗글과 가장 관련 있는 사자성어는?

① 고식지계(姑息之計) ② 결자해지(結者解之)
③ 일장일단(一長一短) ④ 과유불급(過猶不及)

| 한국중부발전

15 다음 중 윗글의 내용으로 적절하지 않은 것은?

① 이산화탄소보다 메탄이 환경에 더 큰 악영향을 끼친다.
② 수력발전은 이산화탄소를 배출한다.
③ 유기물들이 부패하면 유해물질이 생성된다.
④ 일부 과학자들은 수력발전소 운영 초기에만 유해 물질이 생성된다고 주장한다.

PART 1

01 의사표현에서는 말하는 사람이 말하는 순간 듣는 사람이 바로 알아들을 수 있어야 하므로 어떠한 언어를 사용하는지가 매우 중요하다. 다음 〈보기〉 중 의사표현에 사용되는 언어로 적절하지 않은 것을 모두 고르면?

> **보기**
>
> ㉠ 이해하기 쉬운 언어   ㉡ 상세하고 구체적인 언어
> ㉢ 간결하면서 정확한 언어   ㉣ 전문적 언어
> ㉤ 단조로운 언어   ㉥ 문법적 언어

① ㉠, ㉡   ② ㉡, ㉢

③ ㉢, ㉥   ④ ㉣, ㉤

⑤ ㉤, ㉥

02 다음 중 인상적인 의사소통능력에 대한 설명으로 적절하지 않은 것은?

① 자신의 의견을 인상적으로 전달하기 위해서는 자신의 의견을 장식하는 것이 필요하다.

② 내가 전달하고자 하는 내용이 의사소통과정을 통하여 상대방에게 '과연'하며 감탄하게 만드는 것이다.

③ 인상적인 의사소통능력을 개발하기 위해서는 자주 사용하는 표현을 잘 섞어서 쓰는 것이 좋다.

④ 새로운 고객을 만나는 직업인의 경우 같은 말을 되풀이하는 것보다 새로운 표현을 사용하여 인상 적인 의사소통을 만드는 것이 좋다.

⑤ 의사소통과정에서 상대방에게 같은 내용을 전달한다고 해도 이야기를 새롭게 부각시켜 인상을 주는 것을 말한다.

03 다음 중 가장 적절한 의사표현법을 사용하고 있는 사람은?

① A대리 : (늦잠으로 지각한 후배 사원의 잘못을 지적하며) 오늘도 지각을 했네요. 어제도 늦게 출근하지 않았나요? 왜 항상 지각하는 거죠?

② B대리 : (후배 사원의 고민을 들으며) 방금 뭐라고 이야기했죠? 미안해요. 아까 이야기한 고민에 대해서 어떤 답을 해줘야 할지 생각하고 있었어요.

③ C대리 : (후배 사원의 실수가 발견되어 이를 질책하며) 이번 프로젝트를 위해 많이 노력했다는 것 압니다. 다만, 발신 메일 주소를 한 번 더 확인하는 습관을 갖는 것이 좋겠어요. 앞으로는 더 잘할 거라고 믿어요.

④ D대리 : (거래처 직원에게 변경된 계약서에 서명할 것을 설득하며) 이 정도는 그쪽에 큰 손해 사항도 아니지 않습니까? 지금 서명해 주지 않으시면 곤란합니다.

⑤ E대리 : (후배 사원에게 업무를 지시하며) 이번 일은 직접 발로 뛰어야 해요. 특히 빨리 처리해야 하니까 반드시 이 순서대로 진행하세요!

04 다음 중 경청에 대한 설명으로 적절하지 않은 것은?

① 경청을 통해 상대방의 입장을 공감하는 것은 어렵다.
② 대화의 과정에서 신뢰를 쌓을 수 있는 좋은 방법이다.
③ 의사소통을 위한 기본적인 자세이다.
④ 다른 사람의 말을 주의 깊게 들으며 공감하는 능력이다.
⑤ 경청하는 만큼 상대방 역시 자신의 말을 경청하게 된다.

05 다음 중 기초외국어능력이 필요한 상황이 아닌 것은?

① 외국인과 함께 일하는 국제 비즈니스 상황
② 외국에서 들어온 기계가 어떻게 작동하는지 매뉴얼을 봐야 하는 상황
③ 외국으로 보낼 서류를 작성하는 상황
④ 같은 언어를 사용하는 상사에게 보고하는 상황
⑤ 외국인을 상대로 전화 응대해야 하는 상황

06 다음 중 김대리의 의사소통을 저해하는 요인으로 가장 적절한 것은?

> 김대리는 업무를 처리할 때 담당자들과 별도의 상의를 하지 않고 스스로 판단해서 업무를 지시한다. 담당자들은 김대리의 지시 내용이 실제 업무 상황에 적합하지 않다고 생각하지만, 김대리는 자신의 판단에 확신을 가지고 지시 내용에 변화를 주지 않는다.

① 의사소통 기법의 미숙
② 잠재적 의도
③ 선입견과 고정관념
④ 평가적이며 판단적인 태도
⑤ 과거의 경험

07 다음 사례에 나타난 의사소통 활동 중 성격이 다른 하나는?

> 제약회사에 근무 중인 박팀장은 오늘 오전 내로 ㉠ 구매 견적서를 작성하여 병원으로 발송해야 한다. 출근하자마자 급하게 업무를 처리하던 중 어제 퇴근 전에 처리한 일에 문제가 생겨 ㉡ 병원으로부터 문의 전화가 걸려 왔고, 이를 처리하느라 오전 시간을 정신없이 보내야 했다. 회의에 참석 중인 김대리의 책상에 오늘 ㉢ 회의 관련 자료를 정리해 줄 것을 부탁한 메모를 올려두었는데, 점심을 먹고 메일함을 확인하니 김대리의 메일이 벌써 도착해 있었다. 박팀장은 김대리에게 ㉣ 답변 메일을 작성한 후 오후 회의에 참석했고, 회의가 끝난 후 ㉤ 회의 내용을 종합한 회의록을 작성하여 나부장에게 제출하였다.

① ㉠
② ㉡
③ ㉢
④ ㉣
⑤ ㉤

08 다음 상황에서 차팀장이 이부장에게 제출한 문서의 종류로 가장 적절한 것은?

> B사업의 시행을 담당하고 있는 김사원은 업무 진행 과정에서 B사업과 관련된 특이 사항을 발견하였다. 사안의 중대성을 깨닫고 혼자서 해결하기 어렵다고 생각한 김사원은 차팀장에게 이를 보고하였다. 차팀장은 문제를 해결하기 위한 방안을 문서로 작성하여 결재권자인 이부장에게 제출하였다.

① 결의서
② 품의서
③ 기안서
④ 기획서
⑤ 보고서

09 직장 내에서의 의사소통은 반드시 필요하지만, 적절한 의사소통을 형성한다는 것은 쉽지 않다. 다음과 같은 갈등 상황을 유발하는 원인으로 가장 적절한 것은?

> 기획팀의 K대리는 팀원들과 함께 프로젝트를 수행하고 있다. K대리는 이번 프로젝트를 조금 여유 있게 진행할 것을 팀원들에게 요청하였다. 팀원들은 프로젝트 진행을 위해 회의를 진행하였는데, L사원과 P사원의 의견이 서로 대립하는 바람에 결론을 내리지 못한 채 회의를 마치게 되었다. K대리가 회의 내용을 살펴본 결과 L사원은 프로젝트 기획 단계에서 좀 더 꼼꼼하고 상세한 자료를 모으자는 의견이었고, 반대로 P사원은 여유 있는 시간을 프로젝트 수정·보완 단계에서 사용하자는 의견이었다.

① L사원과 P사원이 K대리의 의견을 서로 다르게 받아들였기 때문이다.
② L사원이 K대리의 고정적 메시지를 잘못 이해하고 있기 때문이다.
③ L사원과 P사원이 자신의 정보를 상대방이 이해하기 어렵게 표현하고 있기 때문이다.
④ L사원과 P사원이 서로 잘못된 정보를 전달하고 있기 때문이다.
⑤ L사원과 P사원이 서로에 대한 선입견을 갖고 있기 때문이다.

10 다음 문서의 종류에 대한 설명으로 적절하지 않은 것은?

① 비즈니스 메모 : 개인이 추진하는 업무나 상대의 업무 추진 상황을 적은 메모이다.
② 비즈니스 레터 : 회의에 참석하지 못한 상사나 동료에게 전달 사항이나 회의 내용에 대해 간략하게 적어 전달한다.
③ 기안서 : 회사의 업무에 대한 협조를 구하거나 의견을 전달할 때 작성하는 문서이다.
④ 자기소개서 : 개인의 가정환경과 성장과정, 입사동기와 근무자세 등을 구체적으로 기술하여 자신을 소개하는 문서이다.
⑤ 보고서 : 특정한 일에 대한 현황이나 그 진행 상황 또는 연구·검토 결과 등을 보고하고자 할 때 작성하는 문서이다.

11 다음 빈칸에 들어갈 말이 바르게 연결된 것은?

> 피드백의 효과를 극대화하기 위해서는 다음과 같은 반응의 세 가지 규칙을 지켜야 한다.
> - ___㉠___ : 시간을 낭비하지 않는 것. 시간이 갈수록 피드백의 영향력은 줄어들기 때문에 상대방에게 바로 피드백을 주어야 한다.
> - ___㉡___ : 진정한 반응뿐만 아니라 조정하고자 하는 마음 또는 보이고 싶지 않은 부정적인 느낌까지 보여주어야 한다.
> - ___㉢___ : ___㉡___하다고 해서 잔인해서는 안 된다. 부정적인 의견을 표현할 때도 부드럽게 표현하는 방법을 사용하여야 한다.
> 이러한 쌍방적 의사소통은 화자와 청자 모두에게 도움이 된다.

	㉠	㉡	㉢
①	즉각적	진실	공감
②	즉각적	진실	지지
③	즉각적	정직	지지
④	효율적	정직	지지
⑤	효율적	진실	공감

12 다음 중 효과적인 경청 방법에 대한 설명으로 적절하지 않은 것은?

① 대화를 하는 동안 시간 간격이 있으면, 다음에 무엇을 말할 것인가를 추측하려고 노력해야 한다.
② 상대방이 전달하려는 메시지가 무엇인가를 생각해 보고 자신의 삶, 목적, 경험과 관련지어 본다.
③ 대화 도중에 주기적으로 대화의 내용을 요약하면 상대방이 전달하려는 메시지를 이해하고, 사상과 정보를 예측하는 데 도움이 된다.
④ 말하는 사람의 모든 것에 집중해서 적극적으로 들어야 하며, 말하는 사람의 속도와 말을 이해하는 속도 사이에 발생하는 간격을 메우는 방법을 학습해야 한다.
⑤ 상대방이 말하는 사이에 질문을 하면 질문에 대한 답이 즉각적으로 이루어질 수 없으므로 되도록 질문하지 않고 상대방의 이야기에 집중한다.

13 다음 중 설명서에 대한 설명으로 가장 적절한 것은?

① 상품소개서는 소비자에게 상품의 특징을 잘 전달하는 것이 궁극적 목적이다.
② 설명서 중 제품의 특징과 활용도에 대해 세부적으로 언급하는 문서는 상품소개서이다.
③ 제품소개서는 제품의 사용법을 상세히 안내하는 것이 주된 목적이다.
④ 상품소개서는 상품구입을 유도하려는 목적이 있는 반면, 제품소개서는 구매유도의 목적이 없다.
⑤ 제품설명서는 일반인들이 친근하게 읽고 내용을 쉽게 이해하도록 하는 문서를 가리킨다.

14 다음 〈보기〉의 대화에서 비즈니스 메모에 대하여 적절하지 않은 말을 한 직원을 모두 고르면?

> **보기**
>
> 최과장 : 요즘은 휴대전화가 발달해서 전화 메모가 많이 늘었네요.
> 김대리 : 회의 메모는 회의에 참석하지 못한 인원에게 전달 사항이나 회의 내용을 알려주기 위해 적기도 하고, 회의를 기록해 두기 위해 적기도 해요.
> 이주임 : 업무 메모는 본인의 추진 업무에 대한 것만을 가리켜요.
> 강주임 : 회의 메모가 있으면 월말이나 연말에 업무 상황을 파악하거나 궁금증을 해결할 때 요긴해요.

① 최과장, 김대리　　　　　　　　② 최과장, 이주임
③ 김대리, 이주임　　　　　　　　④ 김대리, 강주임
⑤ 이주임, 강주임

15 다음 중 보고서에 대한 설명으로 가장 적절한 것은?

① 전문용어는 이해하기 어렵기 때문에 최대한 사용하지 말아야 한다.
② 상대의 선택을 받아야 하기 때문에 상대가 요구하는 것이 무엇인지 파악하는 것이 가장 중요하다.
③ 이해를 돕기 위해서 관련 자료는 최대한 많이 첨부하는 것이 좋다.
④ 문서와 관련해서 받을 수 있는 질문에 대비해야 한다.
⑤ 한 장에 담아내는 것이 원칙이므로 내용이 너무 길어지지 않게 신경 써야 한다.

16 다음 중 문서작성의 구성요소에 대한 설명으로 적절하지 않은 것은?

① 문서는 품위 있고 짜임새 있는 골격을 갖추어야 한다.

② 객관적이고 논리적으로 내용이 전개되어야 한다.

③ 이해하기 쉬운 어휘를 이용한다면 구조는 다소 난해하여도 괜찮다.

④ 문장은 구체적이고 설득력이 있어야 한다.

⑤ 문서의 레이아웃은 인상적이어야 한다.

17 다음 중 의사소통을 저해하는 요인으로 적절하지 않은 것은?

① 정보의 양이 너무 많다.

② 분위기가 매우 진지하다.

③ 의미가 단순한 언어를 사용한다.

④ 대화 구성원의 사이가 친밀하지 않다.

⑤ 물리적인 제약이 있다.

18 다음 상황에서 A주임이 작성해야 할 문서의 형태로 가장 적절한 것은?

> 자동차 부품 제조업체인 P업체의 홍보실에서 근무 중인 A주임에게 K신문사의 B기자가 P업체의 부품 검수 과정과 노하우에 대한 인터뷰를 요청하였다.

① 설명서   ② 보도자료

③ 회의보고서   ④ 주간업무보고서

⑤ 제안서

19 다음 〈보기〉 중 상황에 따른 문서작성법에 대한 설명으로 적절하지 않은 것을 모두 고르면?

> **보기**
>
> ㄱ. 요청이나 확인을 부탁하는 경우, 일반적으로 공문서의 형태로 양식을 준수하여 작성하여야 한다.
> ㄴ. 정보제공을 위해 문서를 작성하는 경우, 시각적 자료는 내용 전달을 방해할 수 있으므로 최소화하는 것이 좋다.
> ㄷ. 정보제공을 위한 문서를 작성하는 경우, 문서는 최대한 신속히 작성하여 전달하는 것이 효과적이다.
> ㄹ. 제안이나 기획을 하려는 경우, 상대방이 합리적으로 판단할 수 있게 객관적 사실만을 기입하고 개인의 주관은 포함시키지 않는 것이 좋다.

① ㄱ, ㄴ   ② ㄱ, ㄷ
③ ㄴ, ㄷ   ④ ㄴ, ㄹ
⑤ ㄷ, ㄹ

20 의사표현의 종류는 상황이나 사태와 관련하여 공식적 말하기, 의례적 말하기, 친교적 말하기로 구분할 수 있다. 다음 〈보기〉 중 공식적 말하기에 해당하는 것을 모두 고르면?

> **보기**
>
> ㉠ 토론   ㉡ 연설
> ㉢ 토의   ㉣ 주례
> ㉤ 회의   ㉥ 안부전화

① ㉠, ㉡   ② ㉣, ㉥
③ ㉠, ㉡, ㉢   ④ ㉠, ㉣, ㉤
⑤ ㉡, ㉢, ㉤

21 L사원은 사람들 앞에 나설 생각만 하면 불안감이 엄습하면서 땀이 난다. 심지어 지난번 프레젠테이션에서는 너무 떨린 나머지 자신이 말해야 하는 것을 잊어버리기도 하였다. 주요 기획안 프레젠테이션을 앞둔 L사원은 같은 실수를 반복하지 않기 위해 상사인 K대리에게 조언을 구하기로 하였다. 다음 중 K대리가 L사원에게 해 줄 조언으로 적절하지 않은 것은?

① 발표에 필요한 것을 미리 준비하고 점검하는 것이 좋다.
② 완벽하게 준비하려 하기보다는 자신의 순발력으로 대처할 수 있을 정도로 준비하는 것이 좋다.
③ 듣는 사람들을 자신과 똑같은 위치의 사람이라고 생각하면서 발표하는 것도 좋은 방법이다.
④ 듣는 사람의 눈을 보기 어렵다면 그 사람의 코를 보면서 발표하는 것도 좋은 방법이다.
⑤ 듣는 사람들의 관심사는 무엇인지, 어떤 입장을 가지고 있는지 등 그들을 철저하게 분석하는 것이 좋다.

22 다음 〈보기〉 중 보고서 작성에 대한 설명으로 적절하지 않은 것을 모두 고르면?

> **보기**
> ㄱ. 일반적으로 업무의 진행 과정에서 쓰이므로, 핵심내용을 구체적으로 제시하는 것이 중요하다.
> ㄴ. 업무상 상사에게 제출하는 문서이므로, 작성 후에는 질의사항에 대응한다.
> ㄷ. 정확한 이해를 위하여 중요한 내용은 반복을 통해 강조한다.
> ㄹ. 참고자료의 양이 방대하여 보고서 독해 시 방해가 된다면 참고자료를 생략할 수 있다.

① ㄱ, ㄴ   ② ㄱ, ㄷ
③ ㄴ, ㄷ   ④ ㄴ, ㄹ
⑤ ㄷ, ㄹ

23 광고회사에 근무 중인 A대리는 K전자의 스마트폰 광고 프로젝트를 진행하게 되었고, 마침내 최종 결과물을 발표할 일만 남겨두고 있다. A대리가 광고를 의뢰한 업체의 관계자를 대상으로 프레젠테이션을 진행한다고 할 때, 다음 〈보기〉에서 A대리가 준비해야 할 일을 모두 고르면?

> **보기**
> ㉠ 프레젠테이션할 내용을 완전히 숙지한다.
> ㉡ 프레젠테이션 예행연습을 한다.
> ㉢ 팀원들의 니즈를 파악한다.
> ㉣ 프레젠테이션에 활용할 다양한 시청각 기자재를 준비한다.
> ㉤ 요점을 구체적이면서도 자세하게 전달할 수 있도록 연습한다.

① ㉠, ㉡   ② ㉡, ㉢

③ ㉠, ㉡, ㉢   ④ ㉠, ㉡, ㉣

⑤ ㉡, ㉣, ㉤

24 다음 중 문서를 시각화할 때 고려하여야 하는 내용으로 적절하지 않은 것은?

① 한눈에 보이도록 구성한다.
② 이해가 용이하도록 구성한다.
③ 다양한 방식을 통해 구성한다.
④ 구체적 자료를 최대한 담는다.
⑤ 숫자는 그래프로 표시한다.

25 다음 〈보기〉 중 경청에 대한 설명으로 적절하지 않은 것을 모두 고르면?

> **보기**
> ㄱ. 상대방의 성격상 지나친 경청은 부담스러워할 수 있으므로, 적당히 거리를 두며 듣는다.
> ㄴ. 경청을 통해 상대방의 메시지와 감정이 더욱 효과적으로 전달될 수 있다.
> ㄷ. 상대의 말에 대한 경청은 상대에게 본능적 안도감을 제공한다.
> ㄹ. 경청을 하는 사람은 상대의 말에 무의식적 믿음을 갖게 된다.

① ㄱ   ② ㄴ

③ ㄱ, ㄷ   ④ ㄱ, ㄹ

⑤ ㄴ, ㄷ, ㄹ

26 다음 중 의사소통의 종류가 같은 것끼리 바르게 연결된 것은?

① 문서이해능력, 문서작성능력
② 의사표현능력, 문서이해능력
③ 경청능력, 문서작성능력
④ 문서작성능력, 의사표현능력
⑤ 경청능력, 문서이해능력

27 다음 중 비언어적 의사표현에 대한 설명으로 적절하지 않은 것은?

① 눈살을 찌푸리는 표정은 불만족과 불쾌를 나타낸다.
② 상대방의 눈을 쳐다보는 것은 흥미와 관심이 있음을 나타낸다.
③ 어조가 높으면 적대감이나 대립감을 나타낸다.
④ 말의 속도와 리듬에 있어서 매우 빠르거나 짧게 얘기하면 흥분, 즐거움을 나타낸다.
⑤ 말을 자주 중지하면 결정적인 의견이 없음 또는 긴장, 저항을 나타낸다.

28 다음 대화에서 B사원의 문제점으로 가장 적절한 것은?

> A사원 : 배송 지연으로 인한 고객의 클레임을 해결하기 위해서는 일단 입고된 상품을 먼저 배송하고, 추가 배송료를 부담하더라도 나머지 상품은 입고되는 대로 다시 배송하는 방법이 나을 것 같습니다.
> B사원 : 글쎄요. A사원의 그간 업무 스타일로 보았을 때, 방금 제시한 그 처리 방법이 효율적일지 의문이 듭니다.

① 짐작하기
② 판단하기
③ 조언하기
④ 비위 맞추기
⑤ 대답할 말 준비하기

29 다음 〈보기〉 중 세계에서 일반적으로 사용되는 바디 랭귀지(Body Language)에 대한 설명으로 적절한 것을 모두 고르면?

> **보기**
>
> ㉠ 엄지 세우기 : 공통(권력, 최고), 그리스(꺼져), 유럽(비웃기)
> ㉡ V : 바깥쪽이 보이게(승리), 안쪽이 보이게(경멸, 외설)
> ㉢ 입 가리기 : 서양(가려움), 동양(창피)
> ㉣ 고개 끄덕이기 : 공통(Yes), 불가리아 · 그리스(No)
> ㉤ 손바닥 아래위로 흔들기 : 미국(Bye), 유럽(Come)

① ㉠, ㉡, ㉢　　　　　　　　　② ㉠, ㉢, ㉣
③ ㉡, ㉢, ㉣　　　　　　　　　④ ㉡, ㉣, ㉤
⑤ ㉢, ㉣, ㉤

30 다음은 경청훈련에 대한 설명이다. 빈칸에 들어갈 내용으로 가장 적절한 것은?

> ＿＿＿＿＿＿＿＿＿는 보통 '누가 · 언제 · 어디서 · 언제 또는 어떻게'라는 어휘로 시작하며, 상대방의 다양한 생각을 이해하고 상대방으로부터 많은 정보를 얻기 위한 방법이다. 서로에 대한 이해 정도를 높일 수 있고, "직장을 옮기는 것에 대해 어떤 생각을 하고 있어요?", "당신, 기운이 없어 보이는군요. 무슨 일이 있어요?" 등의 표현을 예로 들 수 있다.

① '왜?'라는 질문 피하기
② 정확성을 위해 요약하기
③ 주의 기울이기
④ 개방적인 질문하기
⑤ 상대방의 경험을 인정하고 더 많은 정보 요청하기

PART 2

수리능력

2

수리능력

합격 Cheat Key

수리능력은 사칙 연산·통계·확률의 의미를 정확하게 이해하고 이를 업무에 적용하는 능력으로, 기초 연산과 기초 통계, 도표 분석 및 작성의 문제 유형으로 출제된다. 수리능력 역시 채택하지 않는 공사·공단이 거의 없을 만큼 필기시험에서 중요도가 높은 영역이다.

특히, 난이도가 높은 공사·공단의 시험에서는 도표 분석, 즉 자료 해석 유형의 문제가 많이 출제되고 있고, 응용 수리 역시 꾸준히 출제하는 공사·공단이 많기 때문에 기초 연산과 기초 통계에 대한 공식의 암기와 자료 해석 능력을 기를 수 있는 꾸준한 연습이 필요하다.

1 응용 수리의 공식은 반드시 암기하라!

응용 수리는 공사·공단마다 출제되는 문제는 다르지만, 사용되는 공식은 비슷한 경우가 많으므로 자주 출제되는 공식을 반드시 암기하여야 한다. 문제에서 묻는 것을 정확하게 파악하여 그에 맞는 공식을 적절하게 적용하는 꾸준한 노력과 공식을 암기하는 연습이 필요하다.

2 자료의 해석은 자료에서 즉시 확인할 수 있는 지문부터 확인하라!

수리능력 중 도표 분석, 즉 자료 해석 능력은 많은 시간을 필요로 하는 문제가 출제되므로, 증가·감소 추이와 같이 눈으로 확인이 가능한 지문을 먼저 확인한 후 복잡한 계산이 필요한 지문을 확인하는 방법으로 문제를 풀이한다면 시간을 조금이라도 아낄 수 있다. 또한, 여러 가지 보기가 주어진 문제 역시 지문을 잘 확인하고 문제를 풀이한다면 불필요한 계산을 생략할 수 있으므로 항상 지문부터 확인하는 습관을 들여야 한다.

3 도표 작성에서 지문에 작성된 도표의 제목을 반드시 확인하라!

도표 작성은 하나의 자료 혹은 보고서와 같은 수치가 표현된 자료를 도표로 작성하는 형식으로 출제되는데, 대체로 표보다는 그래프를 작성하는 형태로 많이 출제된다. 지문을 살펴보면 각 지문에서 주어진 도표에도 소제목이 있는 경우가 대부분이다. 이때, 자료의 수치와 도표의 제목이 일치하지 않는 경우 함정이 존재하는 문제일 가능성이 높으므로 도표의 제목을 반드시 확인하는 것이 중요하다.

01 수리능력

1. 수리능력의 의의

(1) 수리능력이란?

사칙연산과 기초적인 통계를 이해하고, 도표의 의미를 파악하거나 도표를 이용해서 결과를 효과적으로 제시하는 능력을 의미한다.

(2) 수리능력의 분류

분류	내용
기초연산능력	기초적인 사칙연산과 계산방법을 이해하고 활용하는 능력
기초통계능력	평균, 합계와 같은 기초적인 통계기법을 활용하여 자료의 특성과 경향성을 파악하는 능력
도표분석능력	도표의 의미를 파악하고, 필요한 정보를 해석하는 능력
도표작성능력	자료를 이용하여 도표를 효과적으로 제시하는 능력

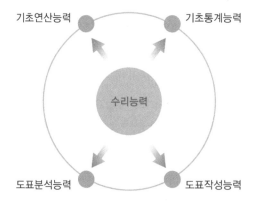

2. 수리능력의 중요성

(1) 수학적 사고를 통한 문제해결

수학 원리를 활용하면 업무 중 문제 해결이 더욱 쉽고 편해진다.

(2) 직업세계 변화에 적응

수리능력은 논리적이고 단계적인 학습을 통해서만 향상된다. 수십 년에 걸친 직업세계의 변화에 적응하기 위해 수리능력을 길러야 한다.

(3) 실용적 가치의 구현

수리능력의 향상을 통해 일상생활과 업무 수행에 필요한 수학적 지식을 습득하며, 생활 수준의 발전에 따라 실용성도 늘어난다.

3. 도표의 분석 및 작성

(1) 도표의 의의

내용을 선, 그림, 원 등으로 시각화하여 표현하는 것이며, 한눈에 내용을 파악할 수 있다는 데에 그 특징이 있다.

(2) 도표 작성의 목적

① 타인에 대한 보고·설명 : 회의에서의 설명, 상급자에게 보고
② 현재의 상황분석 : 상품별 매출액의 경향
③ 관리목적 : 진도표

(3) 도표 작성 시 주의사항

- 보기 쉽게 깨끗이 그린다.
- 하나의 도표에 여러 가지 내용을 넣지 않는다.
- 특별히 순서가 정해 있지 않는 것은 큰 것부터, 왼쪽에서 오른쪽으로, 또는 위에서 아래로 그린다.
- 눈금의 간격을 부적절하게 설정할 경우 수치가 왜곡될 수 있으므로 주의한다.
- 수치를 생략할 경우에는 잘못 이해하는 경우가 생기니 주의한다.
- 컴퓨터에 의한 전산 그래프를 최대한 이용한다.

4. 일상생활에서 필요한 단위의 환산

종류	단위 환산
길이	$1cm=10mm$, $1m=100cm$, $1km=1,000m$
넓이	$1cm^2=100mm^2$, $1m^2=10,000cm^2$, $1km^2=1,000,000m^2$
부피	$1cm^3=1,000mm^3$, $1m^3=1,000,000cm^3$, $1km^3=1,000,000,000m^3$
들이	$1mL=1cm^3$, $1dL=100m^3=100mL$, $1L=1,000m^3=10dL$
무게	$1kg=1,000g$, $1t=1,000kg=1,000,000g$
시간	1분=60초, 1시간=60분=3,600초
할푼리	1푼=0.1할, 1리=0.01할, 1모=0.001할

1부터 200까지의 숫자 중 약수가 3개인 수는 몇 개인가?

① 5개   ② 6개

③ 7개   ④ 8개

> 1에서 200까지의 숫자 중 소수인 수는 약수가 2개이고, 소수의 제곱은 약수가 3개이므로 2, 3, 5, 7, 11, 13의
> 제곱인 4, 9, 25, 49, 121, 169 총 6개이다.
>
> 정답 ②

02   기초연산능력

1. 사칙연산과 검산

(1) 사칙연산의 의의

수에 관한 덧셈, 뺄셈, 곱셈, 나눗셈의 네 종류의 계산법으로, 사칙계산이라고도 한다. 특히 업무를 원활하게 수행하기 위해서는 기본적인 사칙연산뿐만 아니라 복잡한 사칙연산까지도 수행할 수 있어야 한다.

(2) 기초연산능력이 요구되는 상황

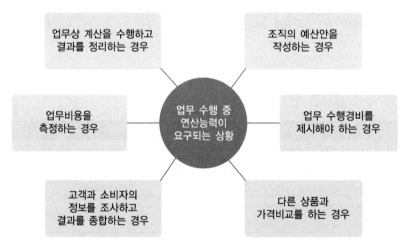

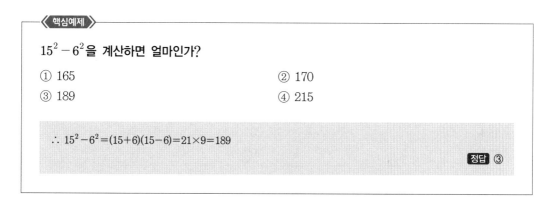

〈핵심예제〉

다음 식을 계산하면 얼마인가?

$$14-(3\times 4)$$

① 2   ② 5

③ 7   ④ 9

∴ $14-(3\times 4)=14-12=2$

정답 ①

(3) 검산

① 검산의 의의

연산의 결과를 확인하는 과정을 의미하며, 업무를 수행하는 데 있어서 연산의 결과를 확인하는 검산 과정을 거치는 것은 필수적이다.

② 검산방법의 종류

역연산법	본래의 풀이와 반대로 연산을 해 가면서 본래의 답이 맞는지를 확인해 나가는 방법이다.
구거법	원래의 수와 각 자릿수의 합이 9로 나눈 나머지와 같다는 원리를 이용하는 것으로, 각각의 수를 9로 나눈 나머지가 같은지를 확인하는 방법이다.

③ 구거법의 예

$3,456+341=3,797$에서 좌변의 $3+4+5+6$를 9로 나눈 나머지는 0이고, $3+4+1$를 9로 나눈 나머지는 8이며, 우변의 $3+7+9+7$을 9로 나눈 나머지는 8인데, 구거법에 의하면 좌변의 나머지의 합(8)과 우변의 나머지(8)가 같으므로 이 계산은 옳은 것이 된다.

〈핵심예제〉

15^2-6^2을 계산하면 얼마인가?

① 165   ② 170

③ 189   ④ 215

∴ $15^2-6^2=(15+6)(15-6)=21\times 9=189$

정답 ③

2. 응용수리

(1) 방정식 · 부등식의 활용

① 거리 · 속력 · 시간

$$(거리)=(속력)\times(시간), \ (속력)=\frac{(거리)}{(시간)}, \ (시간)=\frac{(거리)}{(속력)}$$

② 일

전체 작업량을 1로 놓고, 단위 시간 동안 한 일의 양을 기준으로 식을 세움

〈 핵심예제 〉

영미가 혼자 하면 4일, 민수가 혼자 하면 6일 걸리는 일이 있다. 영미가 먼저 2일 동안 일하고, 남은 양을 민수가 끝내려고 한다. 이때 민수는 며칠 동안 일을 해야 하는가?

① 2일   ② 3일

③ 4일   ④ 5일

영미와 민수가 하루에 할 수 있는 일의 양은 각각 $\frac{1}{4}$, $\frac{1}{6}$ 이다. 민수가 x일 동안 일한다고 하면,

$$\frac{1}{4}\times2+\frac{1}{6}\times x=1 \rightarrow \frac{x}{6}=\frac{1}{2}$$

$$\therefore \ x=3$$

정답 ②

---

③ 농도

㉠ $[소금물의 \ 농도(\%)]=\dfrac{(소금의 \ 양)}{(소금물의 \ 양)}\times100$

㉡ $(소금의 \ 양)=\dfrac{[소금물의 \ 농도(\%)]}{100}\times(소금물의 \ 양)$

〈 핵심예제 〉

10%의 소금물 100g과 25%의 소금물 200g을 섞으면, 몇 %의 소금물이 되겠는가?

① 15%   ② 20%

③ 25%   ④ 30%

각각의 소금물을 섞은 후 x%의 소금물이 된다고 하면 다음 식이 성립한다.

$$\frac{10}{100}\times100+\frac{25}{100}\times200=\frac{x}{100}\times(100+200)$$

$$\therefore \ x=20$$

정답 ②

---

④ 나이

문제에서 제시된 조건의 나이가 현재인지 과거인지를 확인한 후 구해야 하는 한 명의 나이를 변수로 잡고 식을 세움

⑤ 비율

x가 $a\%$ 증가 : $x \times \left(1 + \dfrac{a}{100}\right)$, x가 $a\%$ 감소 : $x \times \left(1 - \dfrac{a}{100}\right)$

⑥ 금액

　㉠ (정가)=(원가)+(이익), (이익)=(원가)×(이율)

　㉡ a원에서 $b\%$ 할인한 가격$= a \times \left(1 - \dfrac{b}{100}\right)$

　㉢ 단리법·복리법(원금 : a, 이율 : r, 기간 : n, 원리합계 : S)

단리법	복리법
• 정의 : 원금에 대해서만 약정된 이자율과 기간을 곱해 이자를 계산 • $S = a \times (1 + r \times n)$	• 정의 : 원금에 대한 이자를 가산한 후 이 합계액을 새로운 원금으로 계산 • $S = a \times (1 + r)^n$

⑦ 날짜·요일

　㉠ 1일=24시간=1,440분=86,400초

　㉡ 월별 일수 : 1월, 3월, 5월, 7월, 8월, 10월, 12월은 31일, 4월, 6월, 9월, 11월은 30일, 2월은 28일 또는 29일

　㉢ 윤년(2월 29일)은 4년에 1회

◀ 핵심예제 ▶

2월 5일이 수요일이라고 할 때, 8월 15일은 무슨 요일인가?(단, 2월은 29일까지이다)

① 토요일　　　　　　　　　　　② 일요일
③ 월요일　　　　　　　　　　　④ 화요일

2월 5일에서 8월 15일까지는 총 24+31+30+31+30+31+15=192일이다. 이를 7로 나누면 192÷7=27 … 3이므로 8월 15일은 토요일이다.

정답 ①

---

⑧ 시계

　㉠ 시침이 1시간 동안 이동하는 각도 : $\dfrac{360°}{12} = 30°$

　㉡ 시침이 1분 동안 이동하는 각도 : $\dfrac{30°}{60} = 0.5°$

　㉢ 분침이 1분 동안 이동하는 각도 : $\dfrac{360°}{60} = 6°$

12시 이후 처음으로 시침과 분침의 각도가 55°가 되는 시각은 12시 몇 분인가?

① 10분 　　　　　　　　　　　② 11분

③ 12분 　　　　　　　　　　　④ 13분

시침은 1시간에 30°씩, 1분에 0.5°씩 움직인다. 분침은 1분에 6°씩 움직이므로 시침과 분침은 1분에 5.5°씩 차이가 난다. 따라서 12시에 분침과 시침 사이의 각은 0°이고, 55°가 되려면 5.5°씩 10번 벌어져야 한다.

정답 ①

⑨ 수

　　㉠ 연속한 두 자연수 : x, $x+1$

　　㉡ 연속한 세 자연수 : $x-1$, x, $x+1$

　　㉢ 연속한 두 짝수(홀수) : x, $x+2$

　　㉣ 연속한 세 짝수(홀수) : $x-2$, x, $x+2$

　　㉤ 십의 자릿수가 x, 일의 자릿수가 y인 두 자리 자연수 : $10x+y$

　　㉥ 백의 자릿수가 x, 십의 자릿수가 y, 일의 자릿수가 z인 세 자리 자연수 : $100x+10y+z$

(2) 경우의 수와 확률

① 경우의 수

　　㉠ 어떤 사건이 일어날 수 있는 모든 가짓수

　　㉡ 합의 법칙 : 두 사건 A와 B가 동시에 일어나지 않을 때, 사건 A가 일어나는 경우의 수를 m, 사건 B가 일어나는 경우의 수를 n이라 하면, 사건 A 또는 B가 일어나는 경우의 수는 $(m+n)$이다.

　　㉢ 곱의 법칙 : 사건 A가 일어나는 경우의 수를 m, 사건 B가 일어나는 경우의 수를 n이라 하면, 사건 A와 B가 동시에 일어나는 경우의 수는 $(m \times n)$이다.

A, B주사위 2개를 동시에 던졌을 때, A에서는 짝수의 눈이 나오고, B에서는 3 또는 5의 눈이 나오는 경우의 수는?

① 2가지 　　　　　　　　　　　② 3가지

③ 5가지 　　　　　　　　　　　④ 6가지

• A에서 짝수의 눈이 나오는 경우의 수 : 2, 4, 6 → 3가지
• B에서 3 또는 5의 눈이 나오는 경우의 수 : 3, 5 → 2가지
따라서 A, B 주사위는 동시에 던지므로 곱의 법칙에 의해 3×2=6가지이다.

정답 ④

② 순열·조합

순열	조합
• 서로 다른 n개에서 r개를 순서대로 나열하는 경우의 수	• 서로 다른 n개에서 r개를 순서에 상관없이 나열하는 경우의 수
• $_n\mathrm{P}_r = \dfrac{n!}{(n-r)!}$	• $_n\mathrm{C}_r = \dfrac{n!}{(n-r)! \times r!}$
• $_n\mathrm{P}_n = n!$, $0! = 1$, $_n\mathrm{P}_0 = 1$	• $_n\mathrm{C}_r = {}_n\mathrm{C}_{n-r}$, $_n\mathrm{C}_0 = {}_n\mathrm{C}_n = 1$

③ 확률

　㉠ (사건 A가 일어날 확률)$=\dfrac{(\text{사건 A가 일어나는 경우의 수})}{(\text{모든 경우의 수})}$

　㉡ 여사건의 확률 : 사건 A가 일어날 확률이 p일 때, 사건 A가 일어나지 않을 확률은 $(1-p)$이다.

　㉢ 확률의 덧셈정리 : 두 사건 A, B가 동시에 일어나지 않을 때 A가 일어날 확률을 p, B가 일어날 확률을 q라고 하면, 사건 A 또는 B가 일어날 확률은 $(p+q)$이다.

　㉣ 확률의 곱셈정리 : A가 일어날 확률을 p, B가 일어날 확률을 q라고 하면, 사건 A와 B가 동시에 일어날 확률은 $(p \times q)$이다.

《 핵심예제 》

서로 다른 2개의 주사위 A, B를 동시에 던졌을 때, 나온 눈의 곱이 홀수일 확률은?

① $\dfrac{1}{4}$　　　　　　　　　　② $\dfrac{1}{5}$

③ $\dfrac{1}{6}$　　　　　　　　　　④ $\dfrac{1}{8}$

• 두 개의 주사위를 던지는 경우의 수 : $6 \times 6 = 36$가지
• 나온 눈의 곱이 홀수인 경우(홀수$\times$홀수)의 수 : $3 \times 3 = 9$가지
∴ 주사위의 눈의 곱이 홀수일 확률 : $\dfrac{9}{36} = \dfrac{1}{4}$

정답 ①

1. 통계의 의의

(1) 통계란?

집단현상에 대한 구체적인 양적 기술을 반영하는 숫자를 의미하며, 특히 사회집단 또는 자연집단의 상황을 숫자로 나타낸 것을 말한다.

(2) 통계의 의의

사회적, 자연적인 현상이나 추상적인 수치를 포함한 모든 집단적 현상을 숫자로 나타낸 것을 말한다.

(3) 통계의 본질

① 구체적인 일정집단에 대한 숫자자료가 통계이며, 단일개체에 대한 숫자자료일 때에는 통계라고 하지 않는다.

② 통계의 요소인 단위나 표지를 어떻게 규정하는지에 따라 통계자료가 다르게 나타나게 되므로 이들에 대한 구체적 개념이나 정의를 어떻게 정하는지가 중요하다.

③ 통계의 필요성이나 작성능력의 측면에서 볼 때 대부분 정부나 지방자치단체 등에 의한 관청통계로 작성되고 있다.

(4) 통계의 기능

- 많은 수량적 자료를 처리 가능하고 쉽게 이해할 수 있는 형태로 축소시킴
- 표본을 통해 연구대상 집단의 특성을 유추할 수 있게 함
- 의사결정의 보조수단으로 이용됨
- 관찰 가능한 자료를 통해 논리적으로 결론을 추출·검증할 수 있게 함

(5) 통계의 속성

① 단위와 표지

집단을 구성하는 각 개체를 단위라 하며, 이 단위가 가지고 있는 공통의 성질을 표지라고 한다.

② 표지의 분류

속성통계	질적인 표지	남녀, 산업, 직업 등
변수통계	양적인 표지	연령, 소득금액 등

(6) 기본적인 통계치

종류	내용
빈도	어떤 사건이 일어나거나 증상이 나타나는 정도
빈도분포	빈도를 표나 그래프로 종합적이면서도 일목요연하게 표시하는 것
평균	모든 사례의 수치를 합한 후 총 사례 수로 나눈 값
백분율	백분비라고도 하며, 전체의 수량을 100으로 하여 해당되는 수량이 그중 몇이 되는가를 가리키는 수를 %로 나타낸 것
범위	분포의 흩어진 정도를 가장 간단히 알아보는 방법으로, 최고값에서 최저값을 뺀 값
분산	각 관찰값과 평균값과의 차이를 제곱한 값의 평균을 의미하며, 구체적으로는 각 관찰값과 평균값 차이를 제곱한 값을 모두 합하여 개체의 수로 나눈 값
표준편차	분산의 제곱근 값을 의미하며, 개념적으로는 평균으로부터 얼마나 떨어져 있는가를 나타내는 개념으로, 분산과 개념적으로 동일함

2. 통계자료의 해석

(1) 다섯숫자 요약

종류	내용
최솟값(m)	원자료 중 값의 크기가 가장 작은 값
최댓값(M)	원자료 중 값의 크기가 가장 큰 값
중앙값(Q_2)	최솟값부터 최댓값까지 크기에 의하여 배열하였을 때 중앙에 위치하는 값
하위 25%값(Q_1) 상위 25%값(Q_3)	원자료를 크기 순으로 배열하여 4등분한 값을 의미하며, 백분위수의 관점에서 제25백분위수, 제75백분위수로 표기

(2) 평균값과 중앙값

① 원자료에 대한 대푯값으로, 평균값과 중앙값은 엄연히 다른 개념이지만 모두 중요한 역할을 하게 되므로 통계값을 제시할 때에는 어느 수치를 이용했는지를 명확하게 제시해야 한다.

② 평균값이 중앙값보다 높다는 의미는 자료 중에 매우 큰 값이 일부 있음을 의미하며, 이와 같은 경우는 평균값과 중앙값 모두를 제시해 줄 필요가 있다.

1. 도표의 종류와 활용

(1) 도표의 종류

도표는 크게 목적별·용도별·형상별로 구분할 수 있는데, 실제로는 목적, 용도와 형상을 여러 가지로 조합하여 하나의 도표로 작성하게 된다.

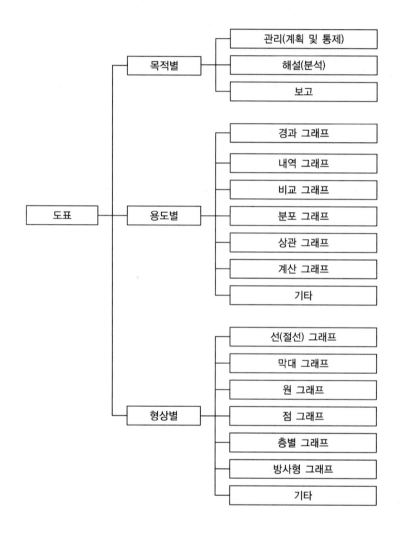

(2) 도표의 활용

종류	내용
선 그래프	시간적 추이(시계열 변화)를 표시하고자 할 때 적합 예 연도별 매출액 추이 변화
막대 그래프	수량 간의 대소관계를 비교할 때 적합 예 영업소별 매출액
원 그래프	내용의 구성비를 분할하여 나타낼 때 적합 예 제품별 매출액 구성비
층별 그래프	합계와 각 부분의 크기를 백분율로 나타내고 시간적 변화를 볼 때 적합 예 상품별 매출액 추이
점 그래프	지역분포를 비롯한 기업 등의 평가나 위치, 성격을 표시할 때 적합 예 광고비율과 이익률의 관계
방사형 그래프	다양한 요소를 비교할 때 적합 예 매출액의 계절변동

2. 도표의 형태별 특징

(1) 선 그래프

시간의 경과에 따라 수량에 의한 변화의 상황을 선의 기울기로 나타내는 그래프로, 시간적 변화에 따른 수량의 변화를 표현하기에 적합하다.

〈중학교 장학금, 학비감면 수혜현황〉

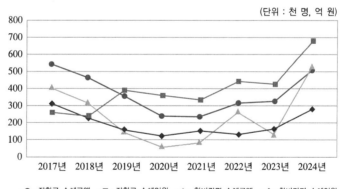

(단위 : 천 명, 억 원)

(2) 막대 그래프

비교하고자 하는 수량을 막대 길이로 표시하고 그 길이를 비교하여 각 수량 간의 대소관계를 나타내는 그래프로, 전체에 대한 구성비를 표현할 때 다양하게 활용할 수 있다.

〈연도별 암 발생 추이〉

연도	값
2020년	276.2
2021년	300.2
2022년	314.2
2023년	337.8
2024년	361.9

(3) 원 그래프

내용의 구성비를 원을 분할하여 작성하는 그래프로, 전체에 대한 구성비를 표현할 때 다양하게 활용할 수 있다.

〈C국의 가계 금융자산 구성비〉

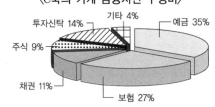

예금 35%, 보험 27%, 투자신탁 14%, 채권 11%, 주식 9%, 기타 4%

(4) 층별 그래프

선의 움직임보다는 선과 선 사이의 크기로 데이터 변화를 나타내는 그래프로, 시간적 변화에 따른 구성비의 변화를 표현하고자 할 때 활용할 수 있다.

〈우리나라 세계유산 현황〉

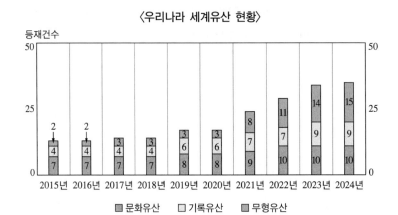

문화유산 □ 기록유산 □ 무형유산

(5) 점 그래프

종축과 횡축에 두 개의 요소를 두고, 보고자 하는 것이 어떤 위치에 있는가를 알고자 할 때 활용할 수 있다.

〈OECD 국가의 대학졸업자 취업률 및 경제활동인구 비중〉

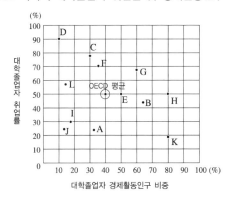

(6) 방사형 그래프(레이더 차트, 거미줄 그래프)

비교하는 수량을 직경 또는 반경으로 나누어 원의 중심에서의 거리에 따라 각각의 관계를 나타내는 그래프로, 대상들을 비교하거나 경과를 나타낼 때 활용할 수 있다.

〈외환위기 전후 한국의 경제상황〉

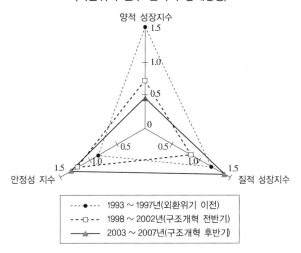

3. 도표 해석 시 유의사항

- 요구되는 지식의 수준을 넓혀야 한다.
- 도표에 제시된 자료의 의미를 정확히 숙지하여야 한다.
- 도표로부터 알 수 있는 것과 없는 것을 구별하여야 한다.
- 총량의 증가와 비율의 증가를 구분하여야 한다.
- 백분위수와 사분위수를 정확히 이해하고 있어야 한다.

1. 도표의 작성 절차

① 작성하려는 도표의 종류 결정

↓

② 가로축과 세로축에 나타낼 것을 결정

↓

③ 가로축과 세로축의 눈금의 크기 결정

↓

④ 자료를 가로축과 세로축이 만나는 곳에 표시

↓

⑤ 표시된 점에 따라 도표 작성

↓

⑥ 도표의 제목 및 단위 표기

2. 도표 작성 시 유의사항

(1) 선 그래프

① 세로축에 수량(금액, 매출액 등), 가로축에 명칭 구분(연, 월, 장소 등)을 표시하고 축의 모양은 L자형으로 하는 것이 일반적이다.

② 선의 높이에 따라 수치를 파악하는 경우가 많으므로 세로축의 눈금을 가로축의 눈금보다 크게 하는 것이 효과적이다.

③ 선이 두 종류 이상인 경우는 각각에 대해 명칭을 기입해야 하며, 중요한 선을 다른 선보다 굵게 하는 등의 노력을 기울일 필요가 있다.

(2) 막대 그래프

① 세로형이 보다 일반적이나, 가로형으로 작성할 경우 사방을 틀로 싸는 것이 좋다.

② 가로축은 명칭 구분(연, 월, 장소 등), 세로축은 수량(금액, 매출액)을 표시하는 것이 일반적이다.

③ 막대의 수가 많은 경우에는 눈금선을 기입하는 것이 알아 보기에 좋다.

④ 막대의 폭은 모두 같게 하여야 한다.

(3) 원 그래프

① 정각 12시의 선을 시작선으로 하며, 이를 기점으로 하여 오른쪽으로 그리는 것이 일반적이다.

② 분할선은 구성비율이 큰 순서로 그리되, '기타' 항목은 구성비율의 크기에 관계없이 가장 뒤에 그리는 것이 좋다.

③ 각 항목의 명칭은 같은 방향으로 기록하는 것이 일반적이나, 각도가 적어서 명칭을 기록하기 힘든 경우에는 지시선을 사용하여 기록한다.

(4) 층별 그래프

① 가로로 할 것인지 세로로 할 것인지는 작성자의 기호나 공간에 따라 판단하나, 구성비율 그래프는 가로로 작성하는 것이 좋다.

② 눈금은 선 그래프나 막대 그래프보다 적게 하고 눈금선을 넣지 않아야 하며, 층별로 색이나 모양이 모두 완전히 다른 것이어야 한다.

③ 같은 항목은 옆에 있는 층과 선으로 연결하여 보기 쉽도록 하여야 한다.

④ 세로 방향일 경우 위로부터 아래로, 가로 방향일 경우 왼쪽에서 오른쪽으로 나열하면 보기가 좋다.

| 한국전력공사

01 J공사의 직원 A와 B는 해외사업 보고를 위한 프레젠테이션 준비를 하고 있다. A가 혼자 준비할 때 7일, B가 혼자 준비할 때 10일이 걸린다면, 두 명이 같이 준비할 때는 최소 며칠이 걸리는가? (단, 소수점 첫째 자리에서 올림한다)

① 2일
② 3일
③ 4일
④ 5일
⑤ 6일

| 한국전력공사

02 어떤 물건에 원가의 50% 이익을 붙여 판매했지만 잘 팔리지 않아서 다시 20% 할인해서 판매했더니 물건 1개당 1,000원의 이익을 얻었다. 이 물건의 원가는 얼마인가?

① 5,000원
② 5,500원
③ 6,000원
④ 6,500원
⑤ 7,000원

※ 다음은 K기업이 1분기에 해외로부터 반도체를 수입한 거래내역과 거래일의 환율이다. 이어지는 질문에 답하시오. **[3~4]**

〈K기업의 반도체 수입 거래 및 환율 정보〉

날짜	수입	환율
1월	4달러	1,000원/달러
2월	3달러	1,120원/달러
3월	2달러	1,180원/달러

※ (평균환율)=$\dfrac{(총\ 원화금액)}{(환전된\ 총\ 달러금액)}$

03 다음 중 1분기 평균환율은 얼마인가?

① 1,180원/달러 ② 1,120원/달러

③ 1,100원/달러 ④ 1,080원/달러

04 현재 창고에 K기업이 수입한 반도체 재고가 200달러만큼 존재할 때, **03**번 문제에서 구한 평균환율로 환산한 창고 재고 금액은 얼마인가?

① 200,000원 ② 216,000원

③ 245,000원 ④ 268,000원

05 둘레길이가 456m인 호수 둘레를 따라 가로수가 4m 간격으로 일정하게 심어져 있다. 출입구에 심어져 있는 가로수를 기준으로 6m 간격으로 재배치하려고 할 때, 새롭게 옮겨 심어야 하는 가로수는 최소 몇 그루인가?(단, 불필요한 가로수는 제거한다)

① 38그루 ② 37그루

③ 36그루 ④ 35그루

06 다음은 의약품 종류별 가격과 상자 수를 나타낸 자료이다. 종류별 상자 수에 가중치를 적용하여 가격에 대한 가중평균을 구하면 66만 원이다. 이때 빈칸에 들어갈 수는 얼마인가?

〈의약품 종류별 가격 및 상자 수〉

(단위 : 만 원, 개)

구분	A	B	C	D
가격	( )	70	60	65
상자 수	30	20	30	20

① 60　　　　　　　　　　　　　　　② 65

③ 70　　　　　　　　　　　　　　　④ 75

⑤ 80

07 농도가 12%인 A설탕물이 200g, 15%인 B설탕물이 300g, 17%인 C설탕물이 100g 있다. A와 B설탕물을 합친 후 300g만 남기고 버린 다음, 여기에 C설탕물을 합친 후 다시 300g만 남기고 버렸다. 이때 마지막 300g 설탕물에 녹아있는 설탕의 질량은?

① 41.5g　　　　　　　　　　　　　② 42.7g

③ 43.8g　　　　　　　　　　　　　④ 44.6g

⑤ 45.1g

08 다음 〈보기〉의 대화 중 H부장의 질문에 대해 옳지 않은 대답을 한 사원을 모두 고르면?

보기

H부장 : 10진수 21을 2, 8, 16진수로 각각 바꾸면 어떻게 되는가?
A사원 : 2진수로 바꾸면 10101입니다.
B사원 : 8진수로 바꾸면 25입니다.
C사원 : 16진수로 바꾸면 16입니다.

① A사원　　　　　　　　　　　　　② B사원

③ C사원　　　　　　　　　　　　　④ A, B사원

⑤ B, C사원

09 A기차와 B기차가 36m/s의 일정한 속력으로 달리고 있다. 600m 길이의 터널에 진입한 순간부터 완전히 빠져나가는 데 A기차가 25초, B기차가 20초 걸렸을 때, 각 기차의 길이가 바르게 짝지어진 것은?

	A기차	B기차
①	150m	150m
②	200m	100m
③	200m	120m
④	300m	100m
⑤	300m	120m

10 A씨는 기간제로 6년을 일하였고, 시간제로 6개월을 근무하였다. 다음 연차 계산법을 참고할 때, A씨의 연차는 며칠인가?(단, 소수점 첫째 자리에서 올림한다)

〈연차 계산법〉

- 기간제 : [(근무 연수)×(연간 근무 일수)]÷365일×15
- 시간제 : (근무 총 시간)÷365
- ※ 근무는 1개월을 30일로, 1년을 365일로, 1일 8시간 근무로 계산한다.

---

① 86일
② 88일
③ 92일
④ 94일
⑤ 100일

11 L씨의 친구는 L씨보다 15분 일찍 자전거를 타고 출발하였다. 친구는 일정한 속력인 27km/h로 달렸으며, L씨도 자전거를 타고 친구 뒤를 따라가고 있다. L씨의 속력이 친구보다 3km/h 더 빠르다고 할 때, L씨가 친구를 따라잡기까지 걸리는 시간은 얼마인가?

① 2시간
② 2시간 15분
③ 2시간 30분
④ 2시간 45분

12 S회사의 영업부서와 회계부서에서 상반기 채용을 진행 중이다. 서류접수 결과 각 부서에 신입직으로 지원한 인원은 같았으며, 영업부서 신입직 지원자는 경력직으로 지원한 인원의 8배였다. 회계부서에 경력직으로 지원한 인원이 영업부서에 경력직으로 지원한 인원의 3배일 때, 두 부서에 신입직으로 지원한 총인원은 몇 명인가?(단, 회계부서의 경력직 지원자는 150명이다)

① 600명   ② 680명

③ 760명   ④ 800명

13 다음 식을 계산한 값을 이진법으로 나타내면 얼마인가?

$$27+15 \div 3$$

① $1000_{(2)}$ ② $10000_{(2)}$

③ $100000_{(2)}$ ④ $101100_{(2)}$

14 경현이는 농도가 3%인 소금물 400g에 농도를 알 수 없는 소금물 800g을 첨가하였다. 두 소금물을 합친 후 농도가 5%인 소금물이 되었을 때, 첨가하기 전 소금물 800g의 농도는 몇 %인가?

① 3%   ② 4%

③ 5%   ④ 6%

15 신입사원 A는 집에서 거리가 10km 떨어진 회사에 근무하고 있는데, 출근할 때는 자전거를 타고 이동하여 1시간이 걸리고, 퇴근할 때는 회사에서 4km 떨어진 헬스장을 들렀다가 운동 후 7km 거리를 이동하여 집에 도착한다. 퇴근할 때 회사에서 헬스장까지 30분, 헬스장에서 집까지 1시간 30분이 걸린다면 신입사원 A가 출·퇴근하는 평균속력은 몇 km/h인가?

① 5km/h   ② 6km/h

③ 7km/h   ④ 8km/h

CHAPTER

03 적중예상문제

정답 및 해설 p.014

PART 2

01 다음 설명에 해당하는 도표는 무엇인가?

> • 원 그래프의 일종으로, 거미줄 그래프라고도 한다.
> • 비교하는 수량을 지름 또는 반지름으로 나누어 원의 중심에서 거리에 따라 각 수량의 관계를 나타낸다.
> • 주로 계절별 매출액 등의 변동을 비교하거나 경과 등을 나타낼 때 사용한다.

① 막대 그래프
② 방사형 그래프
③ 선 그래프
④ 층별 그래프
⑤ 점 그래프

02 썰매 시합에서 두 팀이 경기를 치르고 있다. A팀이 먼저 출발한 결과, 총 150km의 거리를 평균 속도 60km/h로 질주하여 경기를 마쳤다. 이어서 B팀이 출발하였고 80km를 남기고 중간 속도를 측정한 결과 평균 속도가 40km/h이었다. 이때 앞으로 남은 80km 구간 동안 B팀의 평균 속도가 몇 이상이어야만 A팀을 이길 수 있는가?

① 100km/h
② $\dfrac{310}{3}$ km/h

③ $\dfrac{320}{3}$ km/h
④ 110km/h

⑤ 120km/h

03 A씨의 집에서 할아버지 댁까지는 총 50km라고 한다. 10km/h의 속력으로 25km를 갔더니 도착하기로 한 시간이 얼마 남지 않아서 15km/h의 속력으로 뛰어갔더니 오후 4시에 할아버지 댁에 도착할 수 있었다. A씨가 집에서 나온 시각은 언제인가?

① 오전 11시 30분
② 오전 11시 50분
③ 오후 12시 50분
④ 오후 1시 10분
⑤ 오후 1시 50분

04 지게차의 평균 적재운반거리는 200m, 평균 공차이동거리는 200m이다. 적재와 하역 시간은 각각 30초이고, 속도는 6km/h일 때, 하역장에서 1분당 1회의 운반을 하기 위해 필요한 지게차는 총 몇 대인가?

① 4대　　　　　　　　　　　　② 5대

③ 6대　　　　　　　　　　　　④ 7대

⑤ 8대

05 농도 8%의 소금물 24g에 4% 소금물을 몇 g 넣으면 5% 소금물이 되겠는가?

① 12g　　　　　　　　　　　　② 24g

③ 36g　　　　　　　　　　　　④ 48g

⑤ 72g

06 K동물원에 세 마리의 거북이가 살고 있다. 그중 2마리를 임의로 골라 나이를 곱하면 77, 143, 91이 나온다. 이때 세 마리 거북이 중 가장 나이 많은 거북이와 가장 어린 거북이의 나이 차는 몇 세인가?

① 2세　　　　　　　　　　　　② 3세

③ 4세　　　　　　　　　　　　④ 5세

⑤ 6세

07 딸의 나이를 8로 나누면 나머지가 없고, 5로 나누면 나머지가 3이다. 아버지의 나이는 딸의 나이 십의 자리 수와 일의 자리 수를 바꾼 나이와 같을 때 아버지와 딸의 나이 차는?(단, 딸은 30세 이상 50세 미만이다)

① 30세　　　　　　　　　　　　② 33세

③ 36세　　　　　　　　　　　　④ 39세

⑤ 42세

08 농도가 10%인 소금물 200g에 농도가 15%인 소금물을 섞어서 농도가 13%인 소금물을 만들려고 한다. 이때, 농도가 15%인 소금물은 몇 g이 필요한가?

① 150g

② 200g

③ 250g

④ 300g

⑤ 350g

09 서로 다른 소설책 7권과 시집 5권이 있다. 이 중에서 소설책 3권과 시집 2권을 선택하는 경우의 수는?

① 350가지

② 360가지

③ 370가지

④ 380가지

⑤ 390가지

10 K물류회사는 서로 같은 98개의 컨테이너를 자사 창고에 나눠 보관하려고 한다. 창고는 총 10개가 있으며, 각 창고에는 10개의 컨테이너를 저장할 수 있다고 한다. 이때 보관할 수 있는 방법은 모두 몇 가지인가?

① 52가지

② 53가지

③ 54가지

④ 55가지

⑤ 56가지

11 핸드폰에 찍힌 지문을 통해 비밀번호를 유추하려고 한다. 핸드폰 화면의 1, 2, 5, 8, 9번 위치에 지문이 찍혀 있었으며, 면밀히 조사한 결과 지움 버튼에서도 지문이 발견되었다. 핸드폰 비밀번호는 네 자릿수이며, 비밀번호 힌트로 가장 작은 수는 맨 앞, 가장 큰 수는 맨 뒤라는 것을 알았다. 총 몇 번의 시도를 하면 비밀번호를 반드시 찾을 수 있는가?

① 8번

② 10번

③ 12번

④ 24번

⑤ 36번

12 어느 공장에서 작년에 A제품과 B제품을 합하여 1,000개를 생산하였다. 올해는 작년에 비하여 A제품의 생산이 10% 증가하였고, B제품의 생산은 10% 감소하였으며, 전체 생산량은 4% 증가하였다. 올해에 생산된 A제품은 몇 개인가?

① 550개   ② 600개
③ 660개   ④ 700개
⑤ 770개

13 귤 상자 2개에 각각 귤이 들어있다고 한다. 한 상자당 귤이 안 익었을 확률이 10%, 썩었을 확률이 15%이고 나머지는 잘 익은 귤이다. 두 사람이 각각 다른 상자에서 귤을 꺼낼 때 한 사람은 잘 익은 귤을 꺼내고, 다른 한 사람은 썩거나 안 익은 귤을 꺼낼 확률은?

① 31.5%   ② 33.5%
③ 35.5%   ④ 37.5%
⑤ 39.5%

14 1에서 10까지 적힌 숫자카드를 임의로 두 장을 동시에 뽑을 때, 뽑은 두 카드에 적힌 수의 곱이 홀수일 확률은?

① $\dfrac{5}{7}$ ② $\dfrac{7}{8}$

③ $\dfrac{5}{9}$ ④ $\dfrac{2}{9}$

⑤ $\dfrac{1}{9}$

15 상자에 빨간색 수건이 3장, 노란색 수건이 4장, 파란색 수건이 3장 들어있는데 두 번에 걸쳐 한 장씩 뽑으려고 한다. 이때 처음에는 빨간색 수건을, 다음에는 파란색 수건을 뽑을 확률은?(단, 한 번 꺼낸 수건은 다시 넣지 않는다)

① $\dfrac{3}{10}$ ② $\dfrac{1}{10}$

③ $\dfrac{11}{100}$ ④ $\dfrac{2}{15}$

⑤ $\dfrac{1}{15}$

16 한별이가 회사 근처로 이사를 하고 처음으로 수도세 고지서를 받은 결과, 한 달 동안 사용한 수도량의 요금이 17,000원이었다. 다음 수도 사용요금 요율표를 참고할 때, 한별이가 한 달 동안 사용한 수도량은 몇 m^3인가?

<표>

〈수도 사용요금 요율표〉

(단위 : 원)

구분	사용구분(m^3)	m^3당 단가
수도	30 이하	300
	30 초과 50 이하	500
	50 초과	700
기본료		2,000

① $22m^3$
② $32m^3$
③ $42m^3$
④ $52m^3$
⑤ $62m^3$

17 A씨는 환차익을 볼 수 있는 외화예금통장을 1년 전에 가입하여 달러 외화예금통장에 2,000달러, 유로 외화예금통장에 1,500유로를 예치하였고, 현재 만기가 도래하여 예금을 모두 원화로 교환하려고 한다. 다음 환율을 참고할 때 각 예금 차익의 차이는 얼마인가?(단, 외화예금의 이자율은 연 3%이며, 단리예금을 적용한다)

〈달러 및 유로 환율〉

구분		USD(원/달러)	EUR(원/유로)
개설 날짜	2023년 5월 2일	1,170	1,320
만기 날짜	2024년 5월 2일(현재)	1,200	1,360

※ 모든 수수료와 이자세는 제외한다.
※ 차익은 만기 시 받는 금액에서 처음 예치금을 제외한 원화금액이다.

① 10,800원
② 10,700원
③ 10,600원
④ 10,500원
⑤ 10,400원

※ 다음 글을 읽고 이어지는 질문에 답하시오. [18~19]

K기업에는 올해 상반기 신입사원 50명을 대상으로 보고서 작성 관련 교육을 진행하였다. 교육이 모두 끝난 후, 교육을 이수한 신입사원을 대상으로 설문조사를 실시하였다. 설문 문항은 총 5문항이며, 전반적인 강의 만족도, 교육 강사의 전문성, 강의 장소 및 시간에 대한 만족, 강의 내용의 도움 정도, 향후 타 강의 참여 의향에 대해 질문하였다. 각 문항은 '매우 그렇다', '그렇다', '보통이다', '그렇지 않다', '매우 그렇지 않다'로 답변할 수 있도록 설문지를 구성하였다.

다음은 각 문항에 대하여 '매우 그렇다'와 '그렇다'라고 답변한 빈도와 백분율을 나타낸 표이다.

〈올해 상반기 보고서 작성 세미나 만족도 조사 결과 – 긍정 답변〉

구분	빈도	백분율
1. 전반적으로 교육에 대해 만족하였다.	30	㉠
2. 교육 강사의 전문성에 대해 만족하였다.	25	㉡
3. 강의 공간과 강의 시간에 대해 만족하였다.	48	㉢
4. 강의 내용은 향후 업무 수행에 도움이 될 것이다.	41	㉣
5. 향후 비슷한 강의가 있다면 참여하고 싶다.	30	㉤

18 K기업 인사팀 A씨는 각 만족도 문항의 긍정 답변에 대해 백분율을 산출하려고 한다. 빈칸 ㉠ ~ ㉤에 들어갈 백분율이 바르게 연결된 것은?(단, 소수점 둘째 자리에서 반올림한다)

	㉠	㉡	㉢	㉣	㉤
①	30%	25%	48%	41%	60%
②	15%	12.5%	24%	20.5%	15%
③	35%	30%	53%	46%	46%
④	60%	50%	96%	82%	60%
⑤	30%	35%	60%	41%	96%

19 K기업은 매년 신입사원 교육을 S교육 컨설팅에게 의뢰하여 진행하고 있는데, 매년 재계약 여부를 만족도 조사 점수를 통해 결정한다. K기업은 올해 만족도 조사 점수가 낮아 내년에도 S교육 컨설팅에게 교육을 맡겨야 하는지 고민 중이다. 다음 중 K기업의 만족도 점수 활용에 대한 설명으로 가장 적절한 것은?

① 관찰 가능한 자료를 통해 논리적으로 어떠한 결론을 추출 또는 검증한다.
② 의사결정의 보조적인 수단으로 활용하였다.
③ 표본을 통해 연구대상 집단의 특성을 유추한다.
④ 많은 수량적 자료를 처리 가능하고 쉽게 이해할 수 있는 형태로 축소한다.
⑤ 불확실성을 제거해 일반화를 이루는 데 도움이 된다.

20 다음은 연령별 범죄 발생률을 유형별로 나타낸 통계자료이다. 이에 대한 설명으로 옳지 않은 것은?

〈연령별 범죄 발생률〉

(단위 : %)

구분	명예훼손	사기	도박	마약관련	절도	방화	폭행	성폭행	살인
10대	22	11	4	5	24	19	39	11	2
20대	38	16	25	35	21	3	41	38	24
30대	11	18	7	42	1	1	11	22	27
40대	1	26	31	11	7	1	5	25	29
50대	3	15	28	3	11	21	2	3	15
60대	20	11	2	1	33	27	1	1	2
70대 이상	5	3	3	3	3	28	1	0	1

※ 10대에서 촉법소년은 제외한다.

① 범죄 유형 중 모든 연령대에서 10대의 범죄 발생률이 1위인 범죄 유형은 없다.

② 각 범죄 유형에서 범죄 발생률이 가장 높은 연령과 가장 낮은 연령대의 발생률 차이는 '사기'가 가장 낮다.

③ 범죄 유형별로 범죄 발생률이 가장 높은 두 연령대의 범죄 발생률 합이 70% 이상인 범죄 유형은 3가지이다.

④ 범죄 유형 중 범죄 발생률이 1% 미만인 연령대가 있는 범죄 유형은 1가지 이상이다.

⑤ 범죄 유형별 총 범죄자 수가 각각 100명씩이라면, 20대의 모든 범죄자 수는 70대 이상의 모든 범죄자 수의 5배 이상이다.

21 다음은 지역별 평균근로시간 현황에 대한 자료이다. 이에 대한 설명으로 옳은 것은?

〈지역별 평균근로시간 현황〉

(단위 : 시간)

구분 지역	근로시간		
	최저	최고	평균
서울	7.2	10.8	8.5
경기	6.5	10.1	8.8
인천	5.4	10.5	8.6
대전	4.5	9.5	7.5
대구	6.8	9.6	8.4
부산	5.7	9.8	8.3
울산	4.9	8.9	8.2
광주	5.6	10.2	8.1

※ 수도권 : 서울, 경기, 인천

① 수도권의 최고근로시간은 수도권 외 최고근로시간보다 항상 많다.
② 최저근로시간이 가장 적은 지역이 최고근로시간도 가장 적다.
③ 평균근로시간이 가장 많은 지역과 가장 적은 지역의 차이는 1시간 반 이상이다.
④ 최저근로시간과 최고근로시간의 차이가 가장 큰 지역은 인천이다.
⑤ 수도권의 평균근로시간은 최저근로시간과 최고근로시간의 평균보다 적다.

22 다음은 K공사에서 직원들의 평균 통화시간을 조사한 자료이다. 평균 통화시간이 6분 초과 9분 이하인 여자 사원수는 12분 초과인 남자 사원수에 비해 몇 배 많은가?

〈직원 평균 통화시간〉

평균 통화시간	남자	여자
3분 이하	33%	26%
3분 초과 6분 이하	25%	21%
6분 초과 9분 이하	18%	18%
9분 초과 12분 이하	14%	16%
12분 초과	10%	19%
대상 인원수	600명	400명

① 1.1배
② 1.2배
③ 1.3배
④ 1.4배
⑤ 1.5배

23 다음은 성인의 종이책 및 전자책 독서율에 대한 자료이다. 빈칸 (가)에 들어갈 수치로 옳은 것은? (단, 각 항목의 2023년 수치는 2022년 수치 대비 일정한 규칙으로 변화한다)

<종이책 및 전자책 성인 독서율>

(단위 : %)

항목	연도	2022년			2023년		
		사례수(건)	1권 이상	읽지 않음	사례수(건)	1권 이상	읽지 않음
전체	소계	5,000	60	40	6,000	72	48
성별	남자	2,000	60	40	3,000	90	60
	여자	3,000	65	35	3,000	65	35
연령별	20대	1,000	87	13	1,000	87	13
	30대	1,000	80.5	19.5	1,100	88.6	21.5
	40대	1,000	75	25	1,200	90	30
	50대	1,000	60	40	1,200	(가)	
	60대 이상	1,000	37	63	1,400	51.8	88.2

① 44

② 52

③ 72

④ 77

⑤ 82

다음은 최근 3년간 한국 출발 항공노선의 이용객 수를 나타낸 자료이다. 이에 대한 설명으로 옳은 것을 〈보기〉에서 모두 고르면?(단, 소수점 둘째 자리에서 반올림한다)

〈연도별 한국 출발 항공노선의 이용객 수〉

(단위 : 천 명)

구분	2021년	2022년	2023년	전체
한국 → 제주	128	134	154	416
한국 → 중국	252	235	256	743
한국 → 일본	118	122	102	342
한국 → 싱가폴	88	102	133	323
한국 → 독일	75	81	88	244
한국 → 영국	123	111	108	342
한국 → 스페인	288	270	302	860
한국 → 미국	102	145	153	400
한국 → 캐나다	210	198	222	630
한국 → 브라질	23	21	17	61
전체	1,407	1,419	1,535	4,361

보기

㉠ 2021년 대비 2022년 이용객 수가 증가한 항공노선 개수와 감소한 항공노선 개수는 동일하다.
㉡ 2021년부터 2023년까지의 총 이용객 수는 '아시아행 – 유럽행 – 아메리카행' 순서로 많다.
㉢ 전체 이용객 중 제주행노선 이용객 비율의 전년 대비 차이는 2022년이 2023년보다 높다.
㉣ 2021년부터 2023년 동안 이용객 수가 적은 하위 2개의 항공노선은 동일하다.

① ㉠, ㉡
② ㉡, ㉣
③ ㉠, ㉡, ㉢
④ ㉠, ㉡, ㉣
⑤ ㉡, ㉢, ㉣

25 다음은 연도별 주요 국가의 커피 수입량을 나타낸 자료이다. 이에 대한 설명으로 옳은 것을 〈보기〉에서 모두 고르면?(단, 소수점 둘째 자리에서 반올림한다)

〈주요 국가별 커피 수입량〉

(단위 : 1,000kg)

순위	국가	2023년	2018년	2013년	합계
1	중국	48,510	44,221	40,392	133,123
2	미국	25,482	26,423	26,228	78,133
3	일본	13,288	14,382	13,882	41,552
4	러시아	11,382	10,922	10,541	32,845
5	캐나다	8,842	7,481	7,992	24,315
6	한국	4,982	4,881	4,922	14,785
7	호주	1,350	1,288	1,384	4,022
전체		113,836	109,598	105,341	328,775

보기

㉠ 조사한 국가 중 2013년에 비해 2023년에 커피 수입량이 증가한 국가 수가 감소한 국가 수보다 많다.
㉡ 커피 수입량이 가장 많은 상위 2개 국가의 커피 수입량의 합계는 항상 전체 수입량의 65% 이하이다.
㉢ 한국의 커피 수입량은 항상 호주의 3.5배 이상이다.
㉣ 2013년 대비 2023년의 커피 수입량의 증가율과 증가량 모두 캐나다가 러시아보다 높다.

① ㉠, ㉢
② ㉡, ㉣
③ ㉠, ㉡, ㉣
④ ㉡, ㉢, ㉣
⑤ ㉠, ㉡, ㉢, ㉣

※ 다음은 주요 지역별 성인 여성의 미혼 및 기혼 비율과 기혼 여성의 자녀 수에 대한 자료이다. 이어지는 질문에 답하시오. [26~27]

〈주요 지역별 성인 여성의 미혼 및 기혼 비율〉

(단위 : %)

구분	서울	경기	인천	강원	대구	부산	제주
미혼	31.3	28.9	29.1	21.5	19.8	20.8	17.5
기혼	68.7	71.1	70.9	78.5	80.2	79.2	82.5

〈주요 지역의 자녀 수별 기혼 여성 수〉

(단위 : 천 명)

구분	서울	경기	인천	강원	대구	부산	제주
0명	982	1,010	765	128	656	597	121
1명	1,885	1,443	1,211	559	1,324	983	259
2명	562	552	986	243	334	194	331
3명	382	102	554	106	123	88	21
4명 이상	123	58	283	21	36	74	13

※ 다자녀는 3명 이상을 의미한다.

26 다음 중 자료에 대한 설명으로 옳은 것을 〈보기〉에서 모두 고르면?(단, 소수점 둘째 자리에서 반올림한다)

> **보기**
> ㉠ 미혼과 기혼인 여성의 비율의 격차가 가장 큰 지역은 제주이다.
> ㉡ 자녀 수 4명 이상 항목을 자녀 수 4명이라 가정하면, 서울의 자녀 수는 제주의 자녀 수의 5배 이상이다.
> ㉢ 자녀 수 항목에서 지역별로 기혼 여성 수가 많은 상위 2개 항목은 모든 지역이 동일하다.
> ㉣ 지역별 다자녀가구인 여성 수는 자녀가 2인인 여성 수보다 적다.

① ㉠, ㉡
② ㉠, ㉢
③ ㉠, ㉣
④ ㉡, ㉢
⑤ ㉢, ㉣

27 지역별 기혼 여성 수가 다음과 같을 때, 지역과 그 지역의 미혼인 성인 여성의 수를 바르게 연결한 것은?(단, 인원 수는 소수점 첫째 자리에서 반올림한다)

〈지역별 기혼 여성 수〉

지역	서울	경기	인천	강원	대구	부산	제주
기혼 여성 수(천 명)	3,934	3,165	3,799	1,057	2,473	1,936	745

① 서울 : 1,792명 ② 경기 : 1,355명
③ 인천 : 1,686명 ④ 강원 : 302명
⑤ 제주 : 132명

28 다음은 K국의 치료감호소 수용자 현황에 대한 자료이다. 빈칸 (가) ~ (라)에 해당하는 수를 모두 더한 값은?

〈치료감호소 수용자 현황〉

(단위 : 명)

구분	약물	성폭력	심신장애자	합계
2018년	89	77	520	686
2019년	(가)	76	551	723
2020년	145	(나)	579	824
2021년	137	131	(다)	887
2022년	114	146	688	(라)
2023년	88	174	688	950

① 1,524 ② 1,639
③ 1,751 ④ 1,763
⑤ 1,770

29 다음은 2023년 K시 5개 구 주민의 돼지고기 소비량에 대한 자료이다. 〈조건〉을 참고할 때 변동계수가 3번째로 큰 구는?

〈5개 구 주민의 돼지고기 소비량 통계〉

(단위 : kg)

구분	평균(1인당 소비량)	표준편차
A구	( )	5.0
B구	( )	4.0
C구	30.0	6.0
D구	12.0	4.0
E구	( )	8.0

※ (변동계수)$=\dfrac{(표준편차)}{(평균)}\times100$

조건
- A구의 1인당 소비량과 B구의 1인당 소비량을 합하면 C구의 1인당 소비량과 같다.
- A구의 1인당 소비량과 D구의 1인당 소비량을 합하면 E구 1인당 소비량의 2배와 같다.
- E구의 1인당 소비량은 B구의 1인당 소비량보다 6.0kg 더 많다.

① A구 　　　　　　　　② B구

③ C구 　　　　　　　　④ D구

⑤ E구

30 다음은 우리나라가 중국에 수출하고 있는 간식에 대한 자료이다. 이에 대한 설명으로 옳은 것을 〈보기〉에서 모두 고르면?(단, 비율은 소수점 둘째 자리에서 반올림하며, 금액은 억 원 미만은 버린다)

〈간식별 매출액 비율〉

(단위 : %)

구분	2019년	2020년	2021년	2022년	2023년
캔디·초콜릿	31.8	33.2	32.1	22.5	18.4
비스킷	29.7	30.1	35.4	19.4	16.5
베이커리	18.6	17.5	14.9	15.1	15.3
견과	8.7	9.1	11.4	36.5	41.2
기타	11.2	10.1	6.2	6.5	8.6

〈우리나라 간식의 중국 연간 매출액〉

연도	총매출액(억 원)
2019년	885
2020년	962
2021년	1,284
2022년	1,875
2023년	2,100

■ 총매출액(억 원)

보기

ㄱ. 캔디·초콜릿, 비스킷, 베이커리의 매출액 비율 순위는 매년 동일하다.
ㄴ. 2020년부터 2023년까지 비스킷과 베이커리 매출액 비율의 증감방향은 동일하다.
ㄷ. 우리나라 간식의 중국 연간매출은 2021년 대비 2022년 증가율이 2019년 대비 2020년 증가율의 5배 이상이다.
ㄹ. 2019년 견과류 매출액과 2023년 견과류 매출액의 차이는 780억 원 이상이다.

① ㄱ, ㄴ ② ㄱ, ㄷ
③ ㄱ, ㄹ ④ ㄴ, ㄹ
⑤ ㄷ, ㄹ

교육은 우리 자신의 무지를 점차 발견해 가는 과정이다.

– 윌 듀란트 –

PART 3

문제해결능력

문제해결능력

합격 Cheat Key

문제해결능력은 업무를 수행하면서 여러 가지 문제 상황이 발생하였을 때, 창의적이고 논리적인 사고를 통하여 이를 올바르게 인식하고 적절히 해결하는 능력으로, 하위 능력에는 사고력과 문제처리능력이 있다.

문제해결능력은 NCS 기반 채용을 진행하는 대다수의 공사·공단에서 채택하고 있으며, 다양한 자료와 함께 출제되는 경우가 많아 어렵게 느껴질 수 있다. 특히, 난이도가 높은 문제로 자주 출제되기 때문에 다른 영역보다 더 많은 노력이 필요할 수는 있지만 그렇기에 차별화를 할 수 있는 득점 영역이므로 포기하지 말고 꾸준하게 노력해야 한다.

1 │ 질문의 의도를 정확하게 파악하라!

문제해결능력은 문제에서 무엇을 묻고 있는지 정확하게 파악하여 먼저 풀이 방향을 설정하는 것이 가장 효율적인 방법이다. 특히, 조건이 주어지고 답을 찾는 창의적·분석적인 문제가 주로 출제되고 있기 때문에 처음에 정확한 풀이 방향이 설정되지 않는다면 문제를 제대로 풀지 못하게 되므로 첫 번째로 출제 의도 파악에 집중해야 한다.

2 중요한 정보는 반드시 표시하라!

출제 의도를 정확히 파악하기 위해서는 문제의 중요한 정보를 반드시 표시하거나 메모하여 하나의 조건, 단서도 잊고 넘어가는 일이 없도록 해야 한다. 실제 시험에서는 시간의 압박과 긴장감으로 정보를 잘못 적용하거나 잊어버리는 실수가 많이 발생하므로 사전에 충분한 연습이 필요하다.

3 반복 풀이를 통해 취약 유형을 파악하라!

문제해결능력은 특히 시간관리가 중요한 영역이다. 따라서 정해진 시간 안에 고득점을 할 수 있는 효율적인 문제 풀이 방법을 찾아야 한다. 이때, 반복적인 문제 풀이를 통해 자신이 취약한 유형을 파악하는 것이 중요하다. 정확하게 풀 수 있는 문제부터 빠르게 풀고 취약한 유형은 나중에 푸는 효율적인 문제 풀이를 통해 최대한 고득점을 맞는 것이 중요하다.

01 문제해결능력

1. 문제의 의의

(1) 문제와 문제점

문제	업무를 수행함에 있어서 답을 요구하는 질문이나 의논하여 해결해야 하는 사항
문제점	문제의 원인이 되는 사항으로, 문제해결을 위해서 조치가 필요한 대상

난폭운전으로 전복사고가 일어난 경우는 '사고의 발생'이 문제이며, '난폭운전'은 문제점이다.

(2) 문제의 유형

① 기능에 따른 분류 : 제조 문제, 판매 문제, 자금 문제, 인사 문제, 경리 문제, 기술상 문제
② 시간에 따른 분류 : 과거 문제, 현재 문제, 미래 문제
③ 해결방법에 따른 분류 : 논리적 문제, 창의적 문제

(3) 발생형 문제 · 탐색형 문제 · 설정형 문제

구분	내용
발생형 문제 (보이는 문제)	• 눈앞에 발생되어 걱정하고, 해결하기 위해 고민하는 문제를 말하며, 원인지향적인 문제라고도 함 • 이탈 문제 : 어떤 기준을 이탈함으로써 생기는 문제 • 미달 문제 : 기준에 미달하여 생기는 문제
탐색형 문제 (찾는 문제)	• 현재의 상황을 개선하거나 효율을 높이기 위한 문제를 말하며, 문제를 방치하면 뒤에 큰 손실이 따르거나 해결할 수 없게 되는 것 • 잠재 문제 : 문제가 잠재되어 인식하지 못하다가 결국 문제가 확대되어 해결이 어려운 문제 • 예측 문제 : 현재는 문제가 아니지만 계속해서 현재 상태로 진행될 경우를 가정하고 앞으로 일어날 수 있는 문제 • 발견 문제 : 현재는 문제가 없으나 좋은 제도나 기법, 기술을 발견하여 개선 · 향상할 수 있는 문제
설정형 문제 (미래의 문제)	• 장래의 경영전략을 통해 앞으로 어떻게 할 것인지에 대한 문제 • 새로운 목표를 설정함에 따라 일어나는 문제로, 목표 지향적 문제라고도 함 • 지금까지 경험한 바가 없는 문제로, 많은 창조적인 노력이 요구되므로 창조적 문제라고도 함

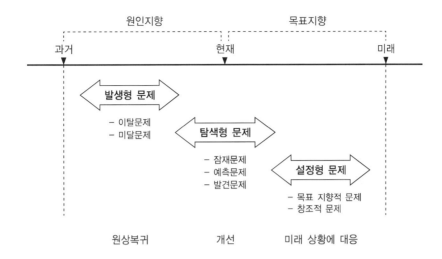

핵심예제

다음 중 문제에 대한 설명으로 적절하지 않은 것은?

① 업무를 수행함에 있어서 답을 요구하는 질문이나 의논하여 해결해야 하는 사항을 의미한다.
② 해결하기를 원하지만 실제로 해결해야 하는 방법을 모르고 있는 상태도 포함된다.
③ 얻고자 하는 해답이 있지만 그 해답을 얻는 데 필요한 일련의 행동을 알지 못하는 상태도 있다.
④ 일반적으로 발생형 문제, 설정형 문제, 논리적 문제로 구분된다.

> 문제는 일반적으로 발생형 문제, 탐색형 문제, 설정형 문제로 구분된다.

정답 ④

2. 문제해결의 의의

(1) 문제해결이란?

목표와 현상을 분석하고, 분석 결과를 토대로 주요 과제를 도출한 뒤, 바람직한 상태나 기대되는 결과가 나타나도록 최적의 해결책을 찾아 실행・평가해 가는 활동을 말한다.

(2) 문제해결에 필요한 기본요소

① 체계적인 교육훈련
② 창조적 스킬의 습득
③ 전문영역에 대한 지식 습득
④ 문제에 대한 체계적인 접근

3. 문제해결에 필요한 기본적 사고

(1) 전략적 사고

현재 당면하고 있는 문제와 해결방안에만 집착하지 말고, 그 문제와 해결방안이 상위 시스템 또는 다른 문제와 어떻게 연결되어 있는지를 생각하는 것이 필요하다.

(2) 분석적 사고

전체를 각각의 요소로 나누어 그 요소의 의미를 도출한 다음 우선순위를 부여하고 구체적인 문제해결방법을 실행하는 것이 요구된다.

종류	요구되는 사고
성과 지향의 문제	기대하는 결과를 명시하고 효과적으로 달성하는 방법을 사전에 구상하고 실행에 옮길 것
가설 지향의 문제	현상 및 원인분석 전에 지식과 경험을 바탕으로 일의 과정이나 결과·결론을 가정한 다음 검증 후 사실일 경우 다음 단계의 일을 수행할 것
사실 지향의 문제	일상 업무에서 일어나는 상식·편견을 타파하여 객관적 사실로부터 사고와 행동을 출발할 것

(3) 발상의 전환

사물과 세상을 바라보는 인식의 틀을 전환하여 새로운 관점에서 바로 보는 사고를 지향하는 것이 필요하다.

(4) 내·외부자원의 활용

기술, 재료, 방법, 사람 등 필요한 자원 확보 계획을 수립하고 내·외부자원을 효과적으로 활용하도록 해야 한다.

〈핵심예제〉

다음 중 문제해결에 필요한 기본적 사고로 가장 적절한 것은?

① 외부자원만을 효과적으로 활용한다.
② 전략적 사고를 해야 한다.
③ 같은 생각을 유지한다.
④ 추상적 사고를 해야 한다.

문제해결에 필요한 기본적 사고
전략적 사고, 분석적 사고, 발상의 전환, 내·외부자원의 활용

정답 ②

4. 문제해결의 장애요소

- 문제를 철저하게 분석하지 않는 것
- 고정관념에 얽매이는 것
- 쉽게 떠오르는 단순한 정보에 의지하는 것
- 너무 많은 자료를 수집하려고 노력하는 것

5. 제3자를 통한 문제해결

종류	내용
소프트 어프로치	• 대부분의 기업에서 볼 수 있는 전형적인 스타일 • 조직 구성원들이 같은 문화적 토양을 가짐 • 직접적인 표현보다는 암시를 통한 의사전달 • 결론이 애매하게 산출되는 경우가 적지 않음 • 제3자 : 결론을 미리 그려가면서 권위나 공감에 의지함
하드 어프로치	• 조직 구성원들이 상이한 문화적 토양을 가짐 • 직설적인 주장을 통한 논쟁과 협상 • 논리, 즉 사실과 원칙에 근거한 토론 • 이론적으로는 가장 합리적인 방법임 • 창조적인 아이디어나 높은 만족감을 이끌어 내기 어려움 • 제3자 : 지도와 설득을 통해 전원이 합의하는 일치점을 추구함
퍼실리테이션	• 그룹이 나아갈 방향을 알려 주고, 공감을 이룰 수 있도록 도와주는 것 • 창조적인 해결방안 도출, 구성원의 동기와 팀워크 강화 • 퍼실리테이터의 줄거리대로 결론이 도출되어서는 안 됨 • 제3자 : 깊이 있는 커뮤니케이션을 통해 창조적인 문제해결을 도모함

02 | 사고력

1. 창의적 사고의 의의

(1) 창의적 사고란?

당면한 문제를 해결하기 위해 이미 알고 있는 경험과 지식을 해체하여 새로운 정보로 결합함으로써 새로운 아이디어를 도출하는 것이다.

(2) 창의적 사고의 특징

- 발산적(확산적) 사고
- 새롭고 유용한 아이디어를 생산해 내는 정신적인 과정
- 기발하거나 신기하며 독창적인 것
- 유용하고 적절하며, 가치가 있는 것
- 기존의 정보들을 새롭게 조합시킨 것

다음 중 창의적 사고의 특징으로 적절하지 않은 것은?

① 외부 정보끼리의 조합이다.

② 사회나 개인에게 새로운 가치를 창출한다.

③ 창조적인 가능성이다.

④ 사고력, 성격, 태도 등의 전인격적인 가능성을 포함한다.

창의적 사고는 정보와 정보의 조합으로, 정보에는 내부 정보와 외부 정보가 있다.

정답 ①

2. 창의적 사고의 개발 방법

(1) 자유연상법 – 생각나는 대로 자유롭게 발상 – 브레인스토밍

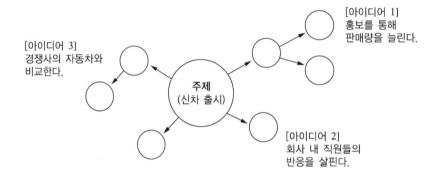

(2) 강제연상법 – 각종 힌트와 강제적으로 연결 지어서 발상 – 체크리스트

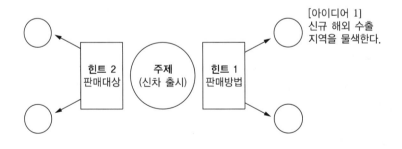

(3) 비교발상법 – 주제의 본질과 닮은 것을 힌트로 발상 – NM법, Synectics

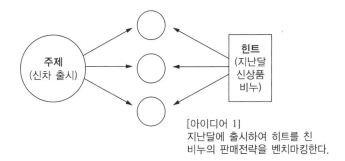

[아이디어 1]
지난달에 출시하여 히트를 친
비누의 판매전략을 벤치마킹한다.

(4) 브레인스토밍 진행 방법

- 주제를 구체적이고 명확하게 정한다.
- 구성원의 얼굴을 볼 수 있는 좌석 배치와 큰 용지를 준비한다.
- 구성원들의 다양한 의견을 도출할 수 있는 사람을 리더로 선출한다.
- 구성원은 다양한 분야의 사람들로 5 ~ 8명 정도로 구성한다.
- 발언은 누구나 자유롭게 할 수 있도록 하며, 모든 발언 내용을 기록한다.
- 아이디어에 대한 평가는 비판해서는 안 된다.

3. 논리적 사고

(1) 논리적 사고란?

사고의 전개에 있어서 전후의 관계가 일치하고 있는가를 살피고, 아이디어를 평가하는 능력을 말한다.

(2) 논리적 사고의 5요소

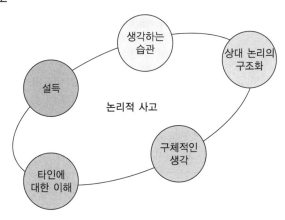

(3) 논리적 사고를 개발하기 위한 방법

① 피라미드 기법

보조 메시지들을 통해 주요 메인 메시지를 얻고, 다시 메인 메시지를 종합한 최종적인 정보를 도출해 내는 방법이다.

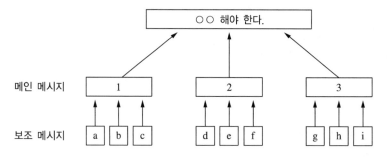

② So What 기법

"그래서 무엇이지?" 하고 자문자답하는 의미로, 눈앞에 있는 정보로부터 의미를 찾아내어 가치 있는 정보를 이끌어 내는 사고이다. "So What?"은 "어떻게 될 것인가?", "어떻게 해야 한다."라는 내용이 포함되어야 한다. 다음은 이에 대한 사례이다.

[상황]

ㄱ. 우리 회사의 자동차 판매대수가 사상 처음으로 전년 대비 마이너스를 기록했다.

ㄴ. 우리나라의 자동차 업계 전체는 일제히 적자 결산을 발표했다.

ㄷ. 주식 시장은 몇 주간 조금씩 하락하는 상황에 있다.

[So What?을 사용한 논리적 사고의 예]

a. 자동차 판매의 부진

b. 자동차 산업의 미래

c. 자동차 산업과 주식시장의 상황

d. 자동차 관련 기업의 주식을 사서는 안 된다.

e. 지금이야말로 자동차 관련 기업의 주식을 사야 한다.

[해설]

a. 상황 ㄱ만 고려하고 있으므로 So What의 사고에 해당하지 않는다.

b. 상황 ㄷ을 고려하지 못하고 있으므로 So What의 사고에 해당하지 않는다.

c. 상황 ㄱ ~ ㄷ을 모두 고려하고는 있으나 자동차 산업과 주식시장이 어떻게 된다는 것을 알 수 없으므로 So What의 사고에 해당하지 않는다.

d·e. "주식을 사지 마라(사라)."는 메시지를 주고 있으므로 So What의 사고에 해당한다.

다음 중 논리적 사고를 위한 요소가 아닌 것은?

① 생각하는 습관   ② 상대 논리의 구조화

③ 타인에 대한 이해・설득   ④ 추상적인 생각

논리적 사고의 요소
생각하는 습관, 상대 논리의 구조화, 구체적인 생각, 타인에 대한 이해・설득

정답 ④

---

4. 비판적 사고

(1) 비판적 사고란?

어떤 주제나 주장 등에 대해서 적극적으로 분석하고 종합하며 평가하는 능동적인 사고를 말한다. 이는 문제의 핵심을 중요한 대상으로 하며, 지식과 정보를 바탕으로 합당한 근거에 기초를 두고 현상을 분석, 평가하는 사고이다. 비판적 사고를 개발하기 위해서는 지적 호기심, 객관성, 개방성, 융통성, 지적 회의성, 지적 정직성, 체계성, 지속성, 결단성, 다른 관점에 대한 존중과 같은 합리적인 태도가 요구된다.

(2) 비판적 사고에 필요한 태도

① 문제의식

문제의식을 가지고 있다면 주변에서 발생하는 사소한 일에서도 정보를 수집하고 새로운 아이디어를 끊임없이 생산해 낼 수 있다.

② 고정관념 타파

지각의 폭을 넓히는 일은 정보에 대한 개방성을 가지고 편견을 갖지 않는 것으로, 이를 위해서는 고정관념을 타파하는 것이 중요하다.

1. 문제 인식

(1) 문제 인식 절차

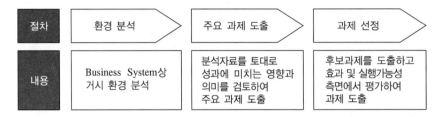

절차	환경 분석	주요 과제 도출	과제 선정
내용	Business System상 거시 환경 분석	분석자료를 토대로 성과에 미치는 영향과 의미를 검토하여 주요 과제 도출	후보과제를 도출하고 효과 및 실행가능성 측면에서 평가하여 과제 도출

(2) 환경 분석

① 3C 분석

사업환경을 구성하고 있는 요소인 자사, 경쟁사, 고객을 3C라고 한다.

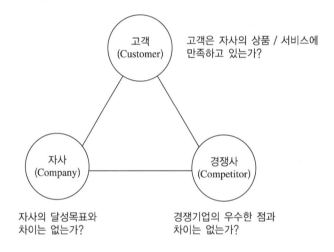

② SWOT 분석

㉠ 의의 : 기업 내부의 강점, 약점과 외부환경의 기회, 위협요인을 분석·평가하고 이들을 서로 연관지어 전략을 개발하고 문제해결방안을 개발하는 방법이다.

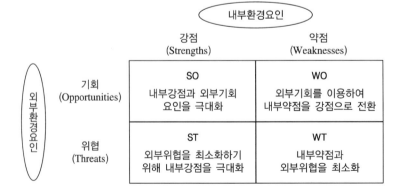

ⓛ SWOT 분석 방법

외부환경 분석	• 좋은 쪽으로 작용하는 것은 기회, 나쁜 쪽으로 작용하는 것은 위협으로 분류
	• 언론매체, 개인 정보망 등을 통하여 입수한 상식적인 세상의 변화 내용을 시작으로 당사자에게 미치는 영향을 순서대로 점차 구체화
	• 인과관계가 있는 경우 화살표로 연결
	• 동일한 데이터라도 자신에게 긍정적으로 전개되면 기회로, 부정적으로 전개되면 위협으로 구분
	• 외부환경분석 시에는 SCEPTIC 체크리스트를 활용
	  ① Social(사회), ② Competition(경쟁), ③ Economic(경제), ④ Politic(정치),
	  ⑤ Technology(기술), ⑥ Information(정보), ⑦ Client(고객)

내부환경 분석	• 경쟁자와 비교하여 나의 강점과 약점을 분석
	• 강점과 약점의 내용 : 보유하거나 동원 가능하거나 활용 가능한 자원
	• 내부환경분석에는 MMMITI 체크리스트를 활용
	  ① Man(사람), ② Material(물자), ③ Money(돈), ④ Information(정보), ⑤ Time(시간),
	  ⑥ Image(이미지)

ⓒ SWOT 전략 수립 방법

내부의 강점과 약점을, 외부의 기회와 위협을 대응시켜 기업 목표 달성을 위한 SWOT 분석을 바탕으로 구축한 발전전략의 특성은 다음과 같다.

SO전략	외부환경의 기회를 활용하기 위해 강점을 사용하는 전략 선택
ST전략	외부환경의 위협을 회피하기 위해 강점을 사용하는 전략 선택
WO전략	자신의 약점을 극복함으로써 외부환경의 기회를 활용하는 전략 선택
WT전략	외부환경의 위협을 회피하거나 자신의 약점을 최소화하는 전략 선택

(3) 주요 과제 도출

과제 도출을 위해서는 다양한 과제 후보안을 표를 이용해서 정리하는 것이 체계적이며 바람직하다. 주요 과제 도출을 위한 과제안 작성 시, 과제안 간의 동일한 수준, 표현의 구체성, 기간 내 해결 가능성 등을 확인해야 한다.

(4) 과제 선정

과제안 중 효과 및 실행 가능성 측면을 평가하여 가장 우선순위가 높은 안을 선정하며, 우선순위 평가 시에는 과제의 목적, 목표, 자원현황 등을 종합적으로 고려하여 평가한다.

(5) 과제안 평가기준

과제해결의 중요성, 과제착수의 긴급성, 과제해결의 용이성을 고려하여 여러 개의 평가기준을 동시에 설정하는 것이 바람직하다.

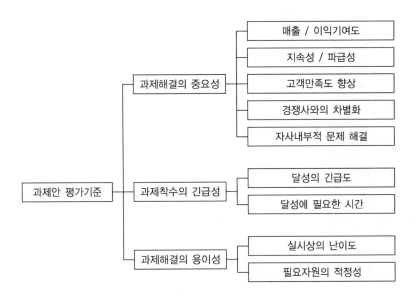

2. 문제 도출

(1) 세부 절차

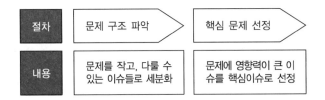

(2) 문제 구조 파악

전체 문제를 개별화된 세부 문제로 쪼개는 과정으로, 문제의 내용 및 영향 등을 파악하여 문제의 구조를 도출해 내는 것이다. 이를 위해서는 문제가 발생한 배경이나 문제를 일으키는 원인을 분명히 해야 하며, 문제의 본질을 다양하고 넓은 시야로 보아야 한다.

(3) Logic Tree

주요 과제를 나무모양으로 분해, 정리하는 기술로, 제한된 시간 동안 문제의 원인을 깊이 파고든다든지, 해결책을 구체화할 때 유용하게 사용된다. 이를 위해서는 전체 과제를 명확히 해야 하며, 분해하는 가지의 수준을 맞춰야 하고, 원인이 중복되거나 누락되지 않고 각각의 합이 전체를 포함해야 한다.

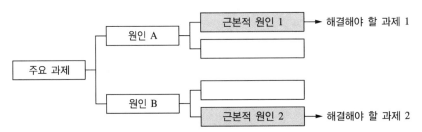

3. 원인 분석

(1) 세부 절차

(2) 이슈 분석

① 핵심이슈 설정

업무에 가장 크게 영향을 미치는 문제로 선정하며, 사내·외 고객 인터뷰 등을 활용한다.

② 가설 설정

이슈에 대해 자신의 직관, 경험 등에 의존하여 일시적인 결론을 예측하는 것이며, 설정된 가설은 관련자료 등을 통해 검증할 수 있어야 하고, 논리적이며 객관적이어야 한다.

③ Output 이미지 결정

가설검증계획에 따라 분석 결과를 미리 이미지화하는 것이다.

(3) 데이터 분석

① 데이터 수집계획 수립

데이터 수집 시에는 목적에 따라 수집 범위를 정하고, 전체 자료의 일부인 표본을 추출하는 전통적인 통계학적 접근과 전체 데이터를 활용한 빅데이터 분석을 구분해야 한다. 이때, 객관적인 사실을 수집해야 하며 자료의 출처를 명확히 밝힐 수 있어야 한다.

② 데이터 정리 / 가공

데이터 수집 후에는 목적에 따라 수집된 정보를 항목별로 분류·정리하여야 한다.

③ 데이터 해석

정리된 데이터는 '무엇을', '왜', '어떻게' 측면에서 의미를 해석해야 한다.

(4) 원인 파악

① 단순한 인과관계

원인과 결과를 분명하게 구분할 수 있는 경우로, 날씨가 더울 때 아이스크림 판매량이 증가하는 경우가 이에 해당한다.

② 닭과 계란의 인과관계

원인과 결과를 구분하기가 어려운 경우로, 브랜드의 향상이 매출 확대로 이어지고, 매출 확대가 다시 브랜드의 인지도 향상으로 이어지는 상황이 이에 해당한다.

③ 복잡한 인과관계

단순한 인과관계와 닭과 계란의 인과관계의 유형이 복잡하게 서로 얽혀 있는 경우로, 대부분의 문제가 이에 해당한다.

PART 3

4. 해결안 개발

(1) 세부 절차

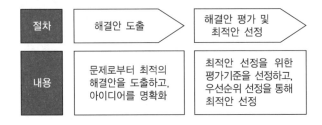

(2) 해결안 도출 과정

① 근본 원인으로 열거된 내용을 어떠한 방법으로 제거할 것인지를 명확히 한다.

② 독창적이고 혁신적인 방안을 도출한다.

③ 유사한 방법이나 목적을 갖는 내용을 군집화한다.

④ 최종 해결안을 정리한다.

(3) 해결안 평가 및 최적안 선정

문제(What), 원인(Why), 방법(How)를 고려해서 해결안을 평가하고 가장 효과적인 해결안을 선정해야 하며, 중요도와 실현 가능성 등을 고려해서 종합적인 평가를 내리고, 채택 여부를 결정하는 과정이다.

5. 실행 및 평가

(1) 세부 절차

(2) 실행계획 수립

세부 실행내용의 난이도를 고려하여 가급적 구체적으로 세우는 것이 좋으며, 해결안별 실행계획서를 작성함으로써 실행의 목적과 과정별 진행내용을 일목요연하게 파악하도록 하는 것이 필요하다.

(3) 실행 및 후속조치

① 파일럿 테스트를 통해 문제점을 발견하고, 해결안을 보완한 후 대상 범위를 넓혀서 전면적으로 실시해야 한다. 그리고 실행상의 문제점 및 장애요인을 신속히 해결하기 위해서 모니터링 체제를 구축하는 것이 바람직하다.

② 모니터링 시 고려 사항

- 바람직한 상태가 달성되었는가?
- 문제가 재발하지 않을 것을 확신할 수 있는가?
- 사전에 목표한 기간 및 비용은 계획대로 지켜졌는가?
- 혹시 또 다른 문제를 발생시키지 않았는가?
- 해결책이 주는 영향은 무엇인가?

《 핵심예제 》

다음 중 문제해결 과정을 순서대로 바르게 나열한 것은?

ㄱ. 문제 인식	ㄴ. 실행 및 평가
ㄷ. 원인 분석	ㄹ. 문제 도출
ㅁ. 해결안 개발	

① ㄱ - ㄴ - ㄷ - ㄹ - ㅁ   ② ㄱ - ㄹ - ㄷ - ㅁ - ㄴ

③ ㄴ - ㄷ - ㄹ - ㅁ - ㄱ   ④ ㄹ - ㄱ - ㄷ - ㅁ - ㄴ

문제해결 과정
문제 인식 → 문제 도출 → 원인 분석 → 해결안 개발 → 실행 및 평가

정답 ②

| 한국전력공사

01 흰색, 빨강색, 노랑색, 초록색, 검정색의 5가지 물감이 주어졌다. 다음 물감 조합표를 참고할 때, 주어진 5가지 물감으로 만들어 낼 수 없는 색상은?

<table>
<tr><td colspan="3" align="center">〈물감 조합표〉</td></tr>
<tr><td>연분홍색=흰색(97)+빨강색(3)</td><td>황토색=노랑색(90)+검정색(2)
+빨강색(8)</td><td>진보라색=보라색(90)+검정색(10)</td></tr>
<tr><td>분홍색=흰색(90)+빨강색(10)</td><td>살구색=흰색(90)+주황색(10)</td><td>고동색=검정색(20)+빨강색(80)</td></tr>
<tr><td>진분홍색=흰색(80)+빨강색(20)</td><td>옥색=흰색(97)+초록색(3)</td><td>카키색=초록색(90)+검정색(10)</td></tr>
<tr><td>진노랑색=흰색(98)+노랑색(2)</td><td>연두색=노랑색(95)+파랑색(5)</td><td>연하늘색=흰색(97)+파랑색(3)</td></tr>
<tr><td>주황색=노랑색(80)+빨강색(20)</td><td>초록색=노랑색(70)+파랑색(30)</td><td>하늘색=흰색(90)+파랑색(10)</td></tr>
<tr><td>연회색=흰색(98)+검정색(2)</td><td>청록색=노랑색(50)+파랑색(50)</td><td>진하늘색=흰색(80)+파랑색(20)</td></tr>
<tr><td>회색=흰색(95)+검정색(5)</td><td>고동색=빨강색(80)+검정색(20)</td><td>소라색=흰색(90)+파랑색(7)
+빨강색(3)</td></tr>
<tr><td>진회색=흰색(90)+검정색(10)</td><td>연보라색=흰색(90)+보라색(10)</td><td>−</td></tr>
<tr><td>밝은황토색=갈색(98)+노랑색(2)</td><td>보라색=빨강색(70)+파랑색(30)</td><td>−</td></tr>
</table>

※ 괄호 안의 숫자는 비율을 뜻함

① 고동색   ② 연보라색
③ 살구색   ④ 카키색
⑤ 옥색

02 다음 중 (가) ~ (다)의 문제 유형을 바르게 연결한 것은?

> (가) J회사의 에어컨 판매부서는 현재 어느 정도 매출이 나오고 있는 상황이지만, 경쟁사가 늘어나고 있어 생산성을 높이기 위한 방안을 모색하고 있다.
> (나) 작년에 J회사에서 구입한 에어컨을 꺼내 사용하고자 하였으나, 고장이 나서 작동하지 않았다.
> (다) 에어컨에 주력하던 J회사는 올해부터 새로운 사업으로 공기청정기 분야에 관심을 보이고 있다.

	(가)	(나)	(다)
①	발생형 문제	탐색형 문제	설정형 문제
②	설정형 문제	탐색형 문제	발생형 문제
③	설정형 문제	발생형 문제	탐색형 문제
④	탐색형 문제	발생형 문제	설정형 문제
⑤	탐색형 문제	설정형 문제	발생형 문제

03 문제 해결을 위해서는 전체를 각각의 요소로 나누어 분석하는 분석적 사고가 필요하다. 지향하는 문제 유형에 따라 분석적 사고가 다르게 요구된다고 할 때, 다음 (가) ~ (다)에 들어갈 말이 바르게 연결된 것은?

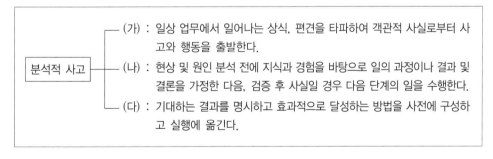

분석적 사고
- (가) : 일상 업무에서 일어나는 상식, 편견을 타파하여 객관적 사실로부터 사고와 행동을 출발한다.
- (나) : 현상 및 원인 분석 전에 지식과 경험을 바탕으로 일의 과정이나 결과 및 결론을 가정한 다음, 검증 후 사실일 경우 다음 단계의 일을 수행한다.
- (다) : 기대하는 결과를 명시하고 효과적으로 달성하는 방법을 사전에 구성하고 실행에 옮긴다.

	(가)	(나)	(다)
①	사실 지향의 문제	가설 지향의 문제	성과 지향의 문제
②	사실 지향의 문제	성과 지향의 문제	가설 지향의 문제
③	성과 지향의 문제	가설 지향의 문제	사실 지향의 문제
④	성과 지향의 문제	사실 지향의 문제	가설 지향의 문제

04 다음은 성공적인 문제해결을 위해 일반적으로 거쳐야 할 단계이다. 이를 토대로 〈보기〉의 문제해결절차를 순서대로 바르게 나열한 것은?

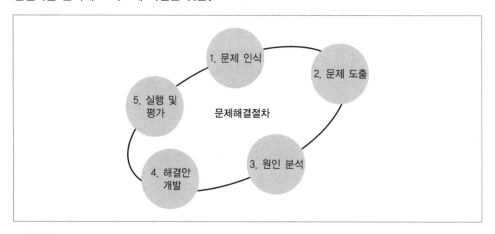

보기

ㄱ 해결방안 수립하기
ㄴ 목표를 명확히 하기
ㄷ 핵심 문제 분석하기
ㄹ 해결해야 할 것을 명확히 하기
ㅁ 문제의 원인들을 제거하기

① ㄴ - ㄹ - ㄷ - ㄱ - ㅁ
② ㄴ - ㄹ - ㄷ - ㅁ - ㄱ
③ ㄹ - ㄱ - ㄴ - ㄷ - ㅁ
④ ㄹ - ㄴ - ㄷ - ㄱ - ㅁ
⑤ ㄹ - ㄷ - ㄱ - ㄴ - ㅁ

05 다음 상황과 같은 논리적 오류가 나타난 사례는?

나는 지난 겨울방학에 이어 이번 여름방학에 알래스카를 다시 방문했는데, 흰 눈과 얼음으로 뒤덮여 있던 내 기억 속의 겨울 알래스카와 전혀 다른 모습이라 당황스러웠어.

① 소크라테스는 독배를 들고 죽은 사람이므로 그의 말은 믿을 것이 못된다.
② 게임을 좋아하는 철수보다 책을 좋아하는 영희가 좋은 이유는 게임보다 책을 좋아하는 사람이 더 지성적이기 때문이야.
③ 천국이나 지옥이 없다는 것을 증명할 수 없으므로 천국이나 지옥의 존재를 인정해야 한다.
④ ○○치약을 사용하는 사람이 9백만 명이나 되는 걸 보면 ○○치약이 가장 좋은 제품이야.
⑤ 요즘 청소년들의 사고가 많은 걸 보니 청소년들은 전부 문제가 많은 모양이야.

06 다음은 유전자 관련 업무를 수행 중인 H사의 SWOT 분석 자료이다. 이를 참고할 때 〈보기〉의 ㉠ ~ ㉣ 중 빈칸 A, B에 들어갈 내용을 바르게 짝지은 것은?

SWOT 분석은 기업의 내부환경과 외부환경을 분석하여 강점(Strength), 약점(Weakness), 기회 (Opportunity), 위협(Threat)요인을 규정하고 이를 토대로 경영전략을 수립하는 기법으로, 미국의 경영컨설턴트인 앨버트 험프리(Albert Humphrey)에 의해 고안되었다.

- 강점(Strength) : 내부환경(자사 경영자원)의 강점
- 약점(Weakness) : 내부환경(자사 경영자원)의 약점
- 기회(Opportunity) : 외부환경(경쟁, 고객, 거시적 환경)에서 비롯된 기회
- 위협(Threat) : 외부환경(경쟁, 고객, 거시적 환경)에서 비롯된 위협

〈H사 SWOT 분석 결과〉

강점(Strength)	약점(Weakness)
• 유전자 분야에 뛰어난 전문가로 구성 • _____A_____	• 유전자 실험의 장기화
기회(Opportunity)	위협(Threat)
• 유전자 관련 업체 수가 적음 • _____B_____	• 고객들의 실험 부작용에 대한 두려움 인식

보기

㉠ 투자 유치의 어려움
㉡ 특허를 통한 기술 독점 가능
㉢ 점점 증가하는 유전자 의뢰
㉣ 높은 실험 비용

	A	B
①	㉠	㉣
②	㉡	㉠
③	㉠	㉢
④	㉡	㉢
⑤	㉢	㉣

07 다음 글에서 범하고 있는 논리적 오류는 무엇인가?

> "여러분, 분열은 우리의 화합으로 극복할 수 있습니다. 화합한 사회에서는 분열이 일어나지 않습니다."

① 순환논증의 오류　　　　　　　　② 무지의 오류
③ 논점 일탈의 오류　　　　　　　　④ 대중에 호소하는 오류

08 K공단에 근무 중인 B차장은 새로운 사업을 실행하기에 앞서 설문조사를 하려고 한다. 다음 방법을 이용하려고 할 때, 설문조사 순서를 바르게 나열한 것은?

> 델파이 기법은 전문가들의 의견을 종합하기 위해 고안된 기법으로, 불확실한 상황을 예측하고자 할 경우 사용하는 인문사회과학 분석기법 중 하나이다. 설문지로만 이루어지기 때문에 전문가들의 익명성이 보장되고, 반복적인 설문을 통해 얻은 반응을 수집·요약해 특정한 주제에 대한 전문가 집단의 합의를 도출하는 방식으로 진행된다.

① 설문지 제작 – 1차 대면 토론 – 회수 – 검토 후 결론 도출 – 결론 통보
② 설문지 제작 – 1차 대면 토론 – 중간 분석 – 2차 대면 토론 – 합의 도출
③ 설문지 제작 – 발송 – 회수 – 중간 분석 – 대면 토론 – 합의 도출
④ 설문지 제작 – 발송 – 회수 – 중간 분석 – 재발송 – 회수 – 합의 도출
⑤ 설문지 제작 – 발송 – 새 설문지 제작 – 발송 – 회수 – 합의 도출

09 L공사에 근무하는 A대리는 공간정보 품질관리사업 대한 SWOT 분석 결과 자료를 토대로 〈보기〉와 같이 판단하였다. 다음 〈보기〉 중 SWOT 분석을 토대로 판단한 경영전략으로 적절하지 않은 것을 모두 고르면?

〈공간정보 품질관리사업에 대한 SWOT 분석 결과〉

구분	분석 결과
강점(Strength)	• 도로명주소 서비스의 정확성 개선사업을 통한 국토정보 유지관리사업 추진 경험 • 위치 기반 생활지원 서비스인 '랜디랑'의 성공적 구축
약점(Weakness)	• 국토정보 수집 관련 기기 및 설비 운용인력의 부족 • 공공수요에 편중된 국토정보 활용
기회(Opportunity)	• 국토정보체계 표준화에 성공한 해외 기관과의 협력 기회 마련
위협(Threat)	• 드론 조종사 양성을 위한 예산 확보 어려움

보기

ㄱ. 유지관리사업 추진 노하우를 해외 기관에 제공하고 이를 더욱 개선하기 위해 국내에서 예산을 확보하는 것은 SO전략에 해당한다.

ㄴ. '랜디랑'의 성공적 구축 사례를 활용해 드론 운용사업의 잠재성을 강조하여 드론 조종사 양성 예산을 확보하는 것은 ST전략에 해당한다.

ㄷ. 해외 기관과의 협력을 통해 국토정보 유지관리사업을 개선하는 것은 WO전략에 해당한다.

ㄹ. 드론 조종사 양성을 위한 예산을 확보하여 기기 운용인력을 확충하기 위해 노력하는 것은 WT전략에 해당한다.

① ㄱ, ㄴ
② ㄱ, ㄷ
③ ㄴ, ㄷ
④ ㄴ, ㄹ

10 다음 중 브레인스토밍의 진행 방법으로 적절하지 않은 것은?

① 주제를 구체적이고 명확하게 정한다.

② 실현 가능성이 없는 아이디어는 단호하게 비판한다.

③ 되도록 다양한 분야의 사람들을 구성원으로 참석시킨다.

④ 리더는 누구나 자유롭게 발언할 수 있도록 구성원을 격려한다.

01 다음 글에 나타난 창의적 사고 개발 방법으로 가장 적절한 것은?

> '신차 출시'라는 같은 주제에 대해서 판매방법, 판매대상 등의 힌트를 통해 사고 방향을 미리 정해서 발상한다. 이때, 판매방법이라는 힌트에 대해서는 '신규 해외 수출 지역을 물색한다.'라는 아이디어를 떠올릴 수 있을 것이다.

① 자유연상법   ② 강제연상법
③ 비교발상법   ④ 비교연상법
⑤ 자유발상법

02 다음 글에서 설명하고 있는 사고력은?

> 정보에는 주변에서 발견할 수 있는 지식인 내적 정보와 책이나 밖에서 본 현상인 외부 정보의 두 종류가 있다. 이러한 정보를 조합하고 그 조합을 최종적인 해답으로 통합해야 한다.

① 분석적 사고   ② 논리적 사고
③ 비판적 사고   ④ 전략적 사고
⑤ 창의적 사고

03 K공사에 근무하는 A대리는 국내 자율주행자동차 산업에 대한 SWOT 분석 결과에 따라 국내 자율주행자동차 산업 발달을 위한 방안을 고안하는 중이다. A대리가 SWOT 분석에 의한 경영전략에 따라 판단하였다고 할 때, 다음 〈보기〉 중 SWOT 분석에 의한 경영전략에 맞춘 판단으로 적절하지 않은 것을 모두 고르면?

〈국내 자율주행자동차 산업에 대한 SWOT 분석 결과〉

구분	분석 결과
강점(Strength)	• 민간 자율주행기술 R&D 지원을 위한 대규모 예산 확보 • 국내외에서 우수한 평가를 받는 국내 자동차기업 존재
약점(Weakness)	• 국내 민간기업의 자율주행기술 투자 미비 • 기술적 안전성 확보 미비
기회(Opportunity)	• 국가의 지속적 자율주행자동차 R&D 지원법안 본회의 통과 • 완성도 있는 자율주행기술을 갖춘 외국 기업들의 등장
위협(Threat)	• 자율주행차에 대한 국민들의 심리적 거부감 • 자율주행차에 대한 국가의 과도한 규제

〈SWOT 분석에 의한 경영전략〉

• SO전략 : 기회를 이용해 강점을 활용하는 전략
• ST전략 : 강점을 활용하여 위협을 최소화하거나 극복하는 전략
• WO전략 : 기회를 활용하여 약점을 보완하는 전략
• WT전략 : 약점을 최소화하고 위협을 회피하는 전략

보기

ㄱ. 자율주행기술 수준이 우수한 외국 기업과의 기술이전협약을 통해 국내 우수 자동차기업들의 자율주행기술 연구 및 상용화 수준을 향상시키려는 전략은 SO전략에 해당한다.
ㄴ. 민간의 자율주행기술 R&D를 적극 지원하여 자율주행기술의 안전성을 높이려는 전략은 ST전략에 해당한다.
ㄷ. 자율주행자동차 R&D를 지원하는 법률을 토대로 국내 기업의 기술개발을 적극 지원하여 안전성을 확보하려는 전략은 WO전략에 해당한다.
ㄹ. 자율주행기술개발에 대한 국내기업의 투자가 부족하므로 국가기관이 주도하여 기술개발을 추진하는 전략은 WT전략에 해당한다.

① ㄱ, ㄴ
② ㄱ, ㄷ
③ ㄴ, ㄷ
④ ㄴ, ㄹ
⑤ ㄱ, ㄴ, ㄷ

04 다음은 트리즈의 3가지 분리 원칙이다. 이를 참고할 때, 〈보기〉와 같은 원칙을 적용한 것은?

〈트리즈의 3가지 분리 원칙〉

트리즈는 하나의 특성이 서로 상충되는 상태를 요구받는 물리적 모순이 발생할 경우 이를 극복하기 위한 방법으로 다음의 3가지 분리 원칙을 개발하였다.

1) 시간에 의한 분리
2) 공간에 의한 분리
3) 전체와 부분에 의한 분리

즉, 트리즈는 모순되는 요구를 시간, 공간, 전체와 부분에 따라 분리함으로써 상반되는 요구를 모두 만족시키고자 하였다.

보기

군사용 레이더 장치를 제작하는 A사는 수신전용 안테나를 납품하기 위해 정부의 입찰에 참여했다. 안테나를 설치할 지역은 기온이 영하 20도 이하로 내려가는 추운 지역인 데다가 바람도 거센 곳이었다. 따라서 안테나는 별도의 사후 노력 없이도 강풍과 추위에 견딜 수 있을 만큼 단단해야 했다. 또한, 전략적 요충지에 설치되어야 하기에 도보로 운반할 수 있을 정도의 가벼운 무게를 지녀야 했다. A사는 정부의 입찰 계약을 따내는 데 성공했고, 이는 회사의 엔지니어들이 기존과 다른 새로운 해결 방법을 고안했기에 가능했다. 이들은 안테나 전체가 아닌 안테나 기둥을 단단하게 만들고자 안테나 기둥의 표면을 거칠게 만들어 눈이 내리면 기둥에 눈이 쉽게 달라붙도록 하였고, 추운 날씨에 눈이 기둥에 얼어붙어 자동적으로 지지대를 보강하게 한 것이다. 이러한 방법은 별도의 장치를 추가할 필요가 없었으므로 안테나의 무게를 늘리지 않고도 지지대를 강화할 수 있었다.

① 튼튼하면서도 유연함을 유지해야 하는 자전거 체인
② 이·착륙 시 사용했다가 이륙 이후 접어 넣는 비행기 바퀴
③ 고층 건물 내 일정한 층을 분리하여 설치한 엘리베이터
④ 배가 지나갈 때, 다리의 한쪽이나 양쪽을 들어 올려 배의 통행을 가능하게 한 다리
⑤ 가까운 거리나 먼 거리에 있는 물체 모두를 잘 볼 수 있는 다초점 안경

05 다음 중 문제해결을 위한 필수요소로 적절하지 않은 것은?

① 반복적인 교육훈련   ② 문제해결방법에 대한 지식

③ 관련 지식에 대한 가용성   ④ 도전의식과 끈기

⑤ 체계적인 접근

06 다음 글에서 설명하고 있는 문제해결방법은?

> 깊이 있는 커뮤니케이션을 통해 서로의 문제점을 이해하고 공감함으로써 창조적인 문제해결을 도모
> 하며, 구성원의 동기가 강화되고 팀워크도 한층 강화된다는 특징을 보인다. 이 방법을 이용한 문제
> 해결은 구성원이 자율적으로 실행하는 것으로, 예정된 결론이 도출되어 가도록 해서는 안 된다.

① 소프트 어프로치   ② 명목집단법

③ 하드 어프로치   ④ 델파이법

⑤ 퍼실리테이션

07 다음 중 창의적 사고 기법에 대한 설명으로 옳은 것은?

① 브레인스토밍은 여러 사람의 아이디어를 합친 후 최적의 대안을 찾는다.

② 자유연상법은 주제의 본질과 닮은 것을 힌트로 발상하는 방법이다.

③ 비교발상법은 각종 힌트에 강제적으로 연결 지어서 발상하는 방법이다.

④ NM법은 서로 관련이 없어 보이는 것들을 조합하여 새로운 것을 도출하는 방법이다.

⑤ 시네틱스(Synetics)는 대상과 비슷한 것을 찾아내 그것을 힌트로 새로운 아이디어를 생각하는
방법이다.

08 다음 중 SWOT 분석에 대한 설명으로 옳지 않은 것은?

① 문제를 해결하기 위한 전략을 수립하는 과정에서 외부의 환경과 내부의 역량을 동시에 분석하는 방법이다.

② WT전략은 외부의 위협에 대해 대응할 수 있는 조직 내부의 역량이 부족하거나 약점밖에 없는 상태이므로 사업을 축소하거나 철수를 고려하는 전략이다.

③ ST전략은 내부의 강점을 이용하여 외부의 기회를 포착하는 전략이다.

④ 조직 내부의 강점, 약점을 외부의 기회, 위협요인과 대응시켜 전략을 개발하는 방법이다.

⑤ WO전략은 내부의 약점을 극복하여 외부환경의 기회를 활용하는 전략이다.

09 다음은 문제의 유형에 대한 설명이다. 이를 참고하여 〈보기〉의 사례에 해당하는 문제유형을 바르게 구분한 것은?

업무 수행 과정 중 발생한 문제를 효과적으로 해결하기 위해서는 문제의 유형을 파악하는 것이 우선시 되어야 하며, 이러한 문제의 유형은 발생형 문제, 탐색형 문제, 설정형 문제의 세 가지로 분류할 수 있다.

보기

ㄱ. 지속되는 경기 악화에 따라 새로운 신약 개발에 사용되는 원료 중 일부의 단가가 상승할 것으로 예상되어 다른 공급처를 물색할 필요성이 대두되고 있다.

ㄴ. 새로운 신약 개발과정에서의 임상시험 중 임상시험자의 다수가 부작용을 보이고 있어 신약 개발이 전면 중단되었다.

ㄷ. 현재는 신약 개발이 주 업무인 제약회사이지만, 매년 새로운 감염병이 발생하고 있는 현 실정에 진단키트 개발도 추진한다면, 회사의 성장 가능성은 더 커질 것으로 보고 있다.

	발생형 문제	탐색형 문제	설정형 문제
①	ㄱ	ㄴ	ㄷ
②	ㄱ	ㄷ	ㄴ
③	ㄴ	ㄱ	ㄷ
④	ㄴ	ㄷ	ㄱ
⑤	ㄷ	ㄴ	ㄱ

10 K화장품 회사의 기획팀에 근무 중인 A ~ E직원은 신제품 개발 프로젝트와 관련하여 회의를 진행하였으나, 해결방안을 얻지 못했다. 다음 회의 내용을 바탕으로 할 때, A ~ E직원의 문제 해결을 방해하는 요소가 잘못 연결된 것은?

> A직원 : 요즘 10대들이 선호하는 스타일을 조사해 보았습니다. 스트릿 패션이나 편한 캐주얼룩을 좋아하면서도 유행에 민감한 모습을 보이는 것으로 나타났습니다. 물론 화장품에 대한 관심은 계속해서 높아지고 있음을 알 수 있었습니다.
>
> B직원 : 10대들의 패션보다는 화장품에 대한 관심이 이번 회의에 중요하지 않을까요? 이번에 고등학교에 올라가는 제 조카는 귀여운 디자인의 화장품을 좋아하던데요. 아무래도 귀여운 디자인으로 승부를 보는 게 좋을 것 같아요.
>
> C직원 : 아! 제가 지금 좋은 생각이 떠올랐어요! 10대들의 지나친 화장품 사용을 걱정하는 학부모들을 위해 자사의 친환경적인 브랜드 이미지를 강조하는 것은 어떨까요?
>
> D직원 : 제 생각에는 구매력이 낮은 10대보다는 만족을 중시하는 '욜로' 소비성향을 보이는 20 ~ 30대를 위한 마케팅이 필요할 것 같아요.
>
> E직원 : 이번 신제품은 10대를 위한 제품이라고 하지 않았나요? 저는 신제품 광고 모델로 톱스타 F씨를 추천합니다! 어린 학생들이 좋아하는 호감형 이미지의 F씨를 모델로 쓴다면 매출은 보장되지 않을까요?

① A직원 – 너무 많은 자료를 수집하려고 노력하는 경우
② B직원 – 고정관념에 얽매이는 경우
③ C직원 – 쉽게 떠오르는 단순한 정보에 의지하는 경우
④ D직원 – 문제를 철저하게 분석하지 않는 경우
⑤ E직원 – 고정관념에 얽매이는 경우

11 다음은 창의적 사고를 개발하기 위한 방법인 자유연상법, 강제연상법, 비교발상법을 그림으로 나타낸 자료이다. (가) ~ (다)를 바르게 연결한 것은?

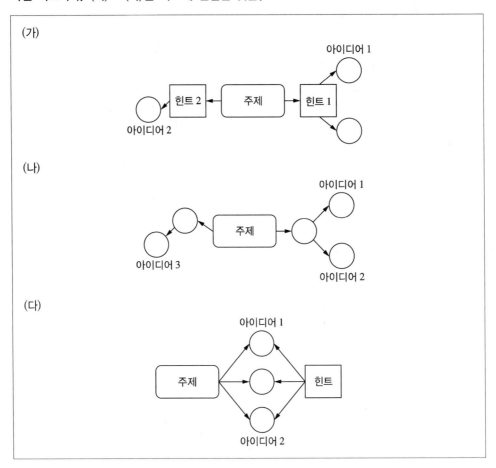

	(가)	(나)	(다)
①	비교발상법	자유연상법	강제연상법
②	비교발상법	강제연상법	자유연상법
③	강제연상법	비교발상법	자유연상법
④	강제연상법	자유연상법	비교발상법
⑤	자유연상법	강제연상법	비교발상법

12 다음 글에서 말하는 '문제점'에 대해 바르게 이야기한 사람은 누구인가?

> 문제란 목표와 현실과의 차이다. 한 마디로 목표는 '어떻게 되었으면 좋겠는가?'라는 전망을 말하고, 현 상황은 '어떻게 되어 있는가?'라는 상태를 말한다. 여기서 차이는 목표와 현재 상황이 어긋났음을 의미한다. 반면, 문제점이란 '무엇 때문에 목표와 어긋났는가?'라는 질문에 대한 답변이다. 다시 말하면 문제점은 문제가 아니라 원인이다.

① 지혜 : 매출 목표를 100억 원으로 정했지만, 60억 원밖에 달성하지 못했어.

② 미란 : 교육훈련 시간이 부족해서 인력의 조기전력화가 불가능해졌어.

③ 건우 : 공사착공 후 13개월이 지났는데도 진척률이 95%밖에 안 돼.

④ 경현 : 태블릿 PC 생산 목표를 4만 대에서 3만 대로 줄일 수밖에 없었어.

⑤ 연준 : 해외 공장에서 상반기 65% 이상 생산이 목표였지만 50% 미만이었어.

13 다음은 문제해결절차의 문제 인식 단계에 대한 설명이다. 빈칸에 들어갈 말이 바르게 연결된 것은?

> 문제 인식 단계에서는 일련의 절차를 통해 해결해야 할 문제를 파악한다. 문제가 발생하였을 때 가장 먼저 해야 하는 일은 ___㉠___ (으)로, 주로 3C 분석이나 SWOT 분석이 사용된다. ___㉠___ 을 통해 현상을 파악한 후에는 ___㉡___ 의 단계를 거친다. ___㉡___ 을 위해서는 다양한 후보안을 찾는 것이 바람직하다. 마지막으로 ___㉢___ 은 과제안 중 효과 및 실행 가능성 측면을 평가하여 우선순위를 부여하여 가장 우선순위가 높은 안을 선정하며, 우선순위 평가 시에는 과제의 목적, 목표 등을 종합적으로 고려하여 평가한다.

	㉠	㉡	㉢
①	과제 도출	과제 선정	과제 실행
②	과제 분석	주요 과제 도출	과제 선정
③	과제 분석	과제 선정	주요 과제 도출
④	환경 분석	과제 선정	주요 과제 도출
⑤	환경 분석	주요 과제 도출	과제 선정

14 다음 〈보기〉 중 비판적 사고에 대해 잘못 설명하고 있는 사람을 모두 고르면?

> 보기
>
> A : 비판적 사고의 목적은 주장의 단점을 명확히 파악하는 것이다.
> B : 맹목적이고 무원칙적인 사고는 비판적 사고라 할 수 없다.
> C : 비판적 사고를 하기 위해서는 감정을 철저히 배제한 중립적 입장에서 주장을 파악해야 한다.
> D : 비판적 사고는 타고난 것이므로 학습을 통한 배움에는 한계가 있다.
> E : 비판적 사고는 어떤 주장에 대해 적극적으로 분석하는 것이다.

① A, C   ② A, D

③ C, D   ④ C, E

⑤ D, E

15 문제해결을 위해 개인에게 요구되는 기본 요소를 다섯 가지로 나누어 볼 때, 다음 사례에서 문제해결에 어려움을 겪고 있는 A씨에게 부족한 기본 요소는 무엇인가?

스마트폰 앱을 개발하는 A씨는 관련 지식을 바탕으로 다양한 앱을 개발하기 위해 노력하고 있지만, 큰 성공을 거두지는 못하고 있다. A씨는 처음에 사용자 맞춤형 정보를 제공하는 앱을 개발하여 사용자들의 관심을 끌었으나, 사람들의 관심은 오래가지 못했다. 결국 A씨가 개발한 앱은 광고성 정보만 제공하는 플랫폼으로 전락하고 말았다. 광고비로 많은 수익을 얻은 경쟁사의 앱을 따라잡기 위해 처음 개발할 때의 목적과 비전을 쉽게 포기해 버렸기 때문이다. A씨가 최초의 비전을 끝까지 추구하지 못하고 중간에 경로를 변경해 실패한 사례는 이외에도 많았다. A씨는 자신이 유연하고 변화에 개방된 자세를 견지하고 있다고 생각했지만, 사실은 자신의 아이디어에 대한 확신과 계속해서 추진할 수 있는 자세가 부족한 것이었다.

① 체계적인 교육훈련

② 문제해결방법에 대한 지식

③ 문제 관련 지식에 대한 가용성

④ 문제해결자의 도전 의식과 끈기

⑤ 문제에 대한 체계적인 접근

16 다음 대화에서 김대리가 제안할 수 있는 보완 방법으로 가장 적절한 것은?

> 최팀장 : 오늘 발표 내용 정말 좋았어. 준비를 열심히 한 것 같더군.
>
> 김대리 : 감사합니다.
>
> 최팀장 : 그런데 고객 맞춤형 서비스 실행방안이 조금 약한 것 같아. 보완할 수 있는 방안을 찾아서 추가해 주게.
>
> 김대리 : 네, 팀장님. 보완 방법을 찾아본 후 다시 보고 드리도록 하겠습니다.

① 고객 접점에 있는 직원에게 고객상담 전용 휴대폰 지급
② 모바일용 고객지원센터 운영 서비스 제공
③ 고객지원센터 24시간 운영 확대
④ 빅데이터를 활용한 고객유형별 전문상담사 사전 배정 서비스
⑤ 서비스 완료 후 고객지원센터 만족도 조사 실시

17 다음 중 빈칸에 들어갈 말이 바르게 연결되지 않은 것은?

> ___㉠___ 문제는 현재의 상황을 ___㉡___하거나 효율을 높이기 위한 문제를 의미하며, ___㉢___ 문제, ___㉣___ 문제, ___㉤___ 문제의 세 가지 형태로 구분된다. ___㉢___ 문제는 문제가 ___㉢___되어 있어 문제를 인식하지 못하다가 결국은 문제가 확대되어 해결이 어려운 문제를 의미한다. ___㉣___ 문제는 지금 현재로는 문제가 없으나 현 상태의 진행 상황을 예측이라는 방법을 사용하여 찾아야 앞으로 일어날 수 있는 문제가 보이는 문제를 의미한다. 또한, ___㉤___ 문제는 현재로서는 담당 업무에 아무런 문제가 없으나 정보를 얻음으로써 보다 좋은 제도나 기법 등을 ___㉤___하여 ___㉡___ · 향상시킬 수 있는 문제를 말한다.

① ㉠ : 탐색형　　　　　　　　　② ㉡ : 개선
③ ㉢ : 잠재　　　　　　　　　　④ ㉣ : 예측
⑤ ㉤ : 발전

18 문제해결절차의 실행 및 평가 단계가 다음과 같은 절차로 진행될 때, 실행계획 수립 단계에서 고려해야 할 사항으로 적절하지 않은 것은?

실행계획 수립	→	실행	→	Follow – Up

① 인적자원, 물적자원, 예산자원, 시간자원을 고려하여 계획을 세운다.

② 세부 실행내용의 난이도를 고려하여 구체적으로 세운다.

③ 해결안별 구체적인 실행계획서를 작성한다.

④ 실행의 목적과 과정별 진행내용을 일목요연하게 파악할 수 있도록 작성한다.

⑤ 실행상의 문제점 및 장애요인을 신속하게 해결하기 위해 모니터링 체제를 구축한다.

19 다음은 일상생활에서 자주 발견되는 논리적 오류에 대한 설명이다. (가) ~ (다)에 해당하는 논리적 오류 유형이 바르게 연결된 것은?

> (가) 상대가 의도하지 않은 것을 강조하거나 허점을 비판하여 자신의 주장을 내세운다. 상대방의 주장과 전혀 상관없는 별개의 논리를 만들어 공격하는 경우도 있다.
>
> (나) 적절한 증거 없이 몇몇 사례만을 토대로 결론을 내린다. 일부를 조사한 통계 자료나 대표성이 없는 불확실한 자료를 사용하기도 한다.
>
> (다) 타당한 논거보다는 많은 사람들이 수용한다는 것을 내세워 어떤 주장을 정당화하려 할 때 발생한다.

	(가)	(나)	(다)
①	인신공격의 오류	애매성의 오류	무지의 오류
②	인신공격의 오류	성급한 일반화의 오류	과대 해석의 오류
③	허수아비 공격의 오류	성급한 일반화의 오류	대중에 호소하는 오류
④	허수아비 공격의 오류	무지의 오류	대중에 호소하는 오류
⑤	애매성의 오류	무지의 오류	허수아비 공격의 오류

20 다음 사례에서 유과장이 최대리에게 해줄 수 있는 조언으로 적절하지 않은 것은?

> 최대리는 오늘도 기분이 별로다. 팀장에게 오전부터 싫은 소리를 들었기 때문이다. 늘 하던 일을 하던 방식으로 처리한 것이 빌미였다. 관행에 매몰되지 말고 창의적이고 발전적인 모습을 보여 달라는 게 팀장의 주문이었다. '창의적인 일처리'라는 말을 들을 때마다 주눅이 드는 자신을 발견할 때면 더욱 의기소침해지고 자신감이 없어진다. 어떻게 해야 창의적인 인재가 될 수 있을까 고민도 해보지만 뾰족한 수가 보이지 않는다. 자기만 뒤처지는 것 같아 불안하기도 하고 남들은 어떤지 궁금하기도 하다.

① 창의적인 사람은 새로운 경험을 찾아 나서는 사람을 말하는 것 같아.
② 그래, 그들의 독특하고 기발한 재능은 선천적으로 타고나는 것이라 할 수 있어.
③ 창의적인 사고는 후천적 노력에 의해서도 개발이 가능하다고 생각해.
④ 창의력은 본인 스스로 자신의 틀에서 벗어나도록 노력해야 한다고 생각해.
⑤ 창의적 사고는 전문지식이 필요하지 않으니 자신의 경험을 바탕으로 생각해 봐.

21 다음과 같은 특징을 가지고 있는 창의적 사고 개발 방법은?

> 일정한 주제에 관하여 회의를 하고, 참가하는 인원이 자유발언을 통해 아이디어를 제시하는 것으로, 다른 사람의 발언에 비판하지 않는다.

① 스캠퍼 기법   ② 여섯 가지 색깔 모자
③ 브레인스토밍   ④ TRIZ
⑤ Logic Tree 기법

22 A대리는 K공사 사내 문제처리 과정을 매뉴얼하여 전사에 공표하는 업무를 맡게 되었다. 문제처리 과정 중 마지막 단계인 실행 및 Follow – Up 단계에서 실행상의 문제점을 해결하기 위한 모니터링 체제를 구축하기 위해 고려해야 할 체크리스트를 만들려고 한다. 다음 중 체크리스트 항목으로 옳지 않은 것은?

① 문제가 재발하지 않을 것을 확신할 수 있는가?
② 해결안별 세부 실행내용이 구체적으로 수립되었는가?
③ 혹시 또 다른 문제를 발생시키지 않았는가?
④ 바람직한 상태가 달성되었는가?
⑤ 사전에 목표한 기간 및 비용은 계획대로 지켜졌는가?

23 문제해결에 어려움을 겪고 있는 A대리는 상사인 B부장에게 면담을 요청하였고 B부장은 다음과 같이 조언하였다. B부장이 A대리에게 제시한 문제해결 사고방식으로 옳은 것은?

> 현재 당면하고 있는 문제와 그 해결방법에만 집착하지 말고, 그 문제와 해결방안이 상위 시스템과 어떻게 연결되어 있는지를 생각해 보세요.

① 분석적 사고   ② 발상의 전환
③ 내·외부자원의 활용   ④ 창의적 사고
⑤ 전략적 사고

24 직장생활 중 지속적으로 요구되는 논리적 사고는 사고의 전개에 있어서 전후의 관계가 일치하고 있는가를 살피고, 아이디어를 평가하는 능력을 의미한다. 이러한 논리적 사고는 다른 사람을 공감시켜 움직일 수 있게 하며, 짧은 시간에 헤매지 않고 사고할 수 있게 한다. 다음 중 논리적 사고를 하기 위해 필요한 다섯 가지 요소에 해당하지 않는 것은?

① 상대 논리의 구조화   ② 구체적인 생각
③ 생각하는 습관   ④ 타인에 대한 이해
⑤ 논리에 대한 확신

25 업무 수행과정에서 발생하는 문제를 발생형, 탐색형, 설정형의 세 가지 문제 유형으로 분류한다고 할 때, 다음 중 탐색형 문제에 해당하는 것은?

① 판매된 제품에서 이물질이 발생했다는 고객의 클레임이 발생하였다.

② 국내 생산 공장을 해외로 이전할 경우 발생할 수 있는 문제들을 파악하여 보고해야 한다.

③ 대외경쟁력과 성장률을 강화하기 위해서는 생산성을 15% 이상 향상시켜야 한다.

④ 공장의 생산 설비 오작동으로 인해 제품의 발주량을 미처 채우지 못하였다.

⑤ 향후 5년간 시장의 흐름을 예측한 후 자사의 새로운 성장 목표를 설정하기로 하였다.

26 다음 빈칸에 들어갈 말로 적절하지 않은 것은?

> 비판적 사고는 어떤 주제나 주장 등에 대해서 적극적으로 분석하고 종합하며 평가하는 능동적인 사고이다. 이러한 비판적 사고는 어떤 논증, 추론, 증거, 가치를 표현한 사례를 타당한 것으로 수용할 것인가 아니면 불합리한 것으로 거절할 것인가에 대한 결정을 내릴 때 요구되는 사고력이다. 비판적 사고를 개발하기 위해서는 _____과 같은 태도가 요구된다.

① 체계성   ② 결단성

③ 예술성   ④ 지적 호기심

⑤ 지적 회의성

27 다음 SWOT 분석에 대한 설명을 읽고 추론한 내용으로 가장 적절한 것은?

> SWOT 분석에서 강점은 경쟁기업과 비교하여 소비자로부터 강점으로 인식되는 것이 무엇인지, 약점은 경쟁기업과 비교하여 소비자로부터 약점으로 인식되는 것이 무엇인지, 기회는 외부환경에서 유리한 기회요인은 무엇인지, 위협은 외부환경에서 불리한 위협요인은 무엇인지를 찾아내는 것이다. SWOT 분석의 가장 큰 장점은 기업의 내부 및 외부환경의 변화를 동시에 파악할 수 있다는 것이다.

① 제품의 우수한 품질은 SWOT 분석의 기회요인으로 볼 수 있다.

② 초고령화 사회는 실버산업에 있어 기회요인으로 볼 수 있다.

③ 기업의 비효율적인 업무 프로세스는 SWOT 분석의 위협요인으로 볼 수 있다.

④ 살균제 달걀 논란은 빵집에게 있어 약점요인으로 볼 수 있다.

⑤ 근육운동 열풍은 헬스장에게 있어 강점요인으로 볼 수 있다.

28 다음 사례에서 K사가 문제해결에 사용한 사고방식으로 가장 적절한 것은?

> 게임 업체인 K사는 2000년대 이후 지속적인 하락세를 보였으나, 최근 AR 기반의 모바일 게임을 통해 변신에 성공했다. K사는 대표이사가 한때 "모바일 게임 시장이 곧 사라질 것"이라고 말했을 정도로 기존에 강세를 보이던 분야인 휴대용 게임만을 고집했었다. 그러나 기존의 관점에서 벗어나 신기술인 AR에 주목했고, 그동안 홀대했던 모바일 게임 분야에 뛰어들었다. 오히려 변화를 자각하고 새로운 기술을 활용하자 좋은 결과가 따른 것이다.

① 전략적 사고 ② 분석적 사고
③ 발상의 전환 ④ 내·외부자원의 효과적 활용
⑤ 발산적 사고

29 업무를 수행함에 있어 발생하는 문제는 일반적으로 창의적 문제와 분석적 문제로 구분할 수 있다. 다음 중 분석적 문제에 대한 설명으로 옳지 않은 것은?

① 문제 자체가 명확하지 않은 창의적 문제와 달리 분석적 문제는 문제 자체가 명확하다.
② 분석적 문제는 현재의 문제점이나 미래의 문제로 예견될 것에 대한 문제를 포함한다.
③ 분석적 문제에 대한 해답은 창의적 문제에 대한 해답보다 많다.
④ 분석적 문제는 논리, 귀납과 같은 논리적 방법을 통해 해결할 수 있다.
⑤ 주관적·직관적·감각적인 창의적 문제와 달리 분석적 문제는 객관적·논리적·이성적이다.

30 문제 원인의 패턴을 다음와 같이 구분하였을 때, ㉠ ~ ㉢에 들어갈 말을 바르게 연결한 것은?

㉠은 원인과 결과를 분명하게 구분할 수 있는 경우로, 어떤 원인이 앞에 있어 여기에서 결과가 생기는 인과관계를 의미한다. 반대로 ㉡은 원인과 결과를 구분하기 어려운 인과관계를 의미하며, ㉢은 ㉠과 ㉡ 유형이 서로 얽혀 있는 인과관계를 의미한다.

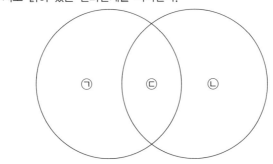

	㉠	㉡	㉢
①	단순한 인과관계	닭과 계란의 인과관계	복잡한 인과관계
②	단순한 인과관계	복잡한 인과관계	닭과 계란의 인과관계
③	단순한 인과관계	복잡한 인과관계	단순·복잡한 인과관계
④	닭과 계란의 인과관계	복잡한 인과관계	단순한 인과관계
⑤	닭과 계란의 인과관계	단순한 인과관계	복잡한 인과관계

아이들이 답이 있는 질문을 하기 시작하면 그들이 성장하고 있음을 알 수 있다.

-존 J. 플룸프-

PART 4

자원관리능력

자원관리능력

합격 Cheat Key

자원관리능력은 현재 NCS 기반 채용을 진행하는 많은 공사·공단에서 핵심영역으로 자리 잡아, 일부를 제외한 대부분의 시험에서 출제되고 있다.

세부 유형은 비용 계산, 해외파견 지원금 계산, 주문 제작 단가 계산, 일정 조율, 일정 선정, 행사 대여 장소 선정, 최단거리 구하기, 시차 계산, 소요 시간 구하기, 해외파견 근무 기준에 부합하는 또는 부합하지 않는 직원 고르기 등으로 나눌 수 있다.

1 시차를 먼저 계산하라!

시간 자원 관리의 대표유형 중 시차를 계산하여 일정에 맞는 항공권을 구입하거나 회의시간을 구하는 문제에서는 각각의 나라 시간을 한국 시간으로 전부 바꾸어 계산하는 것이 편리하다. 조건에 맞는 나라들의 시간을 전부 한국 시간으로 바꾸고 한국 시간과의 시차만 더하거나 빼면 시간을 단축하여 풀 수 있다.

2 선택지를 잘 활용하라!

계산을 해서 값을 요구하는 문제 유형에서는 선택지를 먼저 본 후 자리 수가 몇 단위로 끝나는지 확인해야 한다. 예를 들어 412,300원, 426,700원, 434,100원인 선택지가 있다고 할 때, 제시된 조건에서 100원 단위로 나올 수 있는 항목을 찾아 그 항목만 계산하는 방법이 있다. 또한, 일일이 계산하는 문제가 많다. 예를 들어 640,000원, 720,000원, 810,000원 등의 수를 이용해 푸는 문제가 있다고 할 때, 만 원 단위를 절사하고 계산하여 64, 72, 81처럼 요약하는 방법이 있다.

3 최적의 값을 구하는 문제인지 파악하라!

물적자원관리의 대표유형에서는 제한된 자원 내에서 최대의 만족 또는 이익을 얻을 수 있는 방법을 강구하는 문제가 출제된다. 이때, 구하고자 하는 값을 x, y로 정하고 연립방정식을 이용해 x, y 값을 구한다. 최소 비용으로 목표생산량을 달성하기 위한 업무 및 인력 할당, 정해진 시간 내에 최대 이윤을 낼 수 있는 업체 선정, 정해진 인력으로 효율적 업무 배치 등을 구하는 문제에서 사용되는 방법이다.

4 각 평가항목을 비교하라!

인적자원관리의 대표유형에서는 각 평가항목을 비교하여 기준에 적합한 인물을 고르거나, 저렴한 업체를 선정하거나, 총점이 높은 업체를 선정하는 문제가 출제된다. 이런 유형은 평가항목에서 가격이나 점수 차이에 영향을 많이 미치는 항목을 찾아 1 ~ 2개의 선택지를 삭제하고, 남은 3 ~ 4개의 선택지만 계산하여 시간을 단축할 수 있다.

01 자원관리능력의 의의

(1) 자원과 자원관리

① 자원이란?

사전적으로는 인간생활에 도움이 되는 자연계의 일부를 말하며, 이를 확장시켜 사람들이 가지고 있는 기본적인 자산을 물질적 자산(물적자원), 재정적 자산(예산), 인적 자산(인적자원)으로 나누기도 한다. 최근에는 여기에 시간도 중요한 자원 중 하나로 보고 있다.

② 자원의 유한성

주어진 시간은 제한되기 마련이어서 정해진 시간을 어떻게 활용하느냐가 중요하며, 돈과 물적자원 역시 제한적일 수밖에 없다. 또한 인적자원 역시 제한된 사람들을 알고 활용할 수 밖에 없다. 이러한 자원의 유한성으로 인해 자원을 효과적으로 확보·유지·활용하는 자원관리는 매우 중요하다고 할 수 있다.

③ 자원관리의 분류

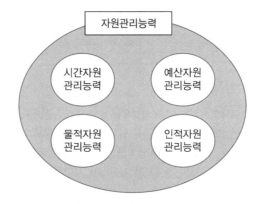

④ 자원낭비의 요인

종류	내용
비계획적 행동	계획 없이 충동적이고 즉흥적으로 행동하여 자신이 활용할 수 있는 자원들을 낭비하게 되는 것
편리성 추구	자원을 활용하는 데 있어서 너무 편한 방향으로만 활용하는 것
자원에 대한 인식 부재	자신이 가지고 있는 중요한 자원을 인식하지 못하는 것
노하우 부족	자원관리의 중요성을 인식하면서도 효과적인 방법을 활용할 줄 모르는 것

(2) 자원관리의 과정

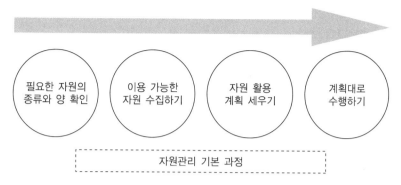

자원관리 기본 과정

① 필요한 자원의 종류와 양 확인

업무를 추진하는 데 있어서 어떤 자원이 필요하며, 또 얼마만큼 필요한지를 파악하는 단계이다. 구체적으로 어떤 활동을 할 것이며, 이 활동에 어느 정도의 시간, 돈, 물적·인적자원이 필요한지를 파악한다.

② 이용 가능한 자원 수집하기

실제 준비나 활동을 하는 데 있어서 계획과 차이를 보이는 경우가 빈번하기 때문에 여유 있게 확보하는 것이 안전하다.

③ 자원 활용 계획 세우기

자원을 실제 필요한 업무에 할당하여 계획을 세워야 하며, 최종적인 목적을 이루는 데 가장 핵심이 되는 것에 우선순위를 두고 계획을 세울 필요가 있다.

④ 계획대로 수행하기

업무 추진의 단계로, 계획에 맞게 업무를 수행해야 하는 단계이다. 계획에 얽매일 필요는 없지만 최대한 계획대로 수행하는 것이 바람직하며, 불가피하게 수정해야 하는 경우에는 전체 계획에 미칠 수 있는 영향을 고려해야 한다.

《 핵심예제 》

다음 중 자원관리의 과정을 순서대로 바르게 나열한 것은?

ㄱ. 자원 활용 계획 세우기　　　　　　ㄴ. 필요한 자원의 종류와 양 확인
ㄷ. 이용 가능한 자원 수집하기　　　　ㄹ. 계획대로 수행하기

① ㄱ - ㄴ - ㄷ - ㄹ　　　　　　② ㄱ - ㄷ - ㄹ - ㄴ
③ ㄴ - ㄱ - ㄷ - ㄹ　　　　　　④ ㄴ - ㄷ - ㄱ - ㄹ

자원관리의 4단계 과정
1. 필요한 자원의 종류와 양 확인
2. 이용 가능한 자원의 수집과 확보
3. 자원 활용 계획 수립
4. 계획에 따른 수행

정답 ④

(1) 시간자원관리능력의 의의

① 시간의 특성

- 시간은 똑같은 속도로 흐른다.
- 시간의 흐름은 멈추게 할 수 없다.
- 시간은 빌리거나 저축할 수 없다.
- 시간은 어떻게 사용하느냐에 따라 가치가 달라진다.
- 시간은 시기에 따라 밀도와 가치가 다르다.

② 시간자원관리의 효과

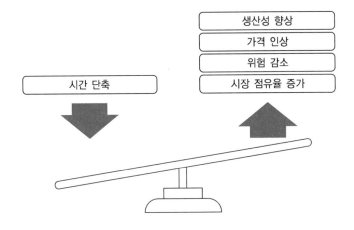

생산성 향상

가격 인상

위험 감소

시장 점유율 증가

시간 단축

《 핵심예제 》

다음 중 시간자원의 특징으로 적절하지 않은 것은?

① 시간은 매일 주어진다.

② 시간의 흐름은 멈추게 할 수 없다.

③ 시간은 가치가 똑같다.

④ 시간은 똑같은 속도로 흐른다.

시간의 가치는 어떻게 활용하느냐에 따라서 달라질 수 있다. 예를 들어 같은 시간에 일을 많이 한 사람과 적게 한 사람의 시간은 가치가 다르다.

정답 ③

(2) 시간낭비

① 시간낭비의 요인

• 목적이 불명확하다.	• 우선순위가 없이 일을 한다.
• 여러 가지 일을 한 번에 많이 다룬다.	• 장래의 일에 도움이 되지 않는 일을 한다.
• 하루의 계획이 구체적이지 않다.	• 책상 위가 항상 번잡하다.
• 서류정리를 하다가 서류를 숙독한다.	• 파일링시스템이 부적당하다.
• 메모 등을 찾는 시간이 걸리는 편이다.	• 일에 대한 의욕이 부족하다.
• 팀워크가 부족하다.	• 전화를 너무 많이 한다.
• 예정 외의 방문자가 많다.	• 'No'라고 말하지 못한다.
• 불완전하거나 지연된 정보가 많다.	• 극기심이 결여되어 있다.
• 일을 끝내지 않고 남겨둔다.	• 주의가 산만하다.
• 회의 시간이 길다.	• 회의에 대한 준비가 불충분하다.
• 커뮤니케이션이 부족하다.	• 잡담이 많다.
• 통지문서가 많다.	• 메모 회람이 많다.
• 일을 느긋하게 처리하는 경향이 있다.	• 모든 것에 대한 사실을 알고 싶어 한다.
• 기다리는 시간이 많다.	• 초조하고 성질이 급하다.
• 권한 위임을 충분히 하지 않는다.	• 권한 위임한 업무에 대해 관리가 부족하다.

② 시간관리에 대한 오해

시간관리는 상식에 불과하다. 나는 회사에서 일을 잘하고 있기 때문에 시간관리도 잘한다고 말할 수 있다.

나는 시간에 쫓기면 일을 더 잘하는데, 시간을 관리하면 오히려 나의 이런 강점이 없어질지도 모른다.

시간관리에 대한 오해

나는 약속을 표시해 둔 달력과 해야 할 일에 대한 목록만으로 충분하다.

시간관리 자체는 유용할지 모르나 창의적인 일을 하는 나에게는 잘 맞지 않는다. 나는 일상적인 업무에 얽매이는 것이 싫다.

《 **핵심예제** 》

다음 중 직장에서의 시간낭비 요인으로 적절하지 않은 것은?

① 불명확한 목적을 가진 긴 회의　　② 많은 통지문서

③ 점심시간　　④ 부적당한 파일링시스템

점심시간은 직장에서의 시간낭비 요인이라 볼 수 없다. 점심시간은 당연히 할당되어야 하는 시간이며, 시간계획을 세우는 데 있어서도 반드시 포함되어야 하는 시간이다.

정답 ③

(3) 시간계획

① 시간계획의 의의

시간이라고 하는 자원을 최대한 활용하기 위하여 가장 많이 반복되는 일에 가장 많은 시간을 분배하고, 최단시간에 최선의 목표를 달성하는 것을 의미한다.

② 시간계획 작성의 순서

㉠ 명확한 목표 설정

㉡ 일의 우선순위 판단(Stenphen R. Covey)

중요성	결과와 연관되는 사명과 가치관, 목표에 기여하는 정도
긴급성	증각적인 처리가 요구되고 눈앞에 보이며, 심리적으로 압박감을 주는 정도

<table>
<tr><td></td><td colspan="1" align="center">긴급함</td><td align="center">긴급하지 않음</td></tr>
<tr><td rowspan="1">중요함</td><td>Ⅰ 긴급하면서 중요한 일
• 위기상황
• 급박한 문제
• 기간이 정해진 프로젝트</td><td>Ⅱ 긴급하지 않지만 중요한 일
• 예방 생산 능력 활동
• 인간관계 구축
• 새로운 기회 발굴
• 중장기 계획, 오락</td></tr>
<tr><td>중요하지 않음</td><td>Ⅲ 긴급하지만 중요하지 않은 일
• 잠깐의 급한 질문
• 일부 보고서 및 회의
• 눈앞의 급박한 상황
• 인기 있는 활동</td><td>Ⅳ 긴급하지 않고 중요하지 않은 일
• 바쁜 일, 하찮은 일
• 우편물, 전화
• 시간낭비거리
• 즐거운 활동</td></tr>
</table>

㉢ 예상 소요 시간 결정

모든 일마다 자세한 계산을 할 필요는 없으나, 규모가 크거나 힘든 일의 경우에는 정확한 소요시간을 계산하여 결정하는 것이 효과적이다.

㉣ 시간 계획서 작성

해야 할 일의 우선순위와 소요 시간을 바탕으로 작성하며 간단한 서식, 일정관리 소프트웨어 등다양한 도구를 활용할 수 있다.

③ 60 : 40의 법칙

계획된 행동(60%)	계획 외의 행동(20%)	자발적 행동(20%)

├──────────────── 총 시간 ────────────────┤

④ 시간계획 시 고려요소

종류	내용
행동과 시간 / 저해요인	어디에서 어떻게 시간을 사용하고 있는가를 점검해야 함
일과 행동의 목록화	해당 기간에 예정된 행동을 모두 목록화해야 함
규칙성 – 일관성	시간계획을 정기적, 체계적으로 체크하여 일관성 있게 일을 마칠 수 있게 해야 함
현실적인 계획	무리한 계획을 세우지 않도록 해야 하며, 실현 가능한 것만을 계획화해야 함

유연성	머리를 유연하게 하여야 함. 시간계획은 그 자체가 중요한 것이 아니고, 목표달성을 위해 필요한 것임
시간의 손실	발생된 시간 손실은 가능한 즉시 메워야 함. 밤을 세우더라도 미루지 않는 자세가 중요함
기록	체크리스트나 스케줄표를 사용하여 계획을 반드시 기록하여 전체상황을 파악할 수 있게 하여야 함
미완료된 일	꼭 해야만 할 일을 끝내지 못했을 경우 차기 계획에 반영함
성과	예정 행동만을 계획하는 것이 아니라 기대되는 성과나 행동의 목표도 기록함
시간 프레임	적절한 시간 프레임을 설정하고 특정의 일을 하는 데 소요되는 꼭 필요한 시간만을 계획에 삽입할 것
우선순위	여러 일 중에서 어느 일을 가장 우선적으로 처리해야 할 것인가를 결정하여야 함
권한위양	기업의 규모가 커질수록 그 업무활동은 점점 복잡해져서 관리자가 모든 것을 다스리기가 어려우므로, 사무를 위임하고 책임을 지움
시간의 낭비요인	예상 못한 방문객 접대, 전화 등의 사건으로 예정된 시간이 부족할 경우를 대비하여 여유 시간 확보해야 함
여유 시간	자유롭게 된 시간(이동시간 또는 기다리는 시간)도 계획에 삽입하여 활용할 것
정리 시간	중요한 일에는 좀 더 시간을 할애하고 중요도가 낮은 일에는 시간을 단축시켜 전체적인 계획을 정리해야 함
시간 계획의 조정	자기 외 다른 사람(비서, 부하, 상사)의 시간 계획을 감안하여 계획을 수립해야 함

PART 4

03 예산자원관리능력

(1) 예산자원관리능력의 의의

① 예산이란?

필요한 비용을 미리 헤아려 계산하는 것 또는 그 비용을 의미한다.

② 예산자원관리의 의의

아무리 예산을 정확하게 수립하였다 하더라도 활동이나 사업을 진행하는 과정에서 계획에 따라 적절히 관리하지 않으면 아무런 효과가 없다. 따라서 활동이나 사업에 소요되는 비용을 산정하고, 예산을 편성하는 것뿐만 아니라 예산을 통제하는 과정이 필요하며, 이 과정을 예산자원관리라 한다.

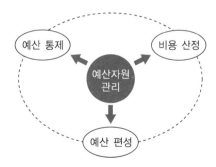

③ 예산자원관리의 필요성

예산자원관리란 이용 가능한 예산을 확인하고, 어떻게 사용할 것인지 계획하여 그 계획대로 사용하는 능력을 의미하며, 최소의 비용으로 최대의 효과를 얻기 위해 요구된다.

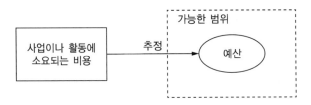

④ 예산책정의 원칙

(2) 예산의 구성요소

① 직접비용

간접비용에 상대되는 용어로, 제품 생산 또는 서비스를 창출하기 위해 직접 소비된 것으로 여겨지는 비용을 말한다.

② 직접비용의 구성

종류	내용
재료비	제품의 제조를 위하여 구매된 재료에 지출된 비용
원료와 장비	제품을 제조하는 과정에서 소모된 원료나 과제를 수행하기 위해 필요한 장비에 지출된 비용. 이 비용에는 실제 구매한 비용이나 임대한 비용이 모두 포함
시설비	제품을 효과적으로 제조하기 위한 목적으로 건설되거나 구매된 시설에 지출한 비용
여행(출장)경비 및 잡비	제품 생산 또는 서비스를 창출하기 위해 출장이나 타 지역으로의 이동이 필요한 경우와 기타 과제 수행 상에서 발생하는 다양한 비용을 포함
인건비	제품 생산 또는 서비스 창출을 위한 업무를 수행하는 사람들에게 지급되는 비용. 계약에 의해 고용된 외부 인력에 대한 비용도 포함. 일반적으로 인건비는 전체 비용 중에서 가장 비중이 높은 항목.

③ 간접비용

- 제품을 생산하거나 서비스를 창출하기 위해 소비된 비용 중에서 직접비용을 제외한 비용으로, 제품 생산에 직접 관련되지 않은 비용
- 보험료, 건물관리비, 광고비, 통신비, 사무비품비, 각종 공과금 등

〈핵심예제〉

다음 중 직접비용에 해당하는 것을 모두 고르면?

ㄱ. 컴퓨터 구입비	ㄴ. 보험료
ㄷ. 건물관리비	ㄹ. 광고비
ㅁ. 통신비	ㅂ. 빔프로젝터 대여료
ㅅ. 인건비	ㅇ. 출장 교통비
ㅈ. 건물 임대료	

① ㄱ, ㄷ, ㄹ, ㅁ, ㅇ   ② ㄱ, ㅂ, ㅅ, ㅇ, ㅈ

③ ㄴ, ㄷ, ㅁ, ㅂ, ㅈ   ④ ㄷ, ㅁ, ㅂ, ㅅ, ㅇ

- 직접비용 : 컴퓨터 구입비, 빔프로젝터 대여료, 인건비, 출장 교통비, 건물 임대료
- 간접비용 : 보험료, 건물관리비, 광고비, 통신비

정답 ②

(3) 예산수립과 예산집행

① 예산수립 절차

② 필요한 과업 및 활동 규명 : 과업세부도

과제 및 활동의 계획을 수립하는 데 있어서 가장 기본적인 수단으로 활용되는 그래프로, 필요한 모든 일을 중요한 범주에 따라 체계화시켜 구분해 놓은 것을 말한다. 다음은 생일파티를 진행하기 위한 과업세부도의 예이다.

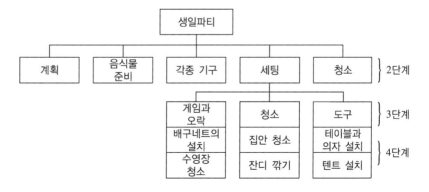

③ 우선순위 결정

과제를 핵심적인 활동과 부수적인 활동으로 구분한 후 핵심활동 위주로 예산을 편성한다.

④ 예산 배정

- 과업세부도와 예산을 서로 연결하여 배정할 경우 어떤 항목에 얼마만큼의 비용이 소요되는지를 정확하게 파악할 수 있다.
- 과제 수행에 필요한 예산 항목을 빠뜨리지 않고 확인할 수 있으며, 전체 예산을 정확하게 분배할 수 있다.
- 큰 단위의 예산을 수립하고자 할 때에는 해당 기관의 규정을 잘 확인하여야 한다.

⑤ 예산집행

효과적으로 예산을 관리하기 위해서는 예산 집행 과정에 대한 관리가 중요하다. 개인 차원에서는 가계부 등을 작성함으로써 관리할 수 있으며, 프로젝트나 과제와 같은 경우는 예산 집행 실적을 워크시트로 작성함으로써 효과적인 예산관리를 할 수 있다.

04 물적자원관리능력

(1) 물적자원관리의 의의

① 물적자원의 종류

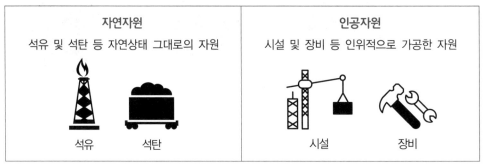

자연자원	인공자원
석유 및 석탄 등 자연상태 그대로의 자원	시설 및 장비 등 인위적으로 가공한 자원
석유 석탄	시설 장비

② 물적자원관리의 중요성

물적자원을 효과적으로 관리하면 경쟁력 향상과 더불어 과제 및 사업의 성공이 가능하지만, 관리를 소홀히 하게 되면 경제적 손실과 더불어 과제 및 사업의 실패를 낳을 수 있다.

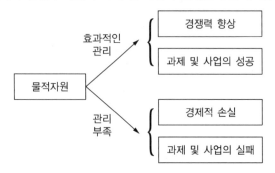

③ 물적자원 활용의 방해요인

> • 보관 장소를 파악하지 못하는 경우
> • 훼손된 경우
> • 분실한 경우
> • 분명한 목적 없이 물건을 구입한 경우

〈 핵심예제 〉

다음 중 물적자원 활용의 방해요인으로 적절하지 않은 것은?

① 보관 장소를 파악하지 못하는 경우　　② 분명한 목적 없이 물건을 구입한 경우

③ 과도하게 많이 구입한 경우　　④ 분실한 경우

물적자원 활용의 방해요인
• 보관 장소를 파악하지 못하는 경우　　　• 훼손된 경우
• 분실한 경우　　　　　　　　　　　　• 분명한 목적 없이 물건을 구입한 경우

정답 ③

PART 4

(2) 물적자원관리의 과정과 기법

① 물적자원관리의 과정

| 사용 물품과 보관 물품의 구분 | • 물품활용의 편리성
• 반복 작업 방지 |

| 동일 및 유사 물품으로의 분류 | • 동일성의 원칙
• 유사성의 원칙 |

| 물품 특성에 맞는 보관 장소 선정 | • 물품의 형상
• 물품의 소재 |

② 바코드와 QR코드

바코드	• 컴퓨터가 쉽게 판독하고 데이터를 빠르게 입력하기 위하여 굵기가 다른 검은 막대와 하얀 막대를 조합시켜 문자나 숫자를 코드화한 것
QR코드	• 격자무늬 패턴으로 정보를 나타내는 매트릭스 형식의 바코드 • 바코드가 용량 제한에 따라 가격과 상품명 등 한정된 정보만 담는 데 비해 넉넉한 용량을 강점으로 다양한 정보를 담을 수 있음

③ 물품관리 프로그램

개인보다는 기업이나 조직 차원에서 물품관리를 보다 쉽고 체계적으로 수행할 수 있도록 하기 위하여 사용하며, 이를 통해 다량의 물품을 효과적으로 관리할 수 있다.

(1) 인적자원의 의의

① 인적자원관리란?

> • 기업이 필요한 인적자원을 조달·확보·유지·개발하여 경영조직 내에서 구성원들이 능력을 최고로 발휘하게 하는 것
> • 근로자 스스로가 자기만족을 얻게 하는 동시에 경영 목적을 효율적으로 달성하게끔 관리하는 것

② 효율적이고 합리적인 인사관리 원칙

종류	내용
적재적소 배치의 원칙	해당 직무 수행에 가장 적합한 인재를 배치해야 한다.
공정 보상의 원칙	근로자의 인권을 존중하고 공헌도에 따라 노동의 대가를 공정하게 지급해야 한다.
공정 인사의 원칙	직무 배당, 승진, 상벌, 근무 성적의 평가, 임금 등을 공정하게 처리해야 한다.
종업원 안정의 원칙	직장에서 신분이 보장되고 계속해서 근무할 수 있다는 믿음을 갖게 하여 근로자가 안정된 회사 생활을 할 수 있도록 해야 한다.
창의력 계발의 원칙	근로자가 창의력을 발휘할 수 있도록 새로운 제안·건의 등의 기회를 마련하고, 적절한 보상을 하여 인센티브를 제공해야 한다.
단결의 원칙	직장 내에서 구성원들이 소외감을 갖지 않도록 배려하고, 서로 유대감을 가지고 협동·단결하는 체제를 이루도록 한다.

(2) 개인 차원과 조직 차원에서의 인적자원관리

① 개인 차원에서의 인적자원관리

㉠ 인맥

사전적 의미로 정계·재계·학계 따위에서 형성된 사람들의 유대 관계라고 하지만 이에 국한하지 않고 모든 개인에게 적용되는 개념으로, 자신이 알고 있거나 관계를 형성하고 있는 사람들, 일반적으로 가족이나 친구, 직장동료, 선후배, 동호회 등 다양한 사람들을 포함한다.

㉡ 인맥의 분류

종류	내용
핵심인맥	자신과 직접적인 관계가 있는 사람들
파생인맥	핵심인맥으로부터 파생되어 자신과 연결된 사람들

㉢ 개인이 인맥을 활용할 경우 이를 통해 각종 정보와 정보의 소스를 획득하고, 참신한 아이디어와 해결책을 도출하며, 유사시 필요한 도움을 받을 수 있다는 장점이 있다.

② 조직 차원에서의 인적자원관리

㉠ 인적자원관리의 중요성

기업체의 경우 인적자원에 대한 관리가 조직의 성과에 큰 영향을 미치는데 이는 기업의 인적자원이 가지는 특성에서 비롯된다.

ⓛ 인적자원의 특성

종류	내용
능동성	물적자원으로부터의 성과는 자원 자체의 양과 질에 의해 지배되는 수동적인 특성을 지니고 있는 반면, 인적자원의 경우는 욕구와 동기, 태도와 행동 그리고 만족감 여하에 따라 성과가 결정된다.
개발 가능성	인적자원은 자연적인 성장과 성숙, 교육 등을 통해 개발될 수 있는 잠재능력과 자질을 보유하고 있다는 것이다. 환경변화와 이에 따른 조직의 변화가 심할수록 중요성이 커지는 특성을 지닌다.
전략적 중요성	조직의 성과는 인적자원, 물적자원 등을 효과적이고 능률적으로 활용하는 데 달려있는데, 이러한 자원을 활용하는 것이 사람이기 때문에 인적자원에 대한 중요성이 특히 강조된다.

《 핵심예제 》

다음 중 효율적인 인사관리의 원칙으로 적절하지 않은 것은?

① 공정 보상의 원칙　　　　　　　　　② 창의력 계발의 원칙
③ 종업원 안정의 원칙　　　　　　　　④ 독립의 원칙

효율적인 인사관리의 원칙
• 적재적소 배치의 원리　　　　　　　• 공정 보상의 원칙
• 공정 인사의 원칙　　　　　　　　　• 종업원 안정의 원칙
• 창의력 계발의 원칙　　　　　　　　• 단결의 원칙

정답 ④

---

(3) 인맥관리방법

① 명함관리

　ⓞ 명함의 가치

> • 자신의 신분을 증명한다.
> • 자신을 PR하는 도구로 사용할 수 있다.
> • 자신의 정보를 전달하고 상대방에 대한 정보를 얻을 수 있다.
> • 대화의 실마리를 제공할 수 있다.
> • 후속 교류를 위한 도구로 사용할 수 있다.

　ⓛ 명함에 메모해 두면 좋은 정보

> • 언제, 어디서, 무슨 일로 만났는지에 대한 내용
> • 소개자의 이름
> • 학력이나 경력
> • 상대의 업무내용이나 취미, 기타 독특한 점
> • 전근, 전직 등의 변동 사항
> • 가족사항
> • 거주지와 기타 연락처
> • 대화를 나누고 나서의 느낀 점이나 성향

② 인맥관리카드

ⓐ 자신의 주변에 있는 인맥을 관리카드를 작성하여 관리하는 문서를 말한다. 인맥관리카드에는 이름, 관계, 직장 및 부서, 학력, 출신지, 연락처, 친한 정도 등의 내용을 기입한다.

ⓑ 자신과 직접적인 관계를 가지는 '핵심인맥'과 핵심인력으로부터 파생된 '파생인맥'을 구분하여 각각 핵심인맥카드와 파생인맥카드로 작성하는 것이 좋다. 특히 파생인맥카드에는 어떤 관계에 의해 파생되었는지를 기록하는 것이 필요하다.

③ 소셜네트워크(SNS; Social Network Service)

ⓐ 초연결사회

정보통신기술이 발달하면서 사람, 정보, 사물 등을 네트워크로 촘촘하게 연결한 사회를 말하는데, 초연결사회에서는 직접 대면하지 않고 시간과 공간을 초월하여 네트워크상에서 인맥을 형성하고 관리한다.

ⓑ 소셜네트워크 서비스(SNS)와 더불어 인맥 구축과 채용에 도움이 되는 비즈니스 특화 인맥관리서비스(BNS; Business Social Network Service)로 관심이 증대되고 있다.

(4) 인력배치의 원리

① 인력배치의 3원칙

ⓐ 적재적소주의

팀의 효율성을 높이기 위해 팀원의 능력이나 성격 등과 가장 적합한 위치에 배치하여 팀원 개개인의 능력을 최대로 발휘해 줄 것을 기대하는 것이다. 배치는 작업이나 직무가 요구하는 요건, 개인이 보유하고 있는 조건이 서로 균형 있고, 적합하게 대응되어야 성공할 수 있다.

ⓑ 능력주의

개인에게 능력을 발휘할 수 있는 기회와 장소를 부여하고, 그 성과를 바르게 평가하고, 평가된 능력과 실적에 대해 그에 상응하는 보상을 주는 원칙을 말한다. 적재적소주의 원칙의 상위개념이라고 할 수 있다.

ⓒ 균형주의

모든 팀원에 대한 평등한 적재적소, 즉 팀 전체의 적재적소를 고려할 필요가 있다는 것이다. 팀 전체의 능력 향상, 의식 개혁, 사기 양양 등을 도모하는 의미에서 전체와 개체가 균형을 이루어야 할 것이다.

② 배치의 세 가지 유형

종류	내용
양적 배치	부분의 작업량과 조업도, 여유 또는 부족 인원을 감안하여 소요인원을 결정하여 배치하는 것
질적 배치	적재적소주의와 동일한 개념
적성 배치	팀원의 적성 및 흥미에 따라 배치하는 것

③ 과업세부도

할당된 과업에 따른 책임자와 참여자를 명시하여 관리함으로써 업무 추진에 차질이 생기는 것을 막기 위한 문서이다. 다음은 과업세부도의 예이다.

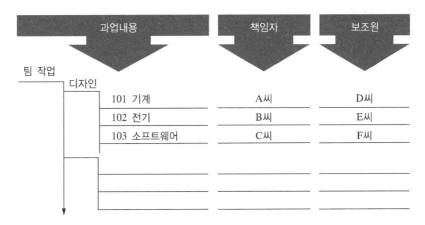

다음은 효과적인 인력배치의 유형이다. ㉠ ~ ㉢에 들어갈 말을 순서대로 바르게 나열한 것은?

㉠	부문의 작업량과 조업도, 여유 또는 부족 인원을 감안하여 소요 인원을 결정하여 배치하는 것
㉡	적재적소의 배치
㉢	팀원의 적성 및 흥미에 따라 배치하는 것

	㉠	㉡	㉢
①	양적 배치	적성 배치	질적 배치
②	양적 배치	질적 배치	적성 배치
③	질적 배치	양적 배치	적성 배치
④	질적 배치	적성 배치	양적 배치

양적 배치	부문의 작업량과 조업도, 여유 또는 부족 인원을 감안하여 소요 인원을 결정하여 배치하는 것
질적 배치	적재적소의 배치
적성 배치	팀원의 적성 및 흥미에 따라 배치하는 것

정답 ②

| 서울교통공사 9호선

01 다음 사례에서 나타나는 자원 낭비요인으로 가장 적절한 것은?

> A씨는 회사일과 집안일 그리고 육아를 병행하면서도 자기만의 시간을 확보하기 위해 여러 방법들을
> 사용하고 있다. 반찬하는 시간을 줄이기 위해 반찬가게에서 반찬 구매하기, 빨래하는 시간을 줄이기
> 위해 세탁소 이용하기, 설거지하는 시간을 줄이기 위해 일회용기 사용하기, 어린이집에 데려다주는
> 시간을 줄이기 위해 베이비시터 고용하기 등이 그 방법들이다.

① 비계획적 행동
② 편리성 추구
③ 자원에 대한 인식 부재
④ 노하우의 부족
⑤ 경험의 부족

| 서울교통공사 9호선

02 다음 글에서 나타나는 A씨의 문제 상황에 대한 이유로 적절하지 않은 것은?

> A씨는 홈쇼핑이나 SNS 광고를 보다가 혹하여 구매를 자주 하는데, 이는 지금 당장은 필요 없지만
> 추후에 필요할 경우가 반드시 생길 것이라 생각하기 때문이다. 이렇다 보니 쇼핑 중독 수준에 이르
> 러 집에는 포장도 뜯지 않은 박스들이 널브러져 있었다. 이에 A씨는 오늘 모든 물품들을 정리하였는
> 데, 지금 당장 필요한 것만 빼놓고 나머지를 창고에 마구잡이로 올려놓는 식이었다. 며칠 뒤 A씨는
> 전에 샀던 물건이 필요하게 되어 창고를 들어갔지만, 물건이 순서 없이 쌓여져 있는 탓에 찾다가
> 포기하고 돌아서 나오다가 옆에 있던 커피머신을 떨어뜨려 고장냈다.

① 물품을 분실한 경우
② 물품의 보관 장소를 파악하지 못하는 경우
③ 물품이 훼손된 경우
④ 물품을 정리하지 않고 보관한 경우
⑤ 물품을 목적 없이 구입한 경우

03 다음 중 개인 차원에서의 인적자원관리에 대한 설명으로 가장 적절한 것은?

① 정치적, 경제적 또는 학문적으로 유대관계가 형성된 사람들과의 관계만을 국한적으로 관리하는 것을 의미한다.

② 자신과 직접적으로 관계가 형성된 사람들 또는 그런 사람들을 통해 관계가 형성된 사람들을 핵심 인맥이라 하고, 그 밖의 우연한 계기로 관계가 형성된 사람들을 파생인맥이라 지칭한다.

③ 개인은 핵심인맥을 통하여 다양한 정보를 획득하고, 파생인맥을 통하여 다양한 정보를 전파할 수 있다.

④ 개인의 인맥은 파생인맥을 통해 끝없이 생겨날 수 있기 때문에, 한 개인의 인맥은 계속하여 확장 될 수 있다.

⑤ 개인은 인적자원관리를 위해 핵심인맥 및 파생인맥의 능동성, 개발 가능성, 전략적 자원을 고려하 여 인맥관리를 진행하여야 한다.

04 다음 〈보기〉 중 인적자원의 특성에 대한 설명으로 옳은 것을 모두 고르면?

> 보기
> ㄱ. 인적자원은 가지고 있는 양과 질에 따라 공적에 기여하는 정도가 달라지는 수동적 성격의 자원 에 해당한다.
> ㄴ. 기업의 관리 여하에 따라 인적자원은 기업의 성과에 천차만별적으로 반응한다.
> ㄷ. 인적자원은 자연적으로 성장하며, 짧은 기간 안에 개발될 수 있다.
> ㄹ. 기업은 효율적인 인적자원의 활용을 위해 전략적으로 자원을 활용하여야 한다.

① ㄱ, ㄴ   ② ㄱ, ㄹ

③ ㄴ, ㄹ   ④ ㄷ, ㄹ

⑤ ㄱ, ㄴ, ㄷ

05 다음은 물품을 효과적으로 관리하기 위한 물적자원관리 과정이다. ㉠, ㉡에 들어갈 단어로 가장 적절한 것은?

> 사용 물품과 보관 물품의 구분 → ___㉠___ 및 ___㉡___ 물품으로의 분류 → 물품 특성에 맞는 보관 장소 선정

	㉠	㉡		㉠	㉡
①	가치	귀중	②	동일	유사
③	진가	쓸모	④	유용	중요
⑤	무게	재질			

06 다음 중 인사관리의 법칙에 대한 설명으로 적절하지 않은 것은?

① 적재적소 배치의 원리 : 해당 업무에 있어 가장 적격인 인재를 배치하여야 한다.
② 공정 보상의 원칙 : 모든 근로자에게 근로의 대가를 평등하게 보상하여야 한다.
③ 종업원 안정의 원칙 : 종업원에게 근로를 계속할 수 있다는 신뢰를 줌으로써 근로자가 안정을 갖고 근로를 할 수 있도록 하여야 한다.
④ 창의력 계발의 원칙 : 근로자가 새로운 것을 생각해 낼 수 있도록 다양한 기회를 제공함은 물론 이에 상응하는 보상을 제공하여야 한다.

07 시간낭비 요인은 외적 시간낭비 요인과 내적 시간낭비 요인으로 분류할 수 있다. 다음 중 성격이 다른 것은?

① 타인의 요청을 거절하지 못하는 성격
② 업무를 한꺼번에 몰아서 하는 경향
③ 주변에서 발생하는 소음에 영향 받는 성격
④ 불성실한 동료 직원의 근무 태도

08 다음 중 시간의 특성에 대한 설명으로 옳지 않은 것을 〈보기〉에서 모두 고르면?

> 보기
>
> ㄱ. 시간은 우리에게 매일 주어지는 제한적인 기적에 해당한다.
> ㄴ. 동일한 시간도 그 쓰임에 따라 가지고 있는 의미가 달라진다.
> ㄷ. 시간은 한 순간도 멈추지 않고 흐르는 힘을 가진 불융통성한 것이다.
> ㄹ. 시간은 때론 빠르게 때론 느리게, 우리의 순간마다 다른 속도로 흐르고 있다.
> ㅁ. 매 순간 동일하게 흐르는 시간일지라도 매 순간 그 시간이 지닌 가치는 다르다.

① ㄱ, ㄴ   ② ㄱ, ㄹ
③ ㄴ, ㄷ   ④ ㄷ, ㅁ

09 다음 중 효율적이고 합리적인 인사관리를 하기 위한 원칙으로 옳은 것을 〈보기〉에서 모두 고르면?

> 보기
>
> ㄱ. 근로자가 창의력을 발휘할 수 있도록 기회를 마련하고 인센티브를 제공한다.
> ㄴ. 자신에게 직접적인 도움을 줄 수 있는 사람들로 적재적소에 배치한다.
> ㄷ. 근로자의 인권을 존중하고, 공헌도에 따라 노동의 대가를 지급한다.
> ㄹ. 직장에서 신분이 보장되고, 계속해서 근무할 수 있다는 믿음을 갖게 한다.
> ㅁ. 직장 구성원들이 서로 유대감을 가지고 협동, 단결하는 체제를 이루도록 한다.

① ㄱ, ㄴ, ㄷ, ㄹ   ② ㄱ, ㄴ, ㄷ, ㅁ
③ ㄱ, ㄷ, ㄹ, ㅁ   ④ ㄴ, ㄷ, ㄹ, ㅁ

10 편의점에서 근무하는 A씨는 물품 창고를 정리할 때 인기 있는 상품을 출입구와 가장 가까운 곳에 둔다. 다음 중 A씨의 물품관리 과정에 적용된 보관의 원칙으로 가장 적절한 것은?

① 네트워크 보관의 원칙
② 형상 특성의 원칙
③ 통로 대면의 원칙
④ 회전 대응 보관의 원칙

01 다음 글에서 설명하는 자원관리의 기본 과정은 무엇인가?

> 업무나 활동의 우선순위를 고려하여 자원을 업무에 할당하는 단계로, 확보한 자원이 실제 활동 추진에 비해 부족할 경우 우선순위가 높은 것에 중심을 두고 계획하는 것이 바람직하다.

① 필요한 자원의 종류와 양 확인

② 이용 가능한 자원 수집하기

③ 자원 활용 계획 세우기

④ 계획대로 수행하기

⑤ 결과를 기록하기

02 다음 중 시간 낭비의 요인으로 옳지 않은 것은?

① 편리성 추구   ② 계획적인 행동

③ 노하우 부족   ④ 자원에 대한 인식 부재

⑤ 경험 및 학습 부족

03 다음은 예산 관리 시스템의 유형 중 하나인 '항목별 예산 관리'에 대한 설명이다. 항목별 예산 관리의 특징으로 보기 어려운 것은?

> 항목별 예산 관리는 대개 회계연도를 기준으로 하는 가장 기본적인 예산 형식이며, 사회복지 조직에서 가장 많이 사용되고 있는 형식이다. 지출항목별 회계와 전년도에 기초하여 작성되며, 액수의 점진적인 증가에 기초를 둔 점진주의적 특징을 가진다.

① 지출근거가 명확하므로 예산 통제에 효과적이다.
② 예산 항목별로 지출이 정리되므로 회계에 유리하다.
③ 예산 증감의 신축성을 가진다.
④ 예산 증감의 기준의 타당성이 희박하고 효율성을 무시한다.
⑤ 프로그램의 목표나 내용, 결과에 대한 고려가 부족하다.

04 다음 중 일중독자에 대한 설명으로 옳은 것은?

① 가장 생산성이 높은 일을 가장 오래하는 경향이 있다.
② 가시적인 업무보다는 최우선 업무에 전력을 다하는 경향이 있다.
③ 자신이 할 수 있는 일도 다른 사람에게 맡기는 경향이 있다.
④ 위기 상황에 과잉 대처하면서 침소봉대하는 경향이 있다.
⑤ 여러 사람들과 협력하는 업무를 선호하는 경향이 있다.

05 다음 중 자원관리 단계에 대한 설명으로 적절하지 않은 것은?

① 필요한 자원의 종류 확인 : 일반적으로 '시간자원, 예산자원, 물적자원, 인적자원'으로 구분하여 파악한다.
② 필요한 자원의 양 확인 : 필요한 자원이 얼마만큼 필요한지 구체적으로 파악한다.
③ 이용 가능한 자원 수집 : 필요한 양보다 여유 있게 자원을 확보한다.
④ 자원활용계획 수립 : 활동에 투입되는 자원의 희소성을 고려하여 계획을 수립한다.
⑤ 계획에 따른 수행 : 계획대로 업무를 추진한다.

06 다음 중 빈칸 ㉠~㉤에 들어갈 말을 순서대로 바르게 나열한 것은?

예산의 구성요소는 일반적으로 직접비용과 간접비용으로 구분된다. ___㉠___ 비용은 제품 또는 서비스를 창출하기 위해 ___㉡___ 소비된 것으로 여겨지는 비용을 말한다. 반면, ___㉢___ 비용은 과제를 수행하기 위해 소비된 비용 중 ___㉣___ 비용을 제외한 비용으로, 생산에 ___㉤___ 관련되지 않은 비용을 말한다.

	㉠	㉡	㉢	㉣	㉤
①	직접	직접	간접	직접	직접
②	직접	직접	간접	간접	직접
③	직접	간접	간접	직접	간접
④	간접	간접	직접	간접	직접
⑤	간접	직접	직접	간접	간접

07 다음은 시간계획의 기본원리에 대한 설명이다. 빈칸 ㉠~㉢에 들어갈 행동을 순서대로 바르게 나열한 것은?

시간은 무형의 자원으로, 다른 자원과는 다른 관리방식을 요하는 자원이다. 또한, 가용한 모든 시간을 관리한다는 것은 불가능에 가까운 일이므로 시간을 계획하는 것은 시간관리에 있어서 매우 중요하다. 이에 대해 로타 J. 자이베르트(Lother J. Seiwert)는 시간계획의 기본원칙으로 '60 : 40의 원칙'을 제시하고 있다. 이 원칙은 총 가용시간의 60%를 계획하고, 나머지 40%는 예측하지 못한 사태 및 일의 중단요인, 개인의 창의적 계발 시간으로 남겨 둔다는 것이다. 보다 구체적으로 시간을 계획할 때, 60%의 시간은 ___㉠___ 에 할애하고, 20%는 ___㉡___ 에 할애하고, 마지막 20%를 ___㉢___ 에 할애한다는 것이다.

	㉠	㉡	㉢
①	비자발적 행동	자발적 행동	계획 행동
②	계획 행동	계획 외 행동	자발적 행동
③	자발적 행동	계획 행동	계획 외 행동
④	계획 외 행동	계획 행동	자발적 행동
⑤	계획 행동	비자발적 행동	계획 외 행동

08 다음 중 시간계획에 대한 설명으로 옳지 않은 것은?

① 시간이라고 하는 자원을 최대한 활용하기 위한 것이다.

② 가장 많이 반복되는 일에 가장 적은 시간을 분배한다.

③ 최단시간에 최선의 목표를 달성하려고 한다.

④ 시간계획을 잘할수록 자기의 이상을 달성할 수 있는 시간을 창출할 수 있다.

⑤ 시간계획에 너무 얽매여서는 안 된다.

09 다음 중 A씨가 시간관리를 통해 일상에서 얻을 수 있는 효과로 적절하지 않은 것은?

> A씨는 일과 생활의 균형을 유지하기 위해 항상 노력한다. 매일 아침 가족들과 함께 아침 식사를 하며 대화를 나눈 후 출근 준비를 한다. 출근길 지하철에서는 컴퓨터 자격증 공부를 틈틈이 하고 있다. 업무를 진행하는 데 있어서 컴퓨터 사용 능력이 부족하다는 것을 스스로 느꼈기 때문이다. 회사에 출근 시간보다 여유롭게 도착하면 먼저 오늘의 업무 일지를 작성하여 무슨 일을 해야 하는지 파악한다. 근무 시간에는 일정표를 바탕으로 정해진 순서대로 일을 진행한다. 퇴근 후에는 가족과 영화를 보거나 저녁 식사를 하며 시간을 보낸다. A씨는 철저한 시간관리를 통해 후회 없는 생활을 하고 있다.

① 스트레스 감소　　　　② 균형적인 삶

③ 생산성 향상　　　　④ 목표 성취

⑤ 사회적 인정

10 다음 글의 빈칸에 들어갈 원칙으로 옳은 것은?

효과적인 물적자원관리 과정을 거쳐 물품을 보관할 장소까지 선정하게 되면 차례로 정리를 하게 된다. 이때 중요한 것은 _____을 지켜야 한다는 것이다. 이는 입·출하의 빈도가 높은 품목을 출입구 가까운 곳에 보관하는 것을 말한다. 즉, 물품의 활용 빈도가 상대적으로 높은 것은 가져다 쓰기 쉬운 위치에 먼저 보관해야 한다. 이렇게 하면 물품을 활용하는 것도 편리할 뿐만 아니라 활용한 후 다시 보관하는 것 역시 편리하게 할 수 있다.

① 통로 대면의 원칙　　　　　　② 중량 특성의 원칙
③ 선입 선출의 원칙　　　　　　④ 회전 대응 보관의 원칙
⑤ 네트워크 보관의 원칙

11 다음 글을 참고할 때, 성격이 다른 비용은?

예산관리란 활동이나 사업에 소요되는 비용을 산정하고 예산을 편성하는 것뿐만 아니라 예산을 통제하는 것 또한 포함한다. 이러한 예산은 대부분 개인 또는 기업에 한정되어 있기 때문에, 정해진 예산을 얼마나 효율적으로 사용하는지는 매우 중요한 문제이다. 하지만 어떤 활동이나 사업의 비용을 추정하거나 예산을 잡는 작업은 결코 생각하는 것만큼 쉽지 않다. 무엇보다 추정해야 할 매우 많은 유형의 비용이 존재하기 때문이다. 이러한 비용은 크게 제품 생산 또는 서비스를 창출하기 위해 직접 소비되는 비용인 직접비용과 제품 생산 또는 서비스를 창출하기 위해 소비된 비용 중에서 직접비용을 제외한 비용으로, 제품 생산에 직접 관련되지 않은 비용인 간접비용으로 나눌 수 있다.

① 보험료　　　　　　　　　　② 건물관리비
③ 잡비　　　　　　　　　　　④ 통신비
⑤ 광고비

12 다음 사례에 나타난 A씨의 자원 낭비요인은 무엇인가?

> A씨는 요즘 밤 늦게까지 게임을 하느라 잠이 부족하다. 어젯밤에도 다음날 오전에 친구와 약속이 있다는 것을 알면서도 새벽까지 게임을 하느라 아침이 다 되어 잠이 들었다. 알람이 울려 잠시 눈을 떴지만, 잠을 더 자야겠다는 생각에 알람을 끄고 다시 눈을 감았다. 결국 해가 중천에 뜨고 나서야 일어난 A씨는 잔뜩 화가 난 친구의 문자를 확인하고 친구에게 전화를 걸었지만, 친구는 전화를 받지 않았다.

① 비계획적 행동
② 편리성 추구
③ 자원에 대한 인식 부재
④ 노하우 부족
⑤ 잘못된 가치 판단

PART 4

13 시간관리의 중요성에 대한 사내 교육을 받은 A사원은 일일 업무에 대한 시간계획을 세워보기로 결심했다. 다음 중 A사원이 시간계획을 하는 데 있어서 주의해야 할 사항으로 적절하지 않은 것은?

① 시간계획의 기본 원리에 따라 하루의 60%는 계획된 행동으로 구성하고, 나머지 40%는 계획 외의 행동과 자발적 행동으로 각각 20%씩 구성해야 한다.

② 당일에 예정된 행동은 모두 계획에 포함시키고, 작성한 시간계획은 정기적·체계적으로 체크해서 일을 일관성 있게 마칠 수 있도록 해야 한다.

③ 부득이한 일이 생겨 계획에서 놓친 시간은 야근을 해서라도 미루지 않고 당일에 즉시 메우는 것이 좋다.

④ 야근을 해도 끝내지 못한 일은 나의 능력 밖의 일이므로 어쩔 수 없이 다른 사람에게 부탁하는 것이 좋다.

⑤ 나에게 주어진 시간만을 생각하지 않고, 다른 팀원의 시간계획도 함께 고려하면서 나의 시간계획을 조정해야 한다.

14 K패션회사의 기획홍보부에 근무하는 P대리는 자신이 해야 할 일들을 다음과 같이 메모하였고, 일이 차질 없이 진행되도록 〈보기〉에 따라 업무를 나누어 적어보려고 한다. 각 업무에 해당하는 순위를 바르게 연결한 것은?

〈해야 할 일(1월 1일 기준)〉

㉠ 기획홍보부 신입사원 사내 기본교육 및 업무 인수인계 진행(다음 주까지)

㉡ 경쟁업체 신규 매장 오픈(4월 1일)으로 인한 경영전략 수립(3월 중 유통부와 공조하여 진행)

㉢ 3월 1일에 시작하는 봄맞이 프로모션 준비 : 할인 품목 및 할인율 재점검, 프로모션 전략자료 준비(2월 1일까지 제출)

㉣ 어학학원 수강신청 및 등록

보기

	중요한 것		
긴급하지 않은 것	2순위 계획하고 준비해야 할 문제	1순위 제일 먼저 해결해야 할 긴급하고 중요한 문제	긴급한 것
	4순위 상대적으로 하찮은 일	3순위 신속히 해결해야 할 문제	
	중요하지 않은 것		

	1순위	2순위	3순위	4순위
①	㉠	㉡	㉢	㉣
②	㉡	㉢	㉠	㉣
③	㉢	㉠	㉡	㉣
④	㉢	㉡	㉠	㉣
⑤	㉣	㉢	㉠	㉡

15 다음은 바코드 원리를 활용하여 물품을 기호화하고 관리한 자료이다. 이와 같은 방식의 특징으로 옳지 않은 것은?

대분류	중분류	소분류	비고
책(A)	소설책(A-1)	A-1-1. 가시고기	• 2010년에 구입 • 책의 일부분이 파손됨
	전공책(A-2)	A-1-2. 레베카	
	만화책(A-3)	A-1-3. 태백산맥	
	잡지책(A-4)		

① 물품의 위치를 쉽게 파악할 수 있다.

② 동일성의 원칙과 유사성의 원칙을 기반으로 분류한 것이다.

③ 보유하고 있는 물품에 대한 정보를 쉽게 확인할 수 있다.

④ 지속적으로 확인해서 개정해야 하는 번거로움이 없다.

⑤ 물품을 관리하는 데 관심을 기울일 수 있게 한다.

16 다음 중 예산 집행 관리에 대한 설명으로 가장 적절한 것은?

① 예산 집행 과정에서의 관리 및 통제는 사업과 같은 큰 단위에서만 필요하므로 직장인의 월급이나 용돈 등에는 필요하지 않다.

② 예산에 대한 계획을 제대로 세워놓았다면, 실제 예산 집행 과정에서는 관리가 필요하지 않다.

③ 예산을 관리하기 위해서는 예산 사용을 얼마만큼 했는지를 알아볼 수 있도록 수시로 정리해야 한다.

④ 예산 사용 내역에서 계획된 지출보다 계획되지 않은 지출이 더 많은 경우 비교적 예산 집행에 대한 관리를 잘하고 있다고 할 수 있다.

⑤ 프로젝트나 과제의 경우 가계부를 작성함으로써 효과적으로 예산 집행 과정을 관리할 수 있다.

17 K컨설팅사에 근무하고 있는 A사원은 팀장으로부터 새로운 프로젝트를 수주하기 위해 제안서를 작성하라는 과제를 받았다. 이때 프로젝트 제안 비용을 결정하기 위해 직접비와 간접비를 기준으로 예산을 작성하려 한다. 다음 중 직접비와 간접비가 바르게 연결되지 않은 것은?

	직접비	간접비
①	재료비	보험료
②	과정개발비	여행(출장) 및 잡비
③	인건비	광고비
④	시설비	사무비품비
⑤	여행(출장) 및 잡비	통신비

18 다음 중 인적자원에 대한 설명으로 옳지 않은 것은?

① 주위에 있는 모든 사람들이 하나의 중요한 자원이다.
② 인적자원은 조직 차원에서만 중요하다.
③ 인맥은 기본적으로 가족, 친구, 직장동료 등으로 나누어진다.
④ 인맥에는 핵심인맥과 파생인맥 등이 있다.
⑤ 조직 차원의 인적자원은 조직에 고용된 사람을 말하는 것이다.

19 A사원은 인적자원의 효과적 활용에 대한 강연을 듣고, 인맥을 활용하였을 때의 장점에 대해 다음과 같이 정리하였다. 밑줄 친 ㉠~㉣ 중 A사원이 잘못 메모한 내용은 모두 몇 개인가?

〈인적자원의 효과적 활용〉

• 인적자원이란?

··· 중략 ···

• 인맥 활용 시 장점
 – ㉠ 각종 정보와 정보의 소스 획득
 – ㉡ '나' 자신의 인간관계나 생활에 대해서 알 수 있음
  ↳ ㉢ 자신의 인생에 탄력이 생김
 – ㉣ '나' 자신만의 사업을 시작할 수 있음 ← 참신한 아이디어 획득

① 0개   ② 1개
③ 2개   ④ 3개
⑤ 4개

20 다음 대화의 빈칸에 들어갈 정부장의 조언으로 적절하지 않은 것은?

> 정부장 : 김대리, 시간을 충분히 주었다고 생각했는데 진행 상황이 생각보다 늦네요. 이유가 뭐죠?
> 김대리 : 아, 부장님. 죄송합니다. 저, 그게… 저는 최대한 노력한다고 하는데 항상 시간이 모자랍
> 니다. 업무 능력이 부족해서인 것 같습니다.
> 정부장 : 아니에요. 능력은 충분해요. 노력을 하는데도 시간이 부족하다면 내 생각에는 계획을 세울
> 필요가 있을 것 같네요. 시간을 쓰는 데도 계획이 있어야 하는데 시간 계획을 세울 때는
> ＿＿＿＿＿＿＿＿＿＿＿＿

① 목표를 구체적으로 세워야 합니다.
② 행동을 중심으로 세워야 합니다.
③ 현실적으로 가능해야 합니다.
④ 최대한 완벽한 계획을 세울 수 있도록 충분한 시간을 가져야 합니다.
⑤ 측정이 가능한 척도도 같이 세우는 것이 좋습니다.

21 다음 중 ㉠ ~ ㉢에 들어갈 말을 순서대로 바르게 나열한 것은?

> 인적자원 배치의 유형에는 세 가지가 있다. 먼저 양적 배치는 작업량과 조업도, 여유 또는 부족 인원
> 을 감안하여 소요인원을 결정하여 배치하는 것을 말한다. 반면, 질적 배치는 효과적인 인력배치의
> 세 가지 원칙 중 ＿＿㉠＿＿주의에 따른 배치를 말하며, ＿＿㉡＿＿ 배치는 팀원의 ＿＿㉢＿＿ 및 흥미
> 에 따라 배치하는 것을 말한다.

	㉠	㉡	㉢
①	균형	적성	능력
②	적재적소	균형	능력
③	적재적소	적성	적성
④	능력	적성	적성
⑤	능력	균형	적성

22 다음은 개인 차원에서의 인적자원인 인맥에 대한 자료이다. 빈칸 (가), (나)에 들어갈 말을 순서대로 바르게 나열한 것은?

> 인맥은 사전적으로 정계, 재계, 학계 따위에서 형성된 사람들의 유대 관계를 의미한다. 그러나 이에 국한하지 않고 모든 개인에게 적용되는 개념으로, 인맥은 자신이 알고 있거나 관계를 형성하고 있는 사람들을 나타낸다. 자신과 직접적인 관계에 있는 사람들은 ___(가)___ 인맥으로 표현할 수 있으며, 인맥에는 ___(가)___ 인맥뿐만 아니라 ___(가)___ 인맥으로부터 알게 된 사람, 우연한 자리에서 알게 된 사람 등 다양한 ___(나)___ 인맥이 존재할 수 있다. 또한 ___(나)___ 인맥에서 계속 ___(나)___ 되면 한 사람의 인맥은 다음 그림처럼 끝없이 넓어질 수 있다.
>
>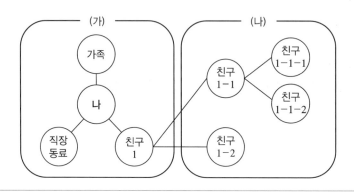

	(가)	(나)			(가)	(나)
①	중요	파생		②	핵심	파생
③	핵심	합성		④	직접	합성
⑤	직접	간접				

23 다음은 전사적 자원관리(ERP) 시스템의 기능과 이에 대한 사례를 나타낸 자료이다. 빈칸 (가) ~ (마)에 들어갈 내용으로 적절하지 않은 것은?

〈전사적 자원관리(ERP) 시스템의 기능〉

구분	사례
제조 관리	MRP, R&D, 작업 센터, 일정계획, 유지보수
재무 관리	(가)
인적자원관리	(나)
고객·상품관리	(다)
공급망 관리	(라)
기업 서비스 관리	(마)

① (가) : 회계, 원가통제
② (나) : 혜택, 급여
③ (다) : 판매 주문, 품질 통제
④ (라) : 충원, 교육훈련
⑤ (마) : 법률 서비스, 인센티브

PART 4

24 다음 중 물적자원관리의 과정에 대한 설명으로 옳지 않은 것은?

① 물품의 정리 및 보관 시 물품을 앞으로 계속 사용할 것인지 그렇지 않을지를 구분해야 한다.
② 유사성의 원칙은 유사품을 같은 장소에 보관하는 것을 말하며, 이는 보관한 물품을 보다 쉽고 빠르게 찾을 수 있도록 하기 위해서 필요하다.
③ 물품이 특성에 맞는 보관장소를 선정해야 하므로, 종이류와 유리 등은 그 재질의 차이를 고려하여 보관장소의 차이를 두는 것이 바람직하다.
④ 물품의 정리 시 회전 대응 보관의 원칙은 입출하의 빈도가 높은 품목을 출입구 가까운 곳에 보관하는 것을 말한다.
⑤ 물품의 무게와 부피에 따라서 보관 장소를 달리해야 한다. 무게가 무겁거나 부피가 큰 것은 별도로 취급하여 개별 물품의 훼손이 생기지 않게 보관한다.

※ 다음은 물적자원을 효과적으로 관리하기 위한 과정을 나타낸 글이다. 이어지는 질문에 답하시오.
[25~27]

(가) 물품을 적절하게 보관할 수 있는 장소를 선정하여야 한다. 종이류와 유리, 플라스틱 등은 그 재질의 차이로 인해서 보관 장소의 차이를 두는 것이 좋다. 특히 유리의 경우 쉽게 파손될 우려가 있기 때문에 따로 보관해야 한다. 또한, 물품의 무게와 부피에 따라서도 차이를 두어야 한다. 보관 장소에 따라 물품의 무게가 무겁거나 부피가 큰 것은 별도로 취급하는 것이 적절하다. 모든 물품을 같이 놓아두게 된다면 개별 물품의 훼손이 생길 수 있으므로 주의해야 한다.

(나) 보관의 원칙 중 동일성의 원칙과 유사성의 원칙에 따라 물품을 분류한다. 이는 보관한 물품을 다시 활용할 때보다 쉽고 빠르게 찾을 수 있도록 하기 위해서이다. 특정 물품의 정확한 위치를 알 수 없어도 대략의 위치를 알고 있다면 물품을 찾는 시간을 단축할 수 있기 때문이다.

(다) 물품을 정리하고 보관하고자 할 때, 해당 물품을 앞으로 계속 사용할 것인지, 그렇지 않을지를 구분해야 한다. 그렇지 않으면 가까운 시일 내에 활용하게 될 물품도 창고나 박스 등에 넣어 두었다가 다시 꺼내야 하는 경우가 발생하게 될 것이다. 처음부터 철저하게 물품의 활용계획이나 여부를 확인해야 이러한 시행착오를 예방할 수 있다.

25 다음 중 (가) ~ (다)를 효과적인 물적자원관리 과정에 따라 순서대로 바르게 나열한 것은?

① (가) – (나) – (다)
② (가) – (다) – (나)
③ (나) – (다) – (가)
④ (다) – (가) – (나)
⑤ (다) – (나) – (가)

26 다음 중 (가)의 단계에서 물품 보관 장소를 선정할 때, 물품의 기준으로 옳은 것은?

① 물품의 재질
② 물품의 부피
③ 물품의 무게
④ 물품의 특성
⑤ 물품의 파손 여부

27 다음은 (나)의 단계에서 적용되는 동일성의 원칙과 유사성의 원칙에 대한 설명이다. 빈칸 ㉠ ~ ㉣에 들어갈 말을 순서대로 바르게 나열한 것은?

> 동일성의 원칙은 ___㉠___ 물품은 ___㉡___ 장소에 보관한다는 것이며, 유사성의 원칙은 ___㉢___ 물품은 ___㉣___한 장소에 보관한다는 것을 말한다.

	㉠	㉡	㉢	㉣
①	동일	같은	유사	인접
②	동일	다른	유사	동일
③	유사	같은	동일	상이
④	유사	같은	동일	인접
⑤	유사	다른	동일	동일

28 다음 중 물적자원의 관리를 방해하는 요인에 대한 사례로 적절하지 않은 것은?

① A대리는 부서 예산으로 구입한 공용 노트북을 분실하였다.

② B주임은 세미나를 위해 회의실의 의자를 옮기던 중 의자를 훼손하였다.

③ C대리는 예산의 목적과 달리 겨울에 사용하지 않는 선풍기를 구입하였다.

④ D주임은 사내 비품을 구매하는 과정에서 필요 수량을 초과하여 구입하였다.

⑤ E사원은 당장 필요한 서류철들의 보관 장소를 파악하지 못하였다.

29 A유통업체의 물류창고에서는 다량의 물품에 대한 정보를 다음과 같이 기호화하여 관리하고 있다. A유통업체가 사용한 물품관리 방법에 대한 설명으로 적절하지 않은 것은?

9 791125 459972

① 문자나 숫자를 기계가 읽을 수 있는 흑과 백의 막대모양 기호로 조합하였다.

② 데이터를 빠르게 입력할 수 있으며, 컴퓨터가 판독하기 쉽다.

③ 물품의 수명기간 동안 무선으로 물품을 추적 관리할 수 있다.

④ 광학식 마크판독장치를 통해 판독이 가능하다.

⑤ 막대의 넓이와 수, 번호에 따라 물품을 구분한다.

30 물적자원은 크게 자연자원과 인공자원으로 나누어 볼 수 있다. 다음 〈보기〉의 물적자원을 자연자원과 인공자원으로 바르게 구분한 것은?

> **보기**
>
> ㉠ 석탄   ㉡ 햇빛
> ㉢ 구리   ㉣ 댐
> ㉤ 인공위성   ㉥ 컴퓨터
> ㉦ 철광석   ㉧ 나무

	자연자원	인공자원
①	㉠, ㉢, ㉧	㉡, ㉣, ㉤, ㉥, ㉦
②	㉠, ㉡, ㉢, ㉧	㉣, ㉤, ㉥, ㉦
③	㉠, ㉢, ㉦, ㉧	㉡, ㉣, ㉤, ㉥
④	㉠, ㉡, ㉢, ㉦, ㉧	㉣, ㉤, ㉥
⑤	㉠, ㉢, ㉣, ㉦, ㉧	㉡, ㉤, ㉥

PART 5

최종점검 모의고사

🕐 응시시간 : 40분   📋 문항 수 : 40문항   정답 및 해설 p.044

01 다음 글에 나타난 의사소통능력 개발 과정에서의 피드백에 대한 설명으로 적절하지 않은 것은?

> 피드백(Feedback)이란 상대방에게 그의 행동의 결과가 어떠한지에 대하여 정보를 제공해 주는 것을 말한다. 즉, 그의 행동이 나의 행동에 어떤 영향을 미치고 있는가에 대하여 상대방에게 솔직하게 알려주는 것이다. 말하는 사람 또는 전달자는 피드백을 이용하여 메시지의 내용이 실제로 어떻게 해석되고 있는가를 조사할 수 있다.

① 대인관계에 있어서 행동을 개선할 수 있는 기회를 제공해 줄 수 있다.
② 의사소통의 왜곡에서 오는 오해와 부정확성을 줄일 수 있다.
③ 상대방의 긍정적인 면뿐만 아니라 부정적인 면도 솔직하게 전달해야 한다.
④ 말뿐만 아니라 얼굴 표정 등으로 정확한 반응을 얻을 수 있다.
⑤ 효과적인 개선을 위해서는 긍정적인 면보다 부정적인 면을 강조하여 전달해야 한다.

02 다음 〈보기〉 중 적절한 경청 방법을 보인 사람을 모두 고르면?

> **보기**
> • 자신의 잘못에 대해 상사가 나무라자 갑은 고개를 숙이고 바닥만 응시하다가 상사의 말이 다 끝나자 잘못하였다고 말하였다.
> • 을은 후배가 자신의 생각에 반대하는 의견을 말하자 다리를 꼬고 앉아 말하는 내내 후배를 계속하여 쳐다봤다.
> • 병은 바쁘게 일하는 나머지 동료직원이 다가와 도움을 요청한 소리를 제대로 못 들어 동료직원에게 상체를 기울여 다시 말해줄 것을 요청하였다.
> • 회사 주가가 연일 하락해 심란한 나머지 자리에 앉지 못하는 정대표에게 직원이 면담을 요청하자 정은 자리에 앉았다.

① 갑, 을   ② 갑, 병
③ 갑, 정   ④ 을, 병
⑤ 병, 정

03 A씨 부부는 대화를 하다 보면 사소한 다툼으로 이어지곤 한다. A씨의 아내는 A씨가 자신의 이야기를 제대로 들어주지 않기 때문이라고 생각한다. 다음 사례에 나타난 A씨의 경청을 방해하는 습관은 무엇인가?

> A씨의 아내가 남편에게 직장에서 업무 실수로 상사에게 혼난 일을 이야기하자 A씨는 "항상 일을 진행하면서 꼼꼼하게 확인하라고 했잖아요. 당신이 일을 처리하는 방법이 잘못됐어요. 다음부터는 일을 하기 전에 미리 계획을 세우고 체크리스트를 작성해 보세요."라고 이야기했다. A씨의 아내는 이런 대답을 듣자고 이야기한 것이 아니라며 더 이상 이야기하고 싶지 않다고 말하고 밖으로 나가 버렸다.

① 짐작하기   ② 걸러내기

③ 판단하기   ④ 조언하기

⑤ 옳아야만 하기

04 다음 사례에 나타난 A씨의 문제점으로 가장 적절한 것은?

> 안 좋은 일이 발생하면 항상 자신을 탓하는 편인 A씨는 친구가 약속 시간에 늦는 경우에도 "내가 빨리 나온 게 죄지."라고 말한다. 또한 A씨는 평소 사소한 실수에도 '죄송합니다. 미안합니다.' 등의 표현을 입에 달고 산다. 다른 사람에 의해 발생한 실수에도 자신이 미안해하는 탓에 A씨를 잘 모르는 사람들은 A씨를 예의 바른 사람으로 평가한다. 그러나 A씨를 오랫동안 지켜본 사람들은 A씨의 그런 태도가 오히려 A씨의 이미지를 부정적으로 만들고 있다고 이야기한다.

① 상대의 말에 공감을 하지 않는다.

② 무엇을 보든지 부정적으로 평가를 내린다.

③ 자신의 대화 패턴을 제대로 이해하지 못한다.

④ 낮은 자존감과 열등감으로 자기 자신을 대한다.

⑤ 불필요한 어휘나 거부감을 주는 표현을 자주 사용한다.

05 K회사의 신입사원인 A ~ E는 회사에서 문서작성 시 주의해야 할 사항에 대한 교육을 받은 뒤 이에 대해 서로 이야기를 나누었다. 다음 〈보기〉 중 잘못된 내용을 말하고 있는 사람을 모두 고르면?

> **보기**
>
> A사원 : 문서를 작성할 때는 주로 '누가, 언제, 어디서, 무엇을, 어떻게, 왜'의 육하원칙에 따라 작성해야 해.
>
> B사원 : 물론 육하원칙에 따라 글을 작성하는 것도 중요하지만, 되도록 글이 한눈에 들어올 수 있도록 하나의 사안은 한 장의 용지에 작성해야 해.
>
> C사원 : 글은 한 장의 용지에 작성하되, 자료는 최대한 많이 첨부하여 문서를 이해하는 데 어려움이 없도록 하는 것이 좋아.
>
> D사원 : 문서를 작성한 후에는 내용을 다시 한 번 검토해 보면서 높임말로 쓰인 부분은 없는지 살펴보고, 있다면 이를 낮춤말인 '해라체'로 고쳐 써야 해.
>
> E사원 : 특히 문서나 첨부 자료에 금액이나 수량, 일자 등이 사용되었다면 정확하게 쓰였는지 다시 한 번 꼼꼼하게 검토하는 것이 좋겠지.

① A사원, B사원

② A사원, C사원

③ B사원, D사원

④ C사원, D사원

⑤ D사원, E사원

06 다음 〈보기〉 중 문서와 그 문서에 대한 설명이 바르게 연결되지 않은 것을 모두 고르면?

> **보기**
>
> ㄱ. 상품소개서 : 일반인들이 친근하게 읽고 내용을 쉽게 이해하도록 하는 문서이다.
>
> ㄴ. 보도자료 : 정부 기관이나 기업체, 각종 단체 등이 언론의 보도내용 중 자기 조직과 관계 있는 것을 모아 종합해놓은 자료이다.
>
> ㄷ. 비즈니스 메모 : 개인의 환경, 성장과정 등을 구체적으로 기술한 문서이다.
>
> ㄹ. 제품설명서 : 제품의 특징과 활용도에 대해 세부적으로 언급하여 제품의 사용법에 대해 자세히 알려주는 문서이다.

① ㄱ, ㄴ

② ㄱ, ㄷ

③ ㄴ, ㄷ

④ ㄴ, ㄹ

⑤ ㄷ, ㄹ

07 직장생활에서 필요한 의사소통능력은 문서적인 의사소통능력으로서의 문서이해능력과 문서작성 능력, 언어적인 의사소통능력으로서의 경청능력과 의사표현능력으로 구분할 수 있다. 다음 사례에 필요한 의사소통능력을 종류에 따라 바르게 구분한 것은?

출판사에 근무하는 K대리는 오늘 아침 출근하자마자 오늘의 주요 업무를 다음과 같이 정리하였다.

〈주요 업무〉

㉠ 입사 지원 이력서 메일 확인
㉡ 팀 회의 – 팀원 담당 업무 지시
㉢ 금일 출간 도서 발주서 작성
㉣ 유선 연락을 통한 채용 면접 일정 안내
㉤ 퇴근 전 업무 일지 작성

	문서적인 의사소통	언어적인 의사소통
①	㉠, ㉤	㉡, ㉢, ㉣
②	㉠, ㉢, ㉣	㉡, ㉤
③	㉠, ㉢, ㉤	㉡, ㉣
④	㉡, ㉢, ㉤	㉠, ㉣
⑤	㉡, ㉣, ㉤	㉠, ㉢

PART 5

08 다음은 문서작성 시 유의해야 할 한글 맞춤법 및 어법에 대한 설명이다. 밑줄 친 부분의 표기가 적절하지 않은 것은?

〈한글 맞춤법 및 어법〉

1) 고 / 라고
   앞말이 직접 인용되는 말임을 나타내는 조사는 '라고'이다. '고'는 앞말이 간접 인용되는 말임을 나타내는 격조사이다.
2) 로써 / 로서
   지위나 신분 또는 자격을 나타내는 격조사는 '로서'이며, '로써'는 어떤 일의 수단이나 도구를 나타내는 격조사이다.
3) 율 / 률
   받침이 있는 말 뒤에서는 '렬, 률', 받침이 없는 말이나 'ㄴ' 받침으로 끝나는 말 뒤에서는 '열, 율'로 적는다.
4) 년도 / 연도
   한자음 '녀, 뇨, 뉴, 니'가 단어 첫머리에 올 때는 두음 법칙에 따라 '여, 요, 유, 이'로 적는다. 단, 의존 명사의 경우 두음 법칙을 적용하지 않는다.
5) 연월일의 표기
   아라비아 숫자만으로 연월일을 표시할 경우 마침표는 연월일 다음에 모두 사용해야 한다.

---

① 이사장은 "이번 기회를 통해 소중함을 깨닫게 되었으면 좋겠다."라고 말했다.
② 모든 것이 말로써 다 표현되는 것은 아니다.
③ 올해의 상반기 목표 성장률을 달성하기 위해서는 모두가 함께 노력해야 한다.
④ 노인 일자리 추가 지원 사업을 시작한 지 반 연도 되지 않아 지원이 끝이 났다.
⑤ 시험 원서 접수는 2024. 06. 05.(수)에 마감됩니다.

09 P대리는 잘못된 의사소통 방식으로 회사 내 후배 직원들로부터 좋지 않은 평가를 받고 있다. 다음 중 L부장이 P대리에게 해줄 조언으로 적절하지 않은 것은?

① 후배 직원들에게 자주 질문하고, 그들의 이야기에 귀를 기울여 들어주려고 노력해 보는 것도 좋겠어.

② 후배 직원들의 잘못을 비판하기보다는 먼저 칭찬할 모습을 찾아보는 것도 좋은 방법이지.

③ 중의적인 표현은 상대방의 기분을 상하게 할 수 있으므로 단정적인 말을 사용하는 것이 좋아.

④ 후배 직원이 말하는게 마음에 들지 않더라도 경청하도록 연습해 보는 것은 어떨까?

⑤ 강압적인 명령 어투는 후배 직원들의 반항을 일으키는 불씨가 될 수 있으므로 명령하는 듯한 말은 사용하지 않는 것이 좋아.

10 A물류회사에 입사한 B사원은 첫 팀 회의를 앞두고 있다. 다음 중 팀 회의에서의 원활한 의사표현을 위한 방법으로 가장 적절한 것은?

① 상대방이 말하는 동안 어떤 답을 할지 미리 생각해놔야 한다.

② 공감을 보여주는 가장 쉬운 방법은 상대편의 말을 그대로 받아서 맞장구를 치는 것이다.

③ 핵심은 중요하므로 구체적으로 길게 표현해야 한다.

④ 이견이 있거나 논쟁이 붙었을 때는 앞뒤 말의 논리적 개연성만 따져보아야 한다.

⑤ 상대의 인정을 얻기 위해 자신의 단점이나 실패경험보다 장점을 부각해야 한다.

11 다음 〈조건〉을 토대로 할 때, 신입사원 중 가장 나이가 적은 사람과 가장 나이가 많은 사람의 나이 차는 얼마인가?

> **조건**
> • 신입사원은 5명이다.
> • 신입사원의 평균 나이는 28.8세이다.
> • 중앙값은 28세이고, 최빈값은 32세이다.

① 7세   ② 9세

③ 11세   ④ 13세

⑤ 15세

12 농도를 알 수 없는 설탕물 500g에 3%의 설탕물 200g을 온전히 섞었더니 섞은 설탕물의 농도는 7%가 되었다. 처음 500g의 설탕물에 녹아있던 설탕은 몇 g인가?

① 40g   ② 41g

③ 42g   ④ 43g

⑤ 44g

13 지혜와 주헌이가 함께 기숙사에서 나와 회사를 향해 분당 150m의 속력으로 출근하고 있다. 30분 정도 걸었을 때, 지혜는 집에 두고 온 중요한 서류를 가지러 분당 300m의 속력으로 집에 갔다가 같은 속력으로 다시 회사를 향해 뛰어간다고 한다. 주헌이가 그 속력 그대로 20분 뒤에 회사에 도착할 때, 지혜는 주헌이가 회사에 도착하고 나서 몇 분 후에 회사에 도착하는가?

① 20분   ② 25분

③ 30분   ④ 35분

⑤ 40분

14 학생회장을 포함한 학생 4명과 A ~ H교수 8명 중 위원회를 창설하기 위한 대표 5명을 뽑으려고 한다. 학생회장과 A교수가 동시에 위원회 대표가 될 수 없을 때, 위원회를 구성할 수 있는 경우의 수는?(단, 교수와 학생의 구성 비율은 신경 쓰지 않는다)

① 588가지   ② 602가지

③ 648가지   ④ 658가지

⑤ 672가지

15 비가 온 날의 다음 날에 비가 올 확률은 0.7, 비가 오지 않는 날의 다음 날에 비가 올 확률은 0.4이다. 수요일에 비가 왔을 때, 금요일에 비가 올 확률은?

① 0.4
② 0.56
③ 0.61
④ 0.77
⑤ 0.82

16 홍보부서 사원들이 긴 의자에 나란히 앉으려고 한다. 한 의자에 4명씩 앉으면 하나의 의자에는 1명이 앉고, 마지막 의자 하나가 남는다. 또한 한 의자에 3명씩 앉으면 2명이 앉지 못한다고 할 때, 홍보부서 사원은 총 몇 명인가?

① 23명
② 25명
③ 29명
④ 33명
⑤ 36명

17 다음은 2021 ~ 2023년 동안 4개 국가의 관광 수입 및 지출을 나타낸 자료이다. 2022년 관광 수입이 가장 많은 국가와 가장 적은 국가의 2023년 관광 지출 대비 관광 수입 비율의 차이는 얼마인가? (단, 소수점 둘째 자리에서 반올림한다)

〈국가별 관광 수입 및 지출〉

(단위 : 백만 달러)

구분	관광 수입			관광 지출		
	2021년	2022년	2023년	2021년	2022년	2023년
한국	15,214	17,300	13,400	25,300	27,200	30,600
중국	44,969	44,400	32,600	249,800	250,100	257,700
홍콩	36,150	32,800	33,300	23,100	24,100	25,400
인도	21,013	22,400	27,400	14,800	16,400	18,400

① 25.0%p
② 27.5%p
③ 28.3%p
④ 30.4%p
⑤ 31.1%p

※ 다음은 외국인 직접투자의 투자건수 비율과 투자금액 비율을 투자규모별로 나타낸 자료이다. 이어지는 질문에 답하시오. [18~19]

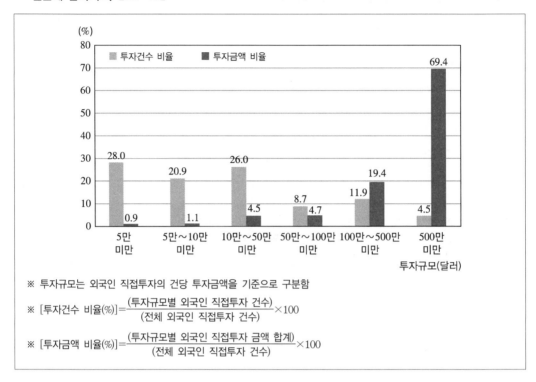

※ 투자규모는 외국인 직접투자의 건당 투자금액을 기준으로 구분함

※ [투자건수 비율(%)]=$\dfrac{(투자규모별\ 외국인\ 직접투자\ 건수)}{(전체\ 외국인\ 직접투자\ 건수)} \times 100$

※ [투자금액 비율(%)]=$\dfrac{(투자규모별\ 외국인\ 직접투자\ 금액\ 합계)}{(전체\ 외국인\ 직접투자\ 건수)} \times 100$

18 다음 중 투자규모가 50만 달러 미만인 투자건수 비율은?

① 55.3% ② 62.8%

③ 68.6% ④ 74.9%

⑤ 83.6%

19 다음 중 투자규모가 100만 달러 이상인 투자건수 비율은?

① 16.4% ② 19.6%

③ 23.5% ④ 26.1%

⑤ 30.7%

20 B씨는 마당에 원통형 스탠드 식탁을 만들어 페인트칠을 하려고 한다. 페인트칠 비용이 원형 윗면은 넓이 $1m^2$당 10만 원, 옆면은 넓이 $1m^2$당 7만 원일 때, 윗면과 옆면에 페인트칠을 하는 데 들어가는 총비용은 얼마인가?[단, 원주율(π)은 3으로 계산한다]

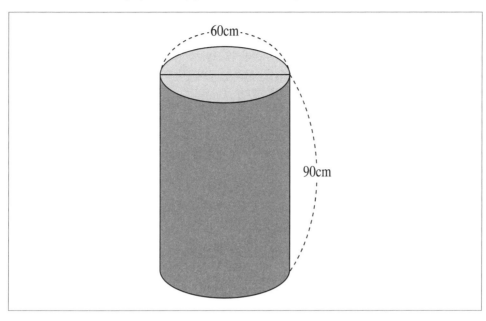

① 192,000원   ② 205,000원

③ 215,000원   ④ 216,000원

⑤ 224,000원

※ 다음 글을 읽고 이어지는 질문에 답하시오. [21~22]

K기업 기획팀의 이현수 대리는 금일 오후 5시까지 전산시스템을 통해 제출해야 하는 사업계획서를 제출하지 못하였다. 이는 K기업이 정부로부터 지원금을 받을 수 있는 매우 중요한 사안으로, 이번 사건으로 K기업 전체에 비상이 걸렸다. 이현수 대리를 비롯하여 사업계획서와 관련된 담당자들은 금일 오후 4시 30분까지 제출 준비를 모두 마쳤으나, 회사 전산망 마비로 전산시스템 접속이 불가능해 사업계획서를 제출하지 못하였다. 이들은 정부기관 측 담당자에게 사정을 설명하였으나, 담당자는 예외는 없다고 답변하였다. 이를 지켜본 강민호 부장은 '㉠ 이현수 대리는 기획팀을 대표하는 인재인데 이런 실수를 하다니 기획팀이 하는 업무는 모두 실수투성일 것이 분명할 것'이라고 말하였다.

21 다음 중 윗글에서 나타난 문제와 문제점을 바르게 연결한 것은?

	문제	문제점
①	사업계획서 제출 실패	정부 담당자 설득 실패
②	정부 담당자 설득 실패	사업계획서 제출 실패
③	사업계획서 제출 실패	전산망 마비
④	전산망 마비	사업계획서 제출 실패
⑤	전산망 마비	정부 담당자 설득 실패

22 다음 중 밑줄 친 ㉠에서 나타난 논리적 오류는?

① 권위나 인신공격에 의존한 논증

② 무지의 오류

③ 애매성의 오류

④ 연역법의 오류

⑤ 허수아비 공격의 오류

23 다음은 환경 분석에 사용하는 3C 분석 방법에 대한 자료이다. (가) ~ (다) 항목에 대한 분석 내용을 〈보기〉에서 찾아 바르게 구분한 것은?

사업 환경을 구성하고 있는 요소인 자사(Company), 경쟁사(Competitor), 고객(Customer)을 3C 라고 하며, 3C에 대한 체계적인 분석을 통해 환경 분석을 수행할 수 있다.

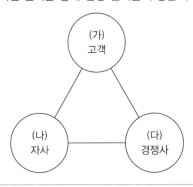

> 보기
> ㉠ 주요 소비층은 무엇을 좋아하는가?
> ㉡ 우리 조직의 장단점은 무엇인가?
> ㉢ 신규 경쟁자의 진입장벽은 무엇인가?
> ㉣ 경쟁사의 핵심 경쟁력은 무엇인가?
> ㉤ 소비자들의 정보 습득 및 교환은 어디서 일어나는가?

	(가)	(나)	(다)
①	㉠, ㉢	㉡, ㉣	㉤
②	㉠, ㉤	㉡	㉢, ㉣
③	㉡, ㉣	㉠, ㉤	㉢
④	㉡, ㉤	㉢, ㉣	㉠
⑤	㉢, ㉤	㉡	㉠, ㉣

24 다음 〈보기〉를 원인 분석 단계의 절차에 따라 순서대로 바르게 나열한 것은?

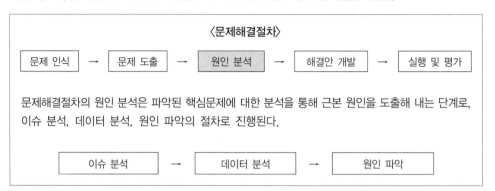

〈문제해결절차〉

문제 인식 → 문제 도출 → 원인 분석 → 해결안 개발 → 실행 및 평가

문제해결절차의 원인 분석은 파악된 핵심문제에 대한 분석을 통해 근본 원인을 도출해 내는 단계로, 이슈 분석, 데이터 분석, 원인 파악의 절차로 진행된다.

이슈 분석 → 데이터 분석 → 원인 파악

> **보기**
> ⊙ 가설검증계획에 의거하여 분석 결과를 미리 이미지화한다.
> ⓒ 데이터 수집계획을 세운 후 목적에 따라 정량적이고 객관적인 사실을 수집한다.
> ⓒ 인터뷰 및 설문조사 등을 활용하여 현재 수행하고 있는 업무에 가장 크게 영향을 미치는 문제를 선정한다.
> ② 이슈와 데이터 분석을 통해 얻은 결과를 바탕으로 최종 원인을 확인한다.
> ⑩ 자신의 경험, 지식 등에 의존하여 이슈에 대한 일시적인 결론을 예측해 보는 가설을 설정한다.
> ⑭ 목적에 따라 수집된 정보를 항목별로 분류·정리한 후 'What', 'Why', 'How' 측면에서 의미를 해석한다.

① ⊙-ⓒ-⑩-ⓒ-⑭-②   ② ⓒ-⑭-ⓒ-⑩-⊙-②

③ ⓒ-⊙-⑩-⑭-ⓒ-②   ④ ⓒ-⑩-⊙-ⓒ-⑭-②

⑤ ⑩-⊙-ⓒ-ⓒ-⑭-②

25 논리적인 사고를 하기 위해서는 생각하는 습관, 상대 논리의 구조화, 구체적인 생각, 타인에 대한 이해, 설득의 5가지 요소가 필요하다. 다음 글에서 설명하는 설득에 해당하는 것은?

> 논리적 사고의 구성요소 중 설득은 자신의 사상을 강요하지 않고, 자신이 함께 일을 진행하는 상대와 의논하기도 하고 설득해 나가는 가운데 자신이 깨닫지 못했던 새로운 가치를 발견하고 발견한 가치에 대해 생각해 내는 과정을 의미한다.

① 아, 네가 아까 했던 말이 이거였구나. 그래, 지금 해 보니 아까 했던 이야기가 무슨 말인지 이해가 될 것 같아.

② 네가 왜 그런 생각을 하게 됐는지 이해가 됐어. 그래, 너와 같은 경험을 했다면 나도 그렇게 생각했을 것 같아.

③ 네가 하는 말이 이해가 잘 안 되는데, 내가 이해한 게 맞는지 구체적인 사례를 들어서 한 번 얘기해 볼게.

④ 너는 지금처럼 불안정한 시장 상황에서 무리하게 사업을 확장할 경우 리스크가 너무 크게 발생할 수 있다는 거지?

⑤ 네가 말한 내용이 업무 개선에 좋을 것 같다고 하지만, 명확히 왜 좋은지 알 수 없어 생각해 봐야 할 거 같아.

PART 5

26 다음 (가) ~ (다)의 문제해결방법을 바르게 연결한 것은?

> (가) 상이한 문화적 토양을 가지고 있는 구성원을 가정하고, 서로의 생각을 직설적으로 주장하고 논쟁이나 협상을 통해 서로의 의견을 조정해 가는 방법이다. 이때 논리, 즉 사실과 원칙에 근거한 토론이 중심적 역할을 한다.
> (나) 깊이 있는 커뮤니케이션을 통해 서로의 문제점을 이해하고 공감함으로써 창조적인 문제해결을 도모한다. 초기에 생각하지 못했던 창조적인 해결방법이 도출되고, 동시에 구성원의 동기와 팀워크가 강화된다.
> (다) 조직 구성원들이 같은 문화적 토양을 가지고 이심전심으로 서로를 이해하는 상황을 가정한다. 무언가를 시사하거나 암시를 통하여 의사를 전달하고 기분을 서로 통하게 함으로써 문제해결을 도모하려고 한다.

	(가)	(나)	(다)
①	퍼실리테이션	하드 어프로치	소프트 어프로치
②	소프트 어프로치	하드 어프로치	퍼실리테이션
③	소프트 어프로치	퍼실리테이션	하드 어프로치
④	하드 어프로치	퍼실리테이션	소프트 어프로치
⑤	하드 어프로치	소프트 어프로치	퍼실리테이션

27 문제해결절차의 문제 도출 단계는 (가)와 (나)의 절차를 거쳐 수행된다. 다음 중 (가)에 대한 설명으로 적절하지 않은 것은?

(가)		(나)
전체 문제를 개별화된 이슈들로 세분화	→	문제에 영향력이 큰 핵심이슈를 선정

① 문제의 내용 및 영향 등을 파악하여 문제의 구조를 도출한다.
② 본래 문제가 발생한 배경이나 문제를 일으키는 메커니즘을 분명히 해야 한다.
③ 현상에 얽매이지 말고 문제의 본질과 실제를 봐야 한다.
④ 눈앞의 결과를 중심으로 문제를 바라봐야 한다.
⑤ 문제 구조 파악을 위해서 Logic Tree 방법이 주로 사용된다.

28 다음은 창의적 사고에 대한 설명이다. 빈칸에 들어갈 말로 적절하지 않은 것은?

창의적 사고란 당면한 문제를 해결하기 위해 이미 알고 있는 경험지식을 해체하여 새로운 아이디어를 다시 도출하는 것을 말한다. 즉, 창의적 사고는 개인이 가지고 있는 경험과 지식을 새로운 가치 있는 아이디어로 다시 결합함으로써 참신한 아이디어를 산출하는 힘을 의미하며, _____ 특징을 지닌다.

① 발산적   ② 독창성
③ 가치 지향성   ④ 다양성
⑤ 통상적

29 다음은 국내 금융기관에 대한 SWOT 분석 자료이다. 이를 바탕으로 SWOT 전략을 세운다고 할 때, 〈보기〉 중 분석 결과에 대응하는 전략과 그 내용이 바르게 연결된 것을 모두 고르면?

국내 대부분의 예금과 대출을 국내 은행이 차지하고 있을 정도로 국내 금융기관에 대한 우리나라 국민들의 충성도는 높은 편이다. 또한 국내 금융기관은 철저한 신용 리스크 관리로 해외 금융기관과 비교해 자산건전성 지표가 매우 우수한 편이다. 시장 리스크 관리도 해외 선진 금융기관 수준에 도달한 것으로 평가받는다. 국내 금융기관은 외환위기와 글로벌 금융위기 등을 거치며 꾸준히 자산건전성을 강화해왔기 때문이다.

그러나 은행과 이자 이익에 수익이 편중되어 있다는 점은 국내 금융기관의 가장 큰 약점이 된다. 대부분 예금과 대출 거래 중심의 영업구조로 되어 있기 때문이다. 취약한 해외 비즈니스도 문제로 들 수 있다. 최근 동남아 시장을 중심으로 해외 진출에 박차를 가하고 있지만, 아직은 눈에 띄는 성과가 많지 않은 상황이다.

많은 어려움에도 불구하고 국내 금융기관의 발전 가능성은 아직 무궁무진하다. 우선 해외 시장으로 눈을 돌리면 다양한 기회가 열려있다. 전 세계 신용·단기 자금 확대, 글로벌 무역 회복세로 국내 금융기관의 해외 진출 여건은 양호한 편이다. 따라서 해외 시장 개척을 통해 어떻게 신규 수익원을 확보하느냐가 성장의 새로운 기회로 작용할 전망이다. IT 기술 발달에 따른 핀테크의 등장도 새로운 기회가 될 수 있다. 국내의 발달된 인터넷과 모바일뱅킹 서비스, IT 인프라를 활용한 새로운 수익 창출 가능성이 열려 있는 것이다.

그러나 역설적으로 핀테크의 등장은 오히려 국내 금융기관의 발목을 잡을 수 있다. 블록체인 기술에 기반한 암호화폐, 간편결제와 송금, 로보어드바이저, 인터넷 은행, P2P 대출 등 다양한 핀테크 분야의 새로운 서비스들이 기존 금융 서비스의 대체재로서 출현하고 있기 때문이다. 금융시장 개방에 따른 글로벌 금융기관과의 경쟁 심화도 넘어야 할 산이다. 특히 중국 은행을 비롯한 중국 금융이 급성장하고 있어 이에 대한 대비책 마련이 시급하다.

PART 5

보기

ⓒ SO전략 : 높은 국내 시장점유율을 기반으로 국내 핀테크 사업에 진출한다.
ⓒ WO전략 : 위기관리 역량을 강화하여 해외 금융시장에 진출한다.
ⓒ ST전략 : 해외 금융기관과 비교해 우수한 자산건전성을 강조하여 글로벌 금융기관과의 경쟁에서 우위를 차지한다.
ⓒ WT전략 : 해외 비즈니스 역량을 강화하여 해외 금융시장에 진출한다.

① ㉠, ㉡ ② ㉠, ㉢
③ ㉡, ㉢ ④ ㉡, ㉣
⑤ ㉢, ㉣

30 K회사의 2차 면접에서는 어떤 주제나 주장 등에 대해서 적극적으로 분석하고 종합하며, 평가하는 능동적 사고인 비판적 사고를 평가한다. 다음 중 가장 낮은 평가를 받게 될 지원자는?

① A지원자 : 문제에 대한 개선방안을 찾기 위해서는 먼저 자료를 충분히 분석하고, 이를 바탕으로 객관적이고 과학적인 해결방안을 제시해야 한다고 생각합니다.

② B지원자 : 저는 문제의 원인을 찾기 위해서는 항상 왜, 언제, 누가, 어디서 등의 다양한 질문을 던져야 한다고 생각합니다. 이러한 호기심이 결국 해결방안을 찾는 데 큰 도움이 된다고 생각하기 때문입니다.

③ C지원자 : 저는 제 나름의 신념을 갖고 문제에 대한 해결방안을 찾으려 노력합니다. 상대방의 의견이 제 신념에서 벗어난다면 저는 인내를 갖고 끝까지 상대를 설득할 것입니다.

④ D지원자 : 해결방안을 도출하는 데 있어서는 개인의 감정적·주관적 요소를 배제해야 합니다. 사사로운 감정이나 추측보다는 경험적으로 입증된 증거나 타당한 논증을 토대로 판단해야 합니다.

⑤ E지원자 : 저는 제가 생각한 해결방안이 부적절할 수도 있음을 이해하고 있습니다. 다른 사람의 해결방안이 더 적절하다면 그 사람의 의견을 받아들이는 태도가 필요하다고 생각합니다.

31 다음 1분기 예산서에서 간접비의 총액은 얼마인가?

1분기 예산서		
비목	금액	세목
( )	930,000원	가. 인건비(5명) - 1월 : 300,000원 - 2월 : 250,000원 - 3월 : 380,000원
( )	4,500,000원	나. 장비 및 재료비 - 프로그램 구입비 : 1,000,000원 - 컴퓨터 구입비 : 1,500,000원 - 시제품 제작비 : 2,000,000원
( )	1,200,000원	다. 활동비 - 조사비 : 800,000원 - 인쇄비 : 400,000원
( )	1,000,000원	라. 프로젝트 추진비 - 여비 : 700,000원 - 회의비 : 300,000원
( )	7,500,000원	마. 일반관리비 - 공과금 : 4,000,000원 - 건물관리비 : 3,500,000원
합계	15,130,000원	-

① 7,500,000원

② 7,630,000원

③ 8,700,000원

④ 9,700,000원

⑤ 15,130,000원

32 다음 〈보기〉는 효율적인 시간관리로 인한 효과를 개인 및 기업 차원에서 구분한 자료이다. ㉠ ~ ㉣ 중 각 차원에 따른 시간관리 효과가 잘못 연결된 것을 모두 고르면?

구분	개인	기업
㉠	스트레스 감소	시장 점유율 증가
㉡	균형적인 삶 영위	비용 감소
㉢	업무 위임 자제	생산성 향상
㉣	자기계발 목표 달성	인건비 증가

① ㉠, ㉡
② ㉠, ㉢
③ ㉡, ㉢
④ ㉡, ㉣
⑤ ㉢, ㉣

33 다음 중 자원의 낭비 사례로 적절하지 않은 것은?

① A사는 재무회계팀이 예산별 용도를 광범위하게 설정하는 바람에 예산 운용에 혼란을 겪었다.

② B사는 창립기념일로 인한 휴일이라는 이유로 협력업체와의 약속기한을 지키지 않았고, 결국 해당 업체와의 계약이 취소되었다.

③ 직원의 근태 및 인사 관련 시스템을 IT업체에 위탁하여 관리하고 있는 C사에서는 위탁업체의 기술적 오류로 인해 직원들의 연차 관리가 1주일째 지연되고 있다.

④ D사는 재고량을 제대로 파악하지 못하여 여섯 분기 동안 재고를 처리하지 못하고 있다.

⑤ 사내 교육 및 훈련 프로그램을 제대로 갖추지 못한 E사에서는 직원의 실수로 인해 매년 4천만 원 이상의 손해가 발생하고 있다.

※ 다음 〈보기〉는 시간 계획 시 주의해야 하는 사항들이다. 이어지는 질문에 답하시오. [34~35]

> **보기**
>
> ㄱ. 행동·시간·저해요인 분석   ㄴ. 일·행동의 리스트화
> ㄷ. 규칙성 - 일관성   ㄹ. 현실적인 계획
> ㅁ. 유연성   ㅂ. 시간의 손실
> ㅅ. 기록   ㅇ. 미완료의 일
> ㅈ. 성과   ㅊ. 시간 프레임
> ㅋ. 우선순위   ㅌ. 권한위양
> ㅍ. 시간 낭비 요인과 여유 시간   ㅎ. 여유시간
> A. 정리할 시간   B. 시간계획의 조정

34 다음 〈보기〉 중 글에서 설명하는 것은?

> 기업의 규모가 작을 때에는 관리자가 모든 업무를 총괄하여 일을 진행할 수 있지만, 기업의 규모가 커지게 되면 관리자가 모든 업무에 대해 하나하나 파악하긴 현실적으로 어렵다. 이에 기업은 업무를 성격에 따라 분류하여 직원들에게 위임함으로써 탄력적으로 업무를 진행하도록 한다.

① ㄷ   ② ㅁ
③ ㅈ   ④ ㅌ
⑤ B

35 다음 〈보기〉 중 사례에 적용되지 않은 것은?

> 지윤이는 매주 일요일 밤, 다음 일주일간 해야 할 일에 대한 주간계획표를 작성하고, 그중 먼저 해야 할 일에 대해서는 따로 표시를 하여 다른 일에 비해 우선적으로 진행한다. 또한 혹시 예기치 못한 상황에 대비해 항상 일요일은 비워두고, 그 주에 못한 일에 대해서는 일요일에 다 끝낼 수 있도록 하고 있다.

① ㄴ   ② ㅅ
③ ㅊ   ④ ㅋ
⑤ ㅍ

36 예산을 직접비용과 간접비용으로 구분한다고 할 때, 다음 〈보기〉에서 직접비용과 간접비용을 바르게 구분한 것은?

> **보기**
>
> ㉠ 재료비   ㉡ 원료와 장비 구입비
> ㉢ 광고비   ㉣ 보험료
> ㉤ 인건비   ㉥ 출장비

	직접비용	간접비용
①	㉠, ㉡, ㉤	㉢, ㉣, ㉥
②	㉠, ㉡, ㉥	㉢, ㉣, ㉤
③	㉠, ㉡, ㉢, ㉣	㉤, ㉥
④	㉠, ㉡, ㉣, ㉥	㉢, ㉤
⑤	㉠, ㉡, ㉤, ㉥	㉢, ㉣

37 다음은 팀원들을 적절한 위치에 효과적으로 배치하기 위한 세 가지 원칙에 대한 글이다. ㉠~㉣에 들어갈 말을 순서대로 바르게 나열한 것은?

> _____㉠_____는 개인에게 능력을 발휘할 수 있는 기회와 장소를 부여하고, 그 성과를 바르게 평가한 뒤 평가된 실적에 대해 그에 상응하는 부상을 주는 원칙을 말한다. 이때, 미래에 개발 가능한 능력까지도 함께 고려해야 한다. 반면, _____㉡_____는 팀의 효율성을 높이기 위해 팀원의 능력이나 성격 등과 가장 적합한 위치에 배치하여 팀원 개개인의 능력을 최대로 발휘해 줄 것을 기대하는 것이다. 즉, 작업이나 직무가 요구하는 요건과 개인이 보유하고 있는 조건이 서로 균형 있고 적합하게 대응되어야 한다. 결국 _____㉢_____는 _____㉣_____의 하위개념이라고 할 수 있다.

	㉠	㉡	㉢	㉣
①	능력주의	적재적소주의	적재적소주의	능력주의
②	능력주의	적재적소주의	능력주의	적재적소주의
③	적재적소주의	능력주의	능력주의	적재적소주의
④	적재적소주의	능력주의	적재적소주의	능력주의
⑤	능력주의	균형주의	균형주의	능력주의

38 다음 중 효과적으로 인맥을 관리하기 위한 방법으로 적절하지 않은 것은?

① A씨는 자신의 주변에 있는 인맥을 모두 하나의 인맥관리카드에 작성하여 관리하고 있다.

② NQ를 높이는 데 관심이 많은 B씨는 사람들의 경조사에 참석하며 인맥을 관리하고 있다.

③ 인맥을 키워나가기 위해 C씨는 먼저 인맥 지도를 그려 현재 자신의 인맥 상태를 점검하기로 하였다.

④ SNS상에서 많은 팔로우를 보유하고 있는 유명 인플루언서 D씨는 자신이 팔로우한 사람들의 SNS 에 찾아가 댓글을 남기며 안부를 전한다.

⑤ 명함관리를 통해 효과적으로 인맥을 관리할 수 있다는 이야기를 들은 E씨는 명함에 상대방의 특징들을 메모해 두기 시작했다.

39 RFID 기술이 확산됨에 따라 K유통업체는 RFID를 물품관리시스템에 도입하여 긍정적인 효과를 얻고 있다. 다음 중 RFID에 대한 설명으로 적절하지 않은 것은?

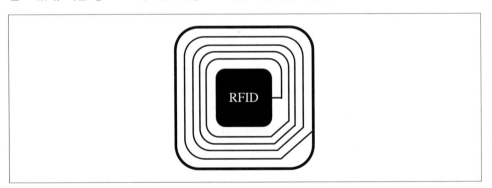

① 바코드와 달리 물체에 직접 접촉하지 않고도 데이터를 인식할 수 있다.

② 여러 개의 정보를 동시에 인식하거나 수정할 수 있다.

③ 바코드에 비해 많은 양의 데이터를 허용한다.

④ 데이터를 읽는 속도가 매우 빠르며, 데이터의 신뢰도 또한 높다.

⑤ 종류에 따라 반복적으로 데이터를 기록할 수 있으며, 주기적으로 정보가 저장된 RFID 태그를 교체해야 한다.

40 다음은 과제나 프로젝트 수행 시 예산을 관리하기 위한 예산 집행 실적 워크시트이다. ㉠~㉤에 대한 설명으로 적절하지 않은 것은?

〈예산 집행 실적〉

항목	배정액	당월 집행 실적	누적 집행 실적	㉢ 잔액	㉣ 사용률(%)	㉤ 비고
㉠			㉡			
합계						

① ㉠ : 기관에 따라 예산 항목의 이동이 자유로운 곳도 있지만, 다양한 기준으로 제한된 경우도 있다.

② ㉡ : 빈칸에는 해당 사업의 누적 집행 금액이 들어가는 것이 적절하다.

③ ㉢ : 당월 실적에서 ㉡을 뺀 값을 작성한다.

④ ㉣ : ㉡을 배정액으로 나눈 값에 100을 곱한 값을 작성한다.

⑤ ㉤ : 어떠한 목적으로 예산이 사용되었는지에 대한 정보를 기입한다.

01 다음 사례에 나타난 의사표현에 영향을 미치는 요소에 대한 설명으로 적절하지 않은 것은?

> • 독일의 유명 가수 슈만 하이크는 "음악회에서 노래를 부를 때 심리적 긴장감을 갖지 않느냐?"라는 한 기자의 질문에 대해 "노래하기 전에 긴장감을 느끼지 않는다면, 그때는 내가 은퇴할 때이다."라고 이야기하였다.
> • 영국의 유명 작가 버나드 쇼는 젊은 시절 매우 내성적인 청년이었다. 그는 잘 아는 사람의 집을 방문할 때도 문을 두드리지 못하고 20분이나 문밖에서 망설이며 거리를 서성거렸다. 그는 자신의 내성적인 성격을 극복하기 위해 런던에서 공개되는 모든 토론에 의도적으로 참가하였고, 그 결과 장년에 이르러서 20세기 전반에 걸쳐 가장 재치 있고 자신이 넘치는 웅변가가 될 수 있었다.

① 소수인의 심리상태가 아니라 90% 이상의 사람들이 호소하는 불안이다.
② 잘 통제하면서 표현을 한다면 청자는 더 인간답다고 생각하게 될 것이다.
③ 개인의 본질적인 문제이므로 완전히 치유할 수 있다.
④ 분명한 원인은 아직 규명되지 않았다.
⑤ 불안을 심하게 느끼는 사람일수록 다른 사람과 접촉이 없는 직업을 선택하려 한다.

02 다음 글에서 나타나는 경청의 방해요인으로 가장 적절한 것은?

> 내 친한 친구는 한 번도 약속을 지킨 적이 없던 것 같다. 작년 크리스마스 때의 약속, 지난 주말에 했던 약속 모두 늦게 오거나 당일에 문자로 취소 통보를 했었다. 그 친구가 오늘 학교에서 나에게 다음 주말에 개봉하는 영화를 함께 보러 가자고 했고, 나는 당연히 다음 주에는 그 친구와 만날 수 없을 것이라고 생각했다.

① 판단하기　　　　　　　　　　② 조언하기
③ 언쟁하기　　　　　　　　　　④ 걸러내기
⑤ 비위 맞추기

03 다음 중 기초외국어능력의 향상에 대한 설명으로 가장 적절한 것은?

① 매일 30분씩 공부하는 것은 안 하느니만 못하다.

② 출퇴근 시간에 외국어 방송을 보는 것만으로는 도움이 되지 않는다.

③ 외국어 공부의 목적부터 정한다.

④ 정확하게 말할 수 있는 것만 말해야 한다.

⑤ 업무보다는 실생활과 관련된 용어의 외국어를 알아두는 것이 좋다.

PART 5

04 다음 중 경청 훈련 방법과 사례가 바르게 연결되지 않은 것은?

	방법	사례
①	주의 기울이기	A씨는 말을 하고 있는 B씨의 얼굴과 몸의 움직임뿐만 아니라 호흡하는 자세까지도 주의하여 관찰하고 있다. 또한 B씨의 어조와 억양, 소리 크기에도 귀를 기울이고 있다.
②	상대방의 경험을 인정하고 더 많은 정보 요청하기	C씨는 자신의 경험담을 이야기하고 있는 D씨에게 관심과 존경을 보이고 있으며, D씨가 계속해서 이야기를 할 수 있도록 질문을 던지기도 한다.
③	정확성을 위해 요약하기	E씨는 유치원에서 친구와 다투었다는 아이의 말을 듣고 "친구와 간식을 두고 다툼을 해서 너의 기분이 좋지 않구나."라며 아이의 이야기를 자신의 말로 반복하여 표현하였다.
④	개방적인 질문	F씨는 G씨에 대한 이해의 정도를 높이기 위해 주말에 부산으로 여행을 간다는 G씨에게 이번 여행은 누구와 가는지 질문하고 있다.
⑤	'왜?'라는 질문 삼가기	H씨는 부정적·강압적인 표현의 '왜?'라는 질문을 사용하지 않으려고 노력하고 있다.

05 다음 〈보기〉는 문서의 종류에 따른 문서작성법이다. 〈보기〉와 문서의 종류가 바르게 연결된 것은?

보기

(가) 상품이나 제품에 대해 정확하게 기술하기 위해서는 가급적 전문용어의 사용을 삼가고 복잡한 내용은 도표화한다.

(나) 대외문서이고, 장기간 보관되는 문서이므로 정확하게 기술해야 하며, 한 장에 담아내는 것이 원칙이다.

(다) 보통 업무 진행 과정에서 쓰는 경우가 대부분이므로 무엇을 도출하고자 했는지 핵심내용을 구체적으로 제시한다. 이때, 간결하고 핵심적인 내용의 도출이 우선이므로 내용의 중복을 피해야 한다.

(라) 상대가 요구하는 것이 무엇인지 고려하여 설득력을 갖추어야 하며, 제출하기 전에 충분히 검토해야 한다.

	(가)	(나)	(다)	(라)
①	공문서	보고서	설명서	기획서
②	공문서	기획서	설명서	보고서
③	설명서	공문서	기획서	보고서
④	설명서	공문서	보고서	기획서
⑤	기획서	설명서	보고서	공문서

06 다음 자료를 참고할 때, 의사소통에 대한 설명으로 가장 적절한 것은?

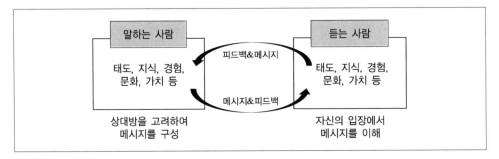

① 의사소통은 상대방에게 메시지를 전달하는 과정이다.

② 의사소통은 정보 전달만을 목적으로 한다.

③ 일방적인 문서를 통한 의사 전달도 의사소통으로 볼 수 있다.

④ 의사소통은 상대방과의 상호작용을 통해 메시지를 다루는 과정이다.

⑤ 성공적인 의사소통을 위해서는 상대방에게 자신의 정보를 최대한 많이 전달해야 한다.

07 다음 중 일반적으로 문서를 작성해야 하는 상황이 아닌 것은?

① 팀원 간 자유롭게 브레인스토밍을 하는 경우

② 타 부서의 확인이나 요청이 필요한 경우

③ 동료나 상사의 업무상 과오를 공식화해야 하는 경우

④ 새로운 일이 생겼을 때 가장 적합한 사람을 사내에서 추천하고자 하는 경우

⑤ 곧 개최될 회사 창립기념일 행사와 관련된 정보를 제공해야 하는 경우

08 문서이해의 절차 중 A씨가 수행하고 있는 단계로 가장 적절한 것은?

> 영업지원팀의 A씨는 매일 협력업체들이 보내는 수십 건의 주문서를 처리하고, 상사의 지시에 따라
> 보고서나 기획서 등을 작성한다. 얼마 전 A씨는 급하게 처리해야 할 주문서를 찾아야 했는데, 책상
> 에 가득 쌓인 주문서와 상사의 요청서, 보고서 등으로 곤욕을 치러야 했다. A씨는 문서를 종류별로
> 체계적으로 정리하기로 결심하였고, 고객의 주문서 중 핵심내용만 정리하여 요구사항별로 그룹화하
> 고, 상사의 요청서에서 중요한 내용만 간추려 메모하기 시작하였다.

① 문서의 목적 이해하기

② 문서작성의 배경과 주제 파악하기

③ 상대방의 의도를 메모하여 요약, 정리하기

④ 문서가 제시하는 현안문제 파악하기

⑤ 문서에서 이해한 목적 달성을 위해 취해야 할 행동 생각하기

09 다음은 대화 과정에서 지켜야 할 협력의 원리에 대한 설명이다. 〈보기〉의 대화에 대한 설명으로 가장 적절한 것은?

협력의 원리란 대화 참여자가 대화의 목적에 최대한 기여할 수 있도록 서로 협력해야 한다는 것으로, 듣는 사람이 요구하지 않은 정보를 불필요하게 많이 제공하거나 대화의 목적이나 주제에 맞지 않는 내용을 말하는 것은 바람직하지 않다. 협력의 원리를 지키기 위해서는 다음과 같은 사항을 고려해야 한다.
- 양의 격률 : 필요한 만큼의 정보를 제공해야 한다.
- 질의 격률 : 타당한 근거를 들어 진실한 정보를 제공해야 한다.
- 관련성의 격률 : 대화의 목적이나 주제와 관련된 것을 말해야 한다.
- 태도의 격률 : 모호하거나 중의적인 표현을 피하고, 간결하고 조리 있게 말해야 한다.

> **보기**
>
> A사원 : 오늘 점심은 어디로 갈까요?
> B대리 : 아무거나 먹읍시다. 오전에 간식을 먹었더니 배가 별로 고프진 않아서 아무 데나 괜찮습니다.

① B대리는 불필요한 정보를 제공하고 있으므로 양의 격률을 지키지 않았다.
② B대리는 거짓된 정보를 제공하고 있으므로 질의 격률을 지키지 않았다.
③ B대리는 질문에 적합하지 않은 대답을 하고 있으므로 관련성의 격률을 지키지 않았다.
④ B대리는 대답을 명료하게 하지 않고 있으므로 태도의 격률을 지키지 않았다.
⑤ A대리와 B대리는 서로 협력하여 의미 전달을 하고 있으므로 협력의 원리를 따르고 있다.

10 다음은 문서를 기준에 따라 구분한 자료이다. 빈칸에 들어갈 기준을 바르게 연결한 것은?

기준	종류
㉠	공문서
	사문서
㉡	내부결재문서
	대내문서, 대외문서, 발신자와 수신자 명의가 같은 문서
㉢	법규문서
	지시문서
	공고문서
	비치문서
	민원문서
	일반문서

	㉠	㉡	㉢
①	작성 주체	문서의 성질	유통 대상
②	작성 주체	유통 대상	문서의 성질
③	유통 대상	문서의 성질	작성 주체
④	유통 대상	작성 주체	문서의 성질
⑤	문서의 성질	작성 주체	유통 대상

11 거리가 30km인 A, B 두 지점 사이에 P지점이 있다. A지점에서 P지점까지 시속 3km의 속력으로, P지점에서 B지점까지 시속 4km의 속력으로 갔더니 총 9시간이 걸렸다. 이때 A지점에서 P지점 사이의 거리는 몇 km인가?

① 12km   ② 15km

③ 18km   ④ 21km

⑤ 24km

12 농도 5%의 설탕물 600g을 1분 동안 가열하면 10g의 물이 증발한다. 이 설탕물을 10분 동안 가열한 후, 다시 설탕물 200g을 더 넣었더니 10%의 설탕물 700g이 되었다. 이때 더 넣은 설탕물 200g의 농도는 얼마인가?(단, 용액의 농도와 관계없이 가열하는 시간과 증발하는 물의 양은 비례한다)

① 10%   ② 15%

③ 20%   ④ 25%

⑤ 30%

13 K사에서 워크숍을 위해 강당의 대여요금을 알아보고 있다. 강당의 대여요금은 기본요금의 경우 30분까지 같으며, 그 후에는 1분마다 추가 요금이 발생한다. 1시간 대여료는 50,000원이고, 2시간 대여료가 110,000원일 때, 3시간 대여료는 얼마인가?

① 170,000원
② 180,000원
③ 190,000원
④ 200,000원
⑤ 210,000원

14 오래달리기 기록 순위를 기준으로 남녀 우승자 한 명씩에게 음료수 2개씩을 나누어 주려고 한다. 음료가 콜라 2개, 사이다 1개, 환타 2개, 마운틴 2개가 있을 때, 우승자 두 명에게 2개씩 나눠주는 경우의 수는 몇 가지인가?

① 42가지
② 44가지
③ 50가지
④ 51가지
⑤ 53가지

15 A, B 두 팀이 축구 경기를 했는데 동점으로 끝나 승부차기를 하고 있다. 현재 어느 팀이든 한 골만 넣으면 경기가 바로 끝나는 상황일 때, 두 팀이 한 번씩 승부차기를 한 후에도 경기가 끝나지 않을 확률은?(단, A팀과 B팀의 승부차기 성공률은 각각 70%, 40%이다)

① 0.11
② 0.18
③ 0.28
④ 0.36
⑤ 0.46

16 50원, 100원, 500원짜리 동전이 총 14개가 있다. 동전들의 합이 2,250원이라면 50원짜리 동전은 몇 개인가?

① 5개
② 6개
③ 7개
④ 8개
⑤ 9개

<장기간 폭우로 인한 피해 현황>

(단위 : 명, 억 원)

구분		1일차	2일차	3일차	4일차	5일차	6일차	7일차
수재민	전체	582	920	1,460	2,840	4,202	5,888	7,210
	사망자	0	5	10	12	18	25	28
	실종자	2	3	4	4	5	7	8
피해액		700	1,280	1,590	2,400	3,220	6,940	7,850
복구비용		1,800	2,620	2,990	3,680	5,200	9,920	10,992
일차별 시간당 최고 강수량 (mm)		128	255	380	592	698	880	810
일차별 최고기온(℃)		28.2	28.5	28.9	29.2	31.2	27.2	27.5
일차별 최저기온(℃)		26.3	26.9	26.7	27.1	27.4	25.5	24.1
일차별 평균습도(%)		52	58	55	59	64	72	66

※ N일차의 수치는 N일차까지의 누계를 나타낸다.

17 다음 중 자료에 대한 설명으로 옳은 것은?

① 1일차 대비 7일차의 피해액 증가율은 복구비용 증가율보다 낮다.

② 최고기온이 가장 낮은 일자와 최저기온이 가장 낮은 일자는 같은 날이다.

③ 일차별 시간당 최고 강수량이 가장 많은 날은 최고기온과 평균습도 또한 가장 높다.

④ 일차별 시간당 최고 강수량의 증감방향과 평균습도의 증감방향은 동일하다.

⑤ 2일차부터 7일차까지 전일 대비 사망자가 가장 많이 증가한 날은 전체 수재민 또한 가장 많이 증가했다.

18 전체 수재민 중 실종자가 차지하는 비율이 가장 높은 일차와 가장 낮은 일차의 차이는 얼마인가? (단, 실종자 비율은 소수점 셋째 자리에서 반올림한다)

① 0.02%p ② 0.08%p

③ 0.15%p ④ 0.23%p

⑤ 0.34%p

19 다음은 K공장에서 근무하는 근로자들의 임금 수준 분포를 나타낸 자료이다. 근로자 전체에게 지급된 임금(월 급여)의 총액이 2억 원일 때, 〈보기〉 중 옳은 것을 모두 고르면?

〈K공장 근로자의 임금 수준 분포〉

임금 수준(만 원)	근로자 수(명)
월 300 이상	4
월 270 이상 300 미만	8
월 240 이상 270 미만	12
월 210 이상 240 미만	26
월 180 이상 210 미만	30
월 150 이상 180 미만	6
월 150 미만	4
합계	90

보기

ㄱ 근로자당 평균 월 급여액은 230만 원 이하이다.
ㄴ 절반 이상의 근로자들이 월 210만 원 이상의 급여를 받고 있다.
ㄷ 월 180만 원 미만의 급여를 받는 근로자의 비율은 약 14%이다.
ㄹ 적어도 15명 이상의 근로자가 월 250만 원 이상의 급여를 받고 있다.

① ㄱ
② ㄱ, ㄴ
③ ㄷ, ㄹ
④ ㄴ, ㄷ, ㄹ
⑤ ㄱ, ㄴ, ㄷ, ㄹ

20 다음은 한국, 미국, 일본, 프랑스가 화장품산업 경쟁력 4대 분야에서 획득한 점수에 대한 자료이다. 이에 대한 설명으로 옳은 것은?

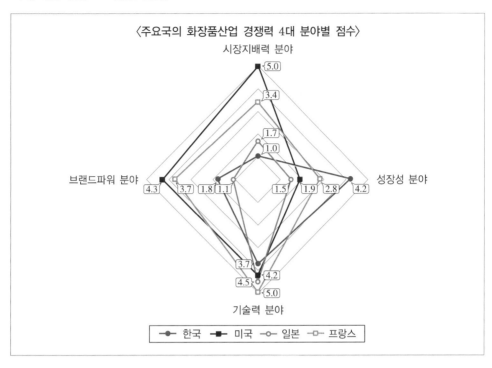

① 기술력 분야에서는 한국의 점수가 가장 높다.

② 성장성 분야에서 점수가 가장 높은 국가는 시장지배력 분야에서도 점수가 가장 높다.

③ 브랜드파워 분야에서 각국 점수 중 최댓값과 최솟값의 차이는 3점 이하이다.

④ 미국이 4대 분야에서 획득한 점수의 합은 프랑스가 4대 분야에서 획득한 점수의 합보다 높다.

⑤ 시장지배력 분야의 점수는 일본이 프랑스보다 높지만 미국보다는 낮다.

21 다음 중 3C 분석에 대한 설명으로 옳은 것은?

① 기업 내부의 강점과 약점, 외부환경의 기회, 위협요인을 조사한다.

② 시장을 세분화하고, 목표시장을 설정한 후 적절한 제품 포지셔닝을 한다.

③ 제품, 가격, 유통경로, 프로모션을 효과적으로 조합한다.

④ 고객, 경쟁사, 자사를 각각 분석한다.

⑤ 산업환경에 영향을 미치는 신규진입의 위협, 공급자의 협상력, 구매자의 협상력, 대체재, 기존 사업자 요인을 분석한다.

22 다음 중 문제해결을 위해 갖춰야 할 기본요소에 대한 설명으로 적절하지 않은 것은?

① 기존과 다른 방식으로 사고하기 위해 의식적인 노력을 기울인다.

② 문제해결에 대한 외부 강의 등을 수강하며, 문제해결을 위한 새로운 스킬을 습득한다.

③ 조직의 기능 단위 수준에서 현 문제점을 분석하고 해결안을 도출하기 위해 노력한다.

④ 해결하기 어려운 문제에 당면하더라도 이를 통해 스스로를 더욱 발전시키겠다는 태도로 임한다.

⑤ 담당 업무에 대한 풍부한 지식과 경험을 통해서 해결하고자 하는 문제에 대한 지식을 갖추고자 노력한다.

23 다음 중 창의적 사고에 대한 설명으로 옳지 않은 것은?

① 창의적 사고는 누구나 할 수 있는 일반적 사고와 달리 일부 사람만이 할 수 있는 능력이다.

② 창의적 사고란 정보와 정보의 조합으로, 사회나 개인에게 새로운 가치를 창출하도록 하게 한다.

③ 창의적 사고를 하기 위해서는 고정관념을 버리고, 문제의식을 가져야 한다.

④ 창의적인 사고란 이미 알고 있는 경험과 지식을 다시 결합함으로써 참신한 아이디어를 산출하는 것이다.

⑤ 창의적 사고란 무에서 유를 만들어 내는 것이 아니라 끊임없이 참신한 아이디어를 산출하는 것이다.

24 다음 사례에서 영업팀 A사원에게 해줄 수 있는 조언으로 가장 적절한 것은?

> 제약회사의 영업팀에 근무 중인 A사원은 성장세를 보이고 있는 타사에 비해 자사의 수익과 성과가 지나치게 적다는 것을 알았다. 그 이유에 대해 알아보기 위해 타사에 근무하고 있는 친구에게 물어본 결과 친구의 회사에서는 영업사원을 대상으로 판매 교육을 진행한다는 것을 알게 되었다. A사원은 이를 바탕으로 개선 방향에 대한 보고서를 제출하였으나, A사원의 상사는 구체적인 문제해결 방법이 될 수 없다며 A사원의 보고서를 반려하였다.

① 문제와 해결방안이 상위 시스템과 어떻게 연결되어 있는지 생각하는 전략적 사고가 필요합니다.
② 전체를 각각의 요소로 나누어 요소마다 의미를 도출한 후 구체적인 문제해결방법을 실행하는 분석적 사고가 필요합니다.
③ 기존에 가지고 있는 인식의 틀을 전환하여 새로운 관점에서 세상과 사물을 바라보는 발상의 전환이 필요합니다.
④ 문제해결에 필요한 기술, 재료, 방법 등 필요한 자원 확보 계획을 수립하고, 내·외부자원을 효과적으로 활용해야 합니다.
⑤ 문제해결방법에 대한 기본 지식이 부족하므로 체계적인 교육을 통해 문제해결을 위한 기본 지식과 스킬을 습득해야 합니다.

25 K사원은 A기업과 B기업의 사례를 통해 〈보기〉와 같은 결론을 도출하였다. 다음 중 빈칸에 들어갈 말을 순서대로 나열한 것은?

> 국내 대표 주류업체인 A기업과 B기업은 오래전부터 업계 1위를 경쟁해오고 있었다. 그러나 최근에는 A기업의 저조한 판매 실적으로 인해 B기업이 계속해서 업계 선두를 차지하고 있는 상황이다. A기업은 판매 부진 문제를 해결하기 위해 많은 비용을 투입하고 있지만, B기업을 따라잡기에는 역부족이다. 특히 해외의 유명 주류업체들이 국내 시장에 진출함에 따라 국내 시장에서의 A기업의 입지는 더욱더 좁아지고 있다. 반면, B기업은 해외 주류업체들의 국내 시장 진출에도 불구하고 국내 입지가 더욱 탄탄해지고 있으며, 판매율 역시 계속해서 높은 수준을 유지하고 있다. 이미 해외 주류업체의 국내 진출 전부터 이에 대한 문제를 인식하고 대책을 마련해왔기 때문이다.

> **보기**
>
> A기업은 현재 겪고 있는 _____ 문제만을 해결하는 데 급급했지만, B기업은 미래에 발생할지도 모르는 _____ 문제를 인식하고 이를 대비했다. 결국 문제를 인식하는 _____의 차이가 두 기업의 성장에 많은 차이를 초래하였음을 알 수 있었다.

① 발생형 – 탐색형 – 시점
② 발생형 – 설정형 – 시점
③ 탐색형 – 발생형 – 관점
④ 탐색형 – 설정형 – 관점
⑤ 설정형 – 발생형 – 방법

26 다음 사례에 적용된 문제해결방법 중 원인 파악 단계의 결과로 가장 적절한 것은?

1980년대 초반에 헝가리 부다페스트 교통 당국은 혼잡한 시간대에 대처하기 위해 한 노선에 버스를 여러 대씩 운행시켰다. 그러나 사람들은 45분씩 기다려야 했거나 버스 서너 대가 한꺼번에 온다고 짜증을 냈다. 사람들은 버스 운전사가 멍청하거나 아니면 악의적으로 배차를 그렇게 한다고 여겼다. 다행스럽게도 당국은 금방 문제의 원인을 파악했고, 해결책도 찾았다. 버스 세 대 이상을 노선에 투입하고 간격을 똑같이 해 놓으면, 버스의 간격은 일정하게 유지되지 않는다. 앞서 가는 버스는 승객을 많이 태우게 되고, 따라서 정차 시간이 길어진다. 바로 뒤 따라가는 버스는 승객이 앞 차만큼 많지 않기 때문에 정차 시간이 짧아진다. 이러다 보면 어쩔 수 없이 뒤차가 앞차를 따라 잡아서 버스가 한참 안 오다가 줄줄이 두세 대씩 한꺼번에 몰려오게 된다. 버스들이 자기 조직화 때문에 몰려 다니게 되는 것이다.

상황을 이해하고 나면 해결책도 나온다. 버스 관리자는 이 문제가 같은 노선의 버스는 절대로 앞차를 앞지르지 못하게 되어 있기 때문임을 인지했다. 문제를 없애기 위해 당국은 운전사들에게 새로운 규칙을 따르게 했다. 같은 노선의 버스가 서 있는 것을 보면 그 버스가 정류장의 승객을 다 태우지 못할 것 같아도 그냥 앞질러 가라는 것이다. 이렇게 하면 버스들이 한꺼번에 줄줄이 오는 것을 막게 되어 더 효율적으로 운행할 수 있다.

① 버스 운전사의 운전 미숙
② 부다페스트의 열악한 도로 상황
③ 유연하지 못한 버스 운행 시스템
④ 의도적으로 조절한 버스 배차 시간
⑤ 정차된 같은 노선의 버스를 앞지르는 규칙

27 다음은 논리적 사고를 개발하기 위한 방법을 그림으로 나타낸 자료이다. 이에 대한 설명으로 가장 적절한 것은?

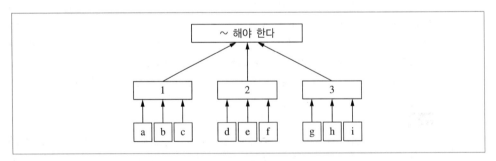

① 눈앞에 있는 정보로부터 의미를 찾아내어 가치 있는 정보를 이끌어 낸다.
② 논리적으로 분해한 문제의 원인을 나무 모양으로 나열하여 문제를 해결한다.
③ 하위의 사실이나 현상부터 사고하여 상위의 주장을 만들어간다.
④ 내·외부적으로 발생되는 장점 및 단점을 종합적으로 고려하여 해결방안을 찾는다.
⑤ '중복 없이, 누락 없이'를 통해 상위의 개념을 하위의 개념으로 논리적으로 분해한다.

※ 다음 글을 읽고 이어지는 질문에 답하시오. [28~29]

발산적 사고는 창의적 사고를 위해 필요한 것으로, 자유연상법, 강제연상법, 비교발상법 등을 통해 개발할 수 있다. 그중 '자유연상'은 목적과 의도 없이 자연스럽게 표현되는 것이다. 꿈이나 공상 등 정신치료나 정신분석에서 흔히 볼 수 있는 현상이다. 자유연상은 접근 연상, 유사 연상, 대비 연상 등의 유형으로 구분될 수 있다.

㉠ 접근 연상은 주제와 관련이 있는 대상이나 과거의 경험을 떠올려 보는 활동이다. 유사 연상은 제시된 주제를 보고 유사한 대상이나 경험을 떠올려 보는 활동이다. 대비 연상은 주제와 반대가 되는 대상이나 과거의 경험 등 대비되는 관념을 생각해 보는 활동이다.

자유연상법의 예시로는 브레인스토밍이 있다. 브레인스토밍은 집단구성원들의 상호작용을 통하여 많은 수의 아이디어를 발상하게 한다. 미국의 대표학자인 알렉스 오스본은 창의적인 문제해결 과정에서 아이디어 발상 및 전개과정을 무엇보다 중요시하였고, 아이디어 발상을 증대시키기 위해 '판단 보류'와 '가능한 많은 숫자의 발상을 이끌어 낼 것'을 주장하였다. 여기서 판단 보류라는 것은 비판하지 않는다는 것을 가정하며, 초기에 아이디어에 대한 평가를 적게 하면 할수록 독창적이고, 비범하고, 흥미로운 아이디어가 더 많이 도출될 것이라고 하였다. 또한 다른 문제해결방법과 차이를 갖는 특징으로 다음의 '4가지 규칙'을 제안하였다.
• 비판엄금(Support) : 평가 단계 이전에 결코 비판이나 판단을 해서는 안 되며 평가는 나중까지 유보한다.
• 자유분방(Silly) : 무엇이든 자유롭게 말한다.
• 질보다 양(Speed) : 질에는 관계없이 가능한 많은 아이디어들을 생성해 내도록 격려한다.
• 결합과 개선(Synergy) : 다른 사람의 아이디어에 자극되어 보다 좋은 생각이 떠오르고, 서로 조합하면 재미있는 아이디어가 될 것 같은 생각이 들면 즉시 조합시킨다.

28 다음 중 밑줄 친 ㉠에 대한 생각으로 적절하지 않은 것은?

① 한 가지 사물로부터 그와 근접한 여러 가지 사물을 생각해 봐야지!
② 주제와 반대되는 대상도 생각해 봐야지.
③ 생각하고 비교, 선택하여 합리적인 판단이 필요해.
④ 예전에 있었던 일을 생각해 보는 것도 좋을 것 같아.
⑤ 폐수방류하면 물고기 떼죽음이 생각나.

29 다음 중 윗글에서 강조하고 있는 '4가지 규칙'을 어긴 사람은?

① 모든 아이디어에 대해 비판하지 않는 지수
② 다른 사람의 생각을 참고하여 아이디어를 내는 혜성
③ 보다 좋은 의견을 내기 위하여 오래 생각하는 수미
④ 다른 사람의 생각에 상관없이 떠오르는 모든 아이디어를 말하는 성태
⑤ 다른 사람의 부족한 아이디어에 결점을 해결할 수 있는 본인의 생각을 덧붙여 더 좋은 안을 제시하는 효연

30 K공사에서 근무하는 A사원은 경제자유구역사업에 대한 SWOT 분석 결과를 토대로 SWOT 분석에 의한 경영전략을 세웠다. 다음 〈보기〉 중 SWOT 분석에 의한 경영전략의 내용으로 적절하지 않은 것을 모두 고르면?

〈경제자유구역사업에 대한 SWOT 분석 결과〉

구분	분석 결과
강점(Strength)	– 성공적인 경제자유구역 조성 및 육성 경험 – 다양한 분야의 경제자유구역 입주희망 국내기업 확보
약점(Weakness)	– 과다하게 높은 외자금액 비율 – 외국계 기업과 국내기업 간의 구조 및 운영상 이질감
기회(Opportunity)	– 국제경제 호황으로 인하여 타국 사업지구 입주를 희망하는 해외시장부문의 지속적 증가 – 국내진출 해외기업 증가로 인한 동형화 및 협업 사례 급증
위협(Threat)	– 국내거주 외국인 근로자에 대한 사회적 포용심 부족 – 대대적 교통망 정비로 인한 기성 대도시의 흡수효과 확대

〈SWOT 분석에 의한 경영전략〉

• SO전략 : 강점을 활용해 기회를 선점하는 전략
• ST전략 : 강점을 활용하여 위협을 최소화하거나 극복하는 전략
• WO전략 : 기회를 활용하여 약점을 보완하는 전략
• WT전략 : 약점을 최소화하고 위협을 회피하는 전략

보기

ㄱ. 성공적인 경제자유구역 조성 노하우를 활용하여 타국 사업지구로의 진출을 희망하는 해외기업을 유인 및 유치하는 전략은 SO전략에 해당한다.
ㄴ. 다수의 풍부한 경제자유구역 성공 사례를 바탕으로 외국인 근로자를 국내주민과 문화적으로 동화시킴으로써 원활한 지역발전의 토대를 조성하는 전략은 ST전략에 해당한다.
ㄷ. 기존에 국내에 입주한 해외기업의 동형화 사례를 활용하여 국내기업과 외국계 기업의 운영상 이질감을 해소하여 생산성을 증대시키는 전략은 WO전략에 해당한다.
ㄹ. 경제자유구역 인근 대도시와의 연계를 활성화하여 경제자유구역 내 국내·외 기업 간의 이질감을 해소하는 전략은 WT전략에 해당한다.

① ㄱ, ㄴ
② ㄱ, ㄷ
③ ㄴ, ㄷ
④ ㄴ, ㄹ
⑤ ㄷ, ㄹ

31 다음 중 4차 산업혁명 시대의 인적자원관리 변화에 대한 설명으로 적절하지 않은 것은?

① 영리 기반 공유경제 플랫폼은 노동자의 고용안정성을 더욱 향상시킨다.

② 기술진보에 따른 새로운 직무에 적응할 수 있도록 지속적인 능력개발이 뒷받침되어야 한다.

③ 신기술의 등장과 기존 산업 간의 융합으로 새로운 산업의 생태계를 만들고, 직업에도 많은 변화가 발생한다.

④ 인간을 모방한 감각기능과 지능이 탑재된 로봇이 다양한 수작업을 하고, 이는 산업에 영향을 주어 근로의 유형을 변화시킨다.

⑤ 일자리의 양극화가 더욱 심화되며, 대기업을 중심으로 우수인재 영입 및 유지를 위한 데이터 기반의 인적자원관리가 강화된다.

PART 5

32 다음 자료를 참고할 때, 효과적인 물적자원관리 과정에 대한 설명으로 옳지 않은 것은?

물품의 효과적인 관리를 위해서는 적절한 과정을 거쳐야 한다. 물품을 마구잡이식으로 보관하게 되면 필요한 물품을 찾기 어렵고, 물건의 훼손이나 분실의 우려가 있을 수 있다. 따라서 다음과 같은 과정을 거쳐 물품을 구분하여 보관하고 관리하는 것이 효과적이다.

과정	고려사항
사용 물품과 보관 물품의 구분	• 반복 작업 방지 • 물품 활용의 편리성
↓	
적절한 기준에 따른 물품 분류	• 동일성의 원칙 • 유사성의 원칙
↓	
물품 특성에 맞는 보관 장소 선정	• 물품의 형상 • 물품의 소재

① 물품을 계속해서 사용할 것인지의 여부를 고려하여 보관하여야 한다.

② 물품의 특성을 고려하여 보관 장소를 선정하여야 한다.

③ 사용 물품과 달리 보관 물품은 엄격하게 구분하여 관리하지 않는다.

④ 특성이나 종류가 유사한 물품은 인접한 장소에 보관하여야 한다.

⑤ 유리 제품을 효과적으로 관리하기 위해서는 따로 보관하는 것이 좋다.

33 다음은 시간 계획에 대한 설명이다. 빈칸 ㉠, ㉡에 들어갈 내용을 바르게 연결한 것은?

좋은 계획은 수많은 시간을 절약한다. 일하기 전 30분만이라도 미리 생각하고 계획할 시간을 갖는 다면 잘못된 방향으로 가는 시간을 절약할 수 있다. 시간 계획이란 시간자원을 최대한 활용하기 위 하여 ㉠ 하고, 최단 시간에 최선의 목표를 달성하는 것을 의미한다. 시간을 잘 계획할수록 일이 나 개인적 측면에서 자신의 이상을 달성할 수 있는 시간을 창출할 수 있다. 이러한 시간 계획을 위한 기본 원리는 ㉡ 의 규칙을 따른다. 이는 직장인들이 적절한 시간 계획을 세우기 위해 지켜야 하 는 가장 기본적인 원리로, 계획된 행동과 비계획된 행동에 주어진 시간을 각각 할애하는 비율을 의 미한다.

① ㉠ - 가장 많이 반복되는 일에 가장 많은 시간을 분배
② ㉠ - 가장 급한 일에 가장 많은 시간을 분배
③ ㉠ - 중요한 일일수록 먼저 처리
④ ㉡ - 50 : 50
⑤ ㉡ - 30 : 70

34 다음 중 SMART 법칙에 따른 목표의 예시로 적절하지 않은 것은?

① 나는 5시간 안에 20페이지 분량의 보고서를 작성할 것이다.
② 나는 1년 안에 토익점수 800점을 넘길 것이다.
③ 나는 부지런하고 성실한 사람이 되겠다.
④ 나는 올해 매달 2권씩 1년에 24권의 책을 읽겠다.
⑤ 나는 하루에 30분씩 집에서 운동을 하겠다.

35 다음은 직접비와 간접비에 대한 설명이다. 이를 참고할 때 〈보기〉의 인건비와 성격이 유사한 것은 무엇인가?

어떤 활동이나 사업의 비용을 추정하거나 예산을 잡을 때에는 추정해야 할 많은 유형의 비용이 존재한다. 그중 대표적인 것이 직접비와 간접비이다. 직접비란 간접비용에 상대되는 용어로, 제품 생산 또는 서비스를 창출하기 위해 직접 소비된 것으로 여겨지는 비용을 말한다. 이와 반대로 간접비란 제품을 생산하거나 서비스를 창출하기 위해 소비된 비용 중에서 직접비용을 제외한 비용으로, 제품 생산에 직접 관련되지 않은 비용을 말하는데, 이는 매우 다양하기 때문에 많은 사람들이 간접비용을 정확하게 예측하지 못해 어려움을 겪는 경우가 많다.

> **보기**
>
> 인건비란 제품 생산 또는 서비스 창출을 위한 업무를 수행하는 사람들에게 지급되는 비용으로, 계약에 의해 고용된 외부 인력에 대한 비용도 인건비에 포함된다. 이러한 인건비는 일반적으로 전체 비용 중 가장 큰 비중을 차지하게 된다.

① 통신비 ② 출장비
③ 광고비 ④ 보험료
⑤ 사무비품비

36 다음 글에서 설명하는 기업의 인력채용방식으로 가장 적절한 것은?

최근 기업에서 확산되고 있는 인력채용방식으로, 직원들이 추천하는 사람의 이력서를 수시로 받은 뒤 면접을 실시해 선발하는 방식이다. 이러한 방법을 사용하는 이유는 검증된 인재를 채용할 수 있으며, 채용에 들어가는 시간 등의 각종 비용을 줄일 수 있다는 장점이 있기 때문이다. 또한 이렇게 입사한 직원들은 쉽게 퇴사하지 않고 재직기간이 길다는 점도 기업들이 해당 제도를 시행하는 큰 이유 중 하나이다.

① 공개채용제도 ② 수시채용제도
③ 학교추천제도 ④ 사내추천제도
⑤ 헤드헌팅을 통한 채용

37 다음은 예산관리의 필요성에 대한 자료이다. (가) ~ (다)에 따른 결과를 순서대로 바르게 나열한 것은?

예산은 사전적 의미로 보았을 때, 필요한 비용을 미리 헤아려 계산하는 것이나 그 비용을 의미한다. 넓은 범위에서 민간기업·공공단체 및 기타 조직체는 물론이고 개인의 수입·지출에 관한 것도 포함된다. 하지만 우리가 예산관리를 해야 하는 이유는 예산의 유한성에서 비롯된다. 하나의 사업이나 활동을 하기 위해 필요한 비용을 미리 계산하는 것을 예산이라 할 수 있지만, 대부분의 경우 정해진 예산 범위 내에서 그 계획을 세우게 된다.

이렇듯 어떤 활동을 하던 간에 활동에 지불할 수 있는 비용은 제한되기 마련이며, 이로 인해 같은 비용을 얼마나 효율적으로 사용하고 관리하느냐가 중요하게 되었다. 즉, 적은 돈으로 최대의 효과를 보는 것이 중요하다고 할 수 있다. 하지만 여기서 중요한 것은 무조건 비용을 적게 들이는 것이 좋은 것은 아니다. 예산과 실제 비용의 차이에 따라 다음과 같은 결과가 나타날 수 있다.

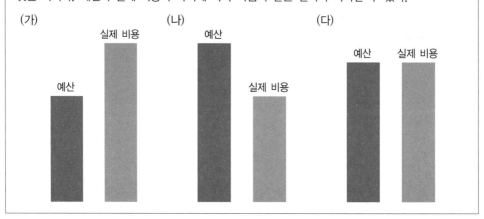

	(가)	(나)	(다)
①	적자 발생	경쟁력 손실	이상적 상태
②	적자 발생	이상적 상태	경쟁력 손실
③	경쟁력 손실	적자 발생	이상적 상태
④	경쟁력 손실	이상적 상태	적자 발생
⑤	이상적 상태	적자 발생	경쟁력 손실

38 다음과 같은 상황에서 A기업이 얻을 수 있는 효과로 적절하지 않은 것은?

> A기업은 전자가격표시기(ESL; Electronic Shelf Label)를 점포별로 확대 설치한다고 밝혔다. 전자가격표시기는 과거 종이에 표시했던 상품의 가격 등을 전자 종이와 같은 디지털 장치를 활용해 표시하는 방식으로, 중앙 서버에서 상품정보를 변경하면 무선 통신을 통해 매장 내 전자가격표시기에 자동 반영된다. 기존 시스템의 경우 매주 평균 3,700여 개의 종이 가격표를 교체하는 데 평균 31시간이 걸렸으나, 전자가격표시 도입 이후 관련 업무에 투입되는 시간은 기존의 1/10 수준인 3.8시간으로 단축됐다.
>
> 현장에서 근무하는 직원들은 세일 행사 직전에는 30분 ~ 1시간 정도 일찍 출근하거나 전날 늦게 퇴근해 가격을 점검해야 했다. 그러나 전자가격표시기를 도입한 이후 업무가 간소화되면서 정시 출퇴근도 수월해졌다는 반응이다. A기업은 전자가격표시기 운영 데이터를 바탕으로 업그레이드 버전을 확대 적용할 방안이다.

① 생산성 향상
② 가격 인상
③ 위험 감소
④ 시장 점유율 증가
⑤ 고용 인력 증가

39 다음 사례에 대한 물적자원관리의 방해요인이 바르게 연결되지 않은 것은?

> • A는 손톱깎이를 사용한 뒤 항상 아무 곳에나 놓는다. 그래서 손톱깎이가 필요할 때마다 한참 동안 집 안 구석구석을 찾아야 한다.
> • B는 길을 가다가 귀여운 액세서리를 발견하면 그냥 지나치지 못한다. 그래서 B의 화장대 서랍에는 액세서리가 쌓여 있다.
> • C는 지난주에 휴대폰을 잃어버려 얼마 전에 새로 구입하였다. 그런데 오늘 지하철에서 새로 산 휴대폰을 또 잃어버리고 말았다.
> • D는 작년에 친구로부터 선물 받은 크리스마스 한정판 화장품을 잃어버린 후 찾지 못했고, 다시 구입하려고 하니 이미 판매가 끝난 상품이라 구입할 수 없었다.
> • E는 건조한 실내 공기에 작년에 사용하고 넣어 두었던 가습기를 찾았으나, 창고에서 꺼내 온 가습기는 곰팡이가 피어 작동하지 않았다.

① A – 보관 장소를 파악하지 못하는 경우
② B – 분명한 목적 없이 물건을 구입하는 경우
③ C – 물품을 분실한 경우
④ D – 보관 장소를 파악하지 못하는 경우
⑤ E – 물품이 훼손된 경우

40 K유통업체는 현재 바코드를 사용하여 물품을 관리하고 있다. K유통업체에 근무 중인 A ~ E는 기사를 읽고 관세청이 병행수입물품 관리에 사용한 방법을 자사의 물품관리 시스템에 도입하기 위해 서로 의견을 나누었다. 다음 중 잘못된 의견을 제시하고 있는 사람은?

> 관세청은 병행수입 활성화와 소비자 권리 강화를 위해 275개 상표에 부착하던 '병행수입물품 통관표지'를 595개 상표로 확대해 실시한다고 밝혔다. QR코드 방식의 병행수입물품 통관표지는 수입자와 품명, 상표명, 수입 일자, 통관 세관 등의 정보를 담고 있어 소비자는 스마트폰을 통해 통관정보를 손쉽게 확인할 수 있다. 통관표지는 지난 2012년 8월부터 시작해 의류나 핸드백 등 35개 품목, 275개 상표의 병행수입물품을 대상으로 부착됐다.
> 관세청은 섬유유연제나 방향제 같은 생활용품을 비롯해 캠핑용 그릴, 등산배낭, 자동차용 엔진오일 등 국민 생활과 밀접한 품목을 추가해 모두 595개 상표의 병행수입물품에 통관표지를 부착하기로 하였다.

① A : 1차원의 코드를 사용하고 있는 우리 회사와 달리 관세청은 사각형의 가로세로 격자무늬의 2차원 코드를 사용하여 병행수입물품을 관리하고 있군.

② B : 관세청의 물품관리 방법을 도입하면 현재보다 더 빠르게 더 많은 양의 정보를 파악할 수 있겠어.

③ C : 게다가 코드의 일부분이 오염되거나 손상되어도 정보를 복원할 수 있다는 장점도 있어.

④ D : 기존에는 일반적으로 물품에 대한 정보를 파악하기 위해 전용 단말기가 필요했지만, 관세청의 물품관리 방법을 도입하면 별도의 단말기 없이 스마트폰만으로도 정보를 파악할 수 있겠군.

⑤ E : 하지만 관세청이 사용한 사각형의 코드 모양은 방향에 따라 다르게 인식될 수 있기 때문에 이를 유의하여 정보를 파악해야 해.

현재 나의 실력을 객관적으로 파악해 보자!

모바일 OMR
답안채점 / 성적분석 서비스

도서에 수록된 모의고사에 대한 객관적인 결과(정답률, 순위)를 종합적으로 분석하여 제공합니다.

OMR 입력

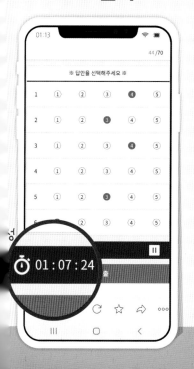

성적분석

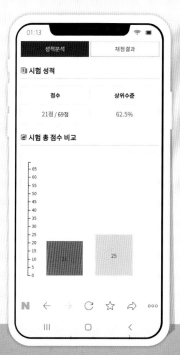

채점결과

※ OMR 답안채점 / 성적분석 서비스는 등록 후 30일간 사용 가능합니다.

도서 내 모의고사 우측 상단에 위치한 QR코드 찍기 → 로그인 하기 → '시작하기' 클릭 → '응시하기' 클릭 → 나의 답안을 모바일 OMR 카드에 입력 → '성적분석 & 채점결과' 클릭 → 현재 내 실력 확인하기

시대에듀

공기업 취업을 위한 NCS
직업기초능력평가 시리즈

NCS부터 전공까지 완벽 학습 "통합서" 시리즈

공기업 취업의 기초부터 차근차근! 취업의 문을 여는 **Master Key!**

NCS 영역 및 유형별 체계적 학습 "집중학습" 시리즈

영역별 이론부터 유형별 모의고사까지! 단계별 학습을 통한 **Only Way!**

2024 최신판

모듈형

NCS 핵심영역

한권으로 끝내기

NCS
핵심이론 및
대표유형 PDF

[합격시대]
온라인 모의고사
무료쿠폰

모바일 OMR
답안채점 / 성적분석
서비스

무료
NCS특강

편저 | SDC(Sidae Data Center)

정답 및 해설

시대에듀

PART 1
의사소통능력

01	02	03	04	05	06	07	08	09	10
③	③	③	②	①	④	②	③	③	②
11	12	13	14	15					
②	②	②	③	②					

01

정답 ③

문장의 형태소 중에서 조사나 선어말어미, 어말어미 등으로 쓰인 문법적 형태소의 개수를 파악해야 한다.
이, 니, 과, 에, 이, 었, 다 → 총 7개

오답분석

① 이, 을, 었, 다 → 총 4개
② 는, 가, 았, 다 → 총 4개
④ 는, 에서, 과, 를, 았, 다 → 총 6개
⑤ 에, 이, 었, 다 → 총 4개

02

정답 ③

'피상적(皮相的)'은 '사물의 판단이나 파악 등이 본질에 이르지 못하고 겉으로 나타나 보이는 현상에만 관계하는 것'을 의미한다. 제시된 문장에서는 '표면적(表面的)'과 반대되는 뜻의 단어를 써야 하므로 '본질적(本質的)'이 적절하다.

오답분석

① 정례화(定例化) : 어떤 일이 일정하게 정하여진 규칙이나 관례에 따르도록 하게 하는 것
② 중장기적(中長期的) : 길지도 짧지도 않은 중간쯤 되는 기간에 걸치거나 오랜 기간에 걸치는 긴 것
④ 친환경(親環境) : 자연환경을 오염하지 않고 자연 그대로의 환경과 잘 어울리는 일. 또는 그런 행위나 철학
⑤ 숙려(熟慮) : 곰곰이 잘 생각하는 것

03

정답 ③

'서슴다'는 '행동이 선뜻 결정되지 않고 머뭇대며 망설이다. 또는 선뜻 결정하지 못하고 머뭇대다.'라는 뜻으로, '서슴치 않다'가 아닌 '서슴지 않다'가 어법상 옳다.

오답분석

① '잠거라'가 아닌 '잠가라'가 되어야 어법상 옳은 문장이다.
② '담궈'가 아니라 '담가'가 되어야 어법상 옳은 문장이다.
④ '염치 불구하고'가 아니라 '염치 불고하고'가 되어야 어법상 옳은 문장이다.
⑤ '뒷뜰'이 아니라 '뒤뜰'이 되어야 어법상 옳은 문장이다.

04

정답 ②

무지에 호소하는 오류는 어떤 주장에 대해 증명할 수 없거나 결코 알 수 없음을 들어 거짓이라고 반박하는 오류이다. 따라서 귀신이 없다는 것을 증명할 수 없으니 귀신이 있다는 주장은 무지에 호소하는 오류이다.

오답분석

① 성급한 일반화의 오류 : 제한된 정보, 부적합한 증거, 대표성을 결여한 사례를 근거로 일반화하는 오류이다.
③ 거짓 딜레마의 오류 : 어떠한 문제 상황에서 제3의 선택지가 있음에도 두 가지 선택지가 있는 것처럼 상대에게 둘 중 하나를 강요하는 오류이다.
④ 대중에 호소하는 오류 : 많은 사람이 그렇게 행동하거나 생각한다는 것을 내세워 군중심리를 자극하는 오류이다.
⑤ 인신공격의 오류 : 주장을 제시한 자의 비일관성이나 도덕성의 문제를 이유로 제시된 주장을 잘못이라고 판단하는 오류이다.

05

정답 ①

토론이란 어떤 주제에 대하여 찬성하는 측과 반대하는 측이 서로 맞서, 각자 해당 주제에 대한 논리적인 의견을 제시함으로써, 상대방의 근거가 이치에 맞지 않다는 것을 증명하는 논의이다.

오답분석

② 토론은 상호 간의 주장에 대한 타협점을 찾아가는 것이 아니라 반대 측의 논리에 대한 오류를 증명해 내면서 자신의 의견이 논리적으로 타당함을 밝히는 말하기 방식이다.

③ 주어진 주제에 대한 자신의 의견을 밝히면서 상대방 또는 청중을 설득하는 것은 맞으나, 자신의 의견을 뒷받침할 추론적인 근거가 아닌 논리적인 근거를 제시하여야 한다.

④ 주어진 주제에 대하여 제시된 의견을 분석하면서 해결방안을 모색하는 말하기 방식은 토론이 아닌 토의에 해당하며, 승패가 없이 협의를 통해 결론을 내리는 토의와 달리 토론은 승패가 있고, 이때 패한 측은 상대방의 의견에 설득당한 측을 의미한다.

⑤ 토론은 반대 측의 의견을 인정하고 존중하기보다는 반대 측 의견이 논리적으로 타당하지 않음을 증명해 내는 말하기 방식이다.

06   정답 ④

A는 직접적인 대화보다 눈치를 중요시하고 있으므로 '말하지 않아도 아는 문화'에 안주하고 있다. 따라서 A는 의사소통에 대한 잘못된 선입견을 가지고 있다.

의사소통을 저해하는 요소
- '일방적으로 말하고', '일방적으로 듣는' 무책임한 마음 → 의사소통 과정에서의 상호작용 부족
- '그래서 하고 싶은 말이 정확히 뭐야?' 분명하지 않은 메시지 → 복잡한 메시지, 경쟁적인 메시지
- '말하지 않아도 아는 문화'에 안주하는 마음 → 의사소통에 대한 잘못된 선입견, 편견

07   정답 ②

조절과 낭비, 절제와 낭비는 반의 관계이고, 태만과 근면, 나태와 근면도 반의 관계이다.
- 조절 : 균형이 맞게 바로잡음 또는 적당하게 맞추어 나감
- 낭비 : 시간이나 재물 따위를 헛되이 헤프게 씀
- 절제 : 정도에 넘지 아니하도록 알맞게 조절하여 제한함
- 태만 : 열심히 하려는 마음이 없고 게으름
- 근면 : 부지런히 일하며 힘씀
- 나태 : 행동, 성격 따위가 느리고 게으름

08   정답 ③

빈칸에 들어갈 단어는 ⑦ '이문화 커뮤니케이션', ⓒ '국제 커뮤니케이션'이다.

[오답분석]
- 비공식적 커뮤니케이션 : 조직의 공식적 통로를 거치지 않는 의사소통이다.
- 다문화 커뮤니케이션 : 메시지의 송신자와 수신자가 서로 다른 문화의 일원일 경우에 일어나는 커뮤니케이션이다.
- 공식적 커뮤니케이션 : 공식조직의 제도적·계층적 경로를 따라 정식으로 행해지는 의사소통이다.

09   정답 ③

ㄴ. 날짜 작성 시에는 연도와 월일을 함께 기입하고, 날짜 다음에 마침표를 찍되, 만약 날짜 다음에 괄호가 사용된다면 마침표는 찍지 않는다.

ㄹ. 공문서 작성 시에는 한 장에 담아내는 것을 원칙으로 한다.

ㅁ. 공문서 작성을 마친 후에는 '내용 없음'이 아닌 '끝'이라는 문구로 마무리하여야 한다.

[오답분석]
ㄱ. 회사 외부 기관에 송달되는 공문서는 누가, 언제, 어디서, 무엇을, 어떻게, 왜가 명확히 드러나도록 작성하여야 한다.

ㄷ. 복잡한 내용을 보다 정확히 전달하기 위해 항목별로 구분하여 작성하여야 하며, 이때에는 '-다음-' 또는 '-아래-'와 같은 표기를 사용할 수 있다.

10   정답 ②

문서를 구성할 때는 문서의 가장 핵심적인 내용을 먼저 표기하여 문서가 전달하고자 하는 내용을 파악하기 쉽게 해야 한다.

[오답분석]
① 문서의 표제를 글과 함께 구성한다면, 문서 전체를 살펴보지 않아도 문서가 담고 있는 내용을 바로 파악할 수 있어 이해가 쉽다.

③ 문서작성 시에는 불필요한 내용은 배제하고 전달하고자 하는 내용만을 간단명료하게 표현하여야 한다.

④ 문서작성 시에는 문서가 담고 있는 수치를 정확하게 표기하여야 한다.

11   정답 ②

교육훈련을 통해 로열티를 지급하는 관행을 깰 수 있으므로 로열티를 지급해야 훈련을 받을 수 있다는 것은 옳지 않다.

[오답분석]
① 직업 및 교육훈련으로 이직률이 감소하였다.

③ 교육훈련 등을 통해 현장 기반 실무를 향상시킬 수 있다.

④ 직무별, 수준별 교육으로 신입들의 업무적응력이 향상되었다.

⑤ 현장과 교육, 자격이 미스매치가 되는 경우가 줄어들었다.

12

정답 ②

제시문에서는 태양광 발전시스템에는 모듈 성능 저하 등 운영 결함은 없었다고 밝히고 있다.

오답분석

① 국내 염전 중 85%는 전라남도에 밀집해 있다.
③ 중국, 인도, 프랑스, 이탈리아 등은 천일염 방식으로 소금을 생산한다.
④ 추가적인 부지 확보 없이 염전에서 태양광 전력을 생산할 수 있다.

13

정답 ②

태양광 발전으로 전기와 소금을 동시에 생산한다는 의미이므로, 한 가지 일로써 두 가지 이익을 얻는다는 뜻을 가진 '일거양득'이 들어가야 한다.

오답분석

① 아전인수 : 자기의 이익을 먼저 생각하고 행동함
③ 토사구팽 : 필요할 때 요긴하게 써 먹고 쓸모가 없어지면 가혹하게 버린다는 뜻
④ 백척간두 : 백 자나 되는 높은 장대 위에 올라섰다는 뜻으로, 위태로움이 극도에 달함

14

정답 ③

수력발전으로 전기를 생산하기 위해서는 거대한 댐을 건설해야 하는데 이 댐을 건설할 때 많은 이산화탄소가 발생한다. 따라서 수력발전을 통해 이산화탄소를 배출시키지 않고 전기를 생산할 수 있다는 장점이 있는 반면, 댐을 건설할 때 이산화탄소가 발생하는 단점도 있다는 의미의 '일장일단'이 제시문과 가장 관련이 있다.

오답분석

① 고식지계 : 당장의 편안함만을 꾀하는 일시적인 방편을 뜻함
② 결자해지 : 일을 저지른 사람이 그 일을 해결해야 함
④ 과유불급 : 모든 사물이 정도를 지나치면 미치지 못한 것과 같음

15

정답 ②

수력발전이 이산화탄소를 배출하는 것이 아니라, 수력발전을 위한 댐을 건설할 때 이산화탄소가 배출된다.

오답분석

① 메탄이 지구온난화에 미치는 영향은 이산화탄소의 20배에 달한다.
③ 댐이 건설되면서 저수지에 갇힌 유기물들이 부패 과정에서 이산화탄소는 물론 메탄도 생성된다.
④ 일부 학자들은 메탄 배출은 댐 운영 첫해에만 발생하는 현상이라고 주장한다.

CHAPTER 03

의사소통능력

적중예상문제

01	02	03	04	05	06	07	08	09	10
④	③	③	①	④	①	②	③	①	②
11	12	13	14	15	16	17	18	19	20
③	⑤	③	②	④	③	③	②	④	③
21	22	23	24	25	26	27	28	29	30
②	⑤	④	④	①	①	④	②	②	④

01

정답 ④

상대방이 이해하기 어려운 전문적 언어(@)나 단조로운 언어(@)는 의사표현에 사용되는 언어로 적절하지 않다.

오답분석

의사표현에 사용되는 언어로는 이해하기 쉬운 언어(㉠), 상세하고 구체적인 언어(㉡), 간결하면서 정확한 언어(㉢), 문법적 언어(㉭), 감각적 언어 등이 있다.

02

정답 ③

인상적인 의사소통능력을 개발하기 위해서는 자주 사용하는 표현을 섞어 쓰지 않고 자신의 의견을 전달할 수 있는 것이 중요하다.

03

정답 ③

상대방에게 잘못을 지적하며 질책을 해야 할 때는 '칭찬 – 질책 – 격려'의 순서인 샌드위치 화법으로 표현하는 것이 좋다. 즉, 칭찬을 먼저 한 다음 질책의 말을 하고, 끝에 격려의 말로 마무리한다면 상대방은 크게 반발하지 않고 질책을 받아들이게 될 것이다.

오답분석

① 상대방의 잘못을 지적할 때는 지금 당장의 잘못에만 한정해야 하며, 추궁하듯이 묻지 않아야 한다.
② 상대방의 말이 끝나기 전에 어떤 답을 할까 궁리하는 것은 좋지 않다.
④ 상대방을 설득해야 할 때는 일방적으로 강요하거나 상대방에게만 손해를 보라는 식으로 대화해서는 안 된다. 먼저 양보해서 이익을 공유하겠다는 의지를 보여주는 것이 좋다.

⑤ 상대방에게 명령을 해야 할 때는 강압적으로 말하기보다는 부드럽게 표현하는 것이 효과적이다.

04

정답 ①

경청함으로써 상대방의 입장에 공감하며 이해하게 된다.

05

정답 ④

같은 언어를 사용하는 경우, 사용하는 언어로 보고하면 된다.

06

정답 ①

김대리의 의사소통을 저해하는 요인은 '일방적으로 말하고', '일방적으로 듣는' 무책임한 마음이다. 다른 이들의 의견을 듣지 않고 일방적으로 말하는 것은 의사소통의 저해요인이다.

의사소통을 저해하는 요인
- '일방적으로 말하고', '일방적으로 듣는' 무책임한 마음 : 의사소통 기법의 미숙, 표현 능력의 부족, 이해 능력의 부족
- '전달했는데', '아는 줄 알았는데'라고 착각하는 마음 : 평가적이며 판단적인 태도, 잠재적 의도
- '말하지 않아도 아는 문화'에 안주하는 마음 : 과거의 경험, 선입견과 고정관념

07

정답 ②

㉠·㉢·㉣·㉤은 문서적인 의사소통 활동인 반면, ㉡은 언어적인 의사소통 활동에 해당한다.

08

정답 ③

기안서는 어떤 문제를 해결하기 위한 방안을 작성하여 결재권자에게 의사 결정을 요청하는 문서이다. 반면, 품의서는 특정 사안에 대하여 결재권자의 승인을 요청하는 문서이다. 즉, 기안서를 통해 상사의 결재를 받았다면, 이를 실행하기 위해서는 구체적인 내용의 품의서를 작성하여야 한다.

09 　　　　　　　　　　　정답 ①

조직은 다양한 사회적 경험과 지위를 토대로 한 개인의 집단
이므로 동일한 내용을 제시하더라도 각 구성원은 서로 다르게
받아들이고 반응한다. 제시된 사례에서는 이로 인해 갈등이
발생하였다.

오답분석

②·③·④·⑤ 제시된 갈등 상황에서는 메시지 이해 방식,
표현 및 전달 방식, 서로 간의 선입견 등의 문제보다는 서
로 다른 의견이 문제가 되고 있으므로 적절하지 않다.

10 　　　　　　　　　　　정답 ②

비즈니스 메모에 대한 설명이다. 비즈니스 레터는 사업상의
이유로 고객이나 단체에 편지를 쓰는 것이다.

11 　　　　　　　　　　　정답 ③

피드백의 효과를 극대화하려면 즉각적(㉠)이고, 정직(㉡)하
며, 지지(㉢)하는 자세여야 한다.

㉠ 즉각적 : 시간을 낭비하지 않는 것. 다시 말하기를 통해
상대방의 말을 이해했다고 생각하자마자 명료화하여 바로
피드백을 주는 것이 좋다. 시간이 갈수록 영향력은 줄어든다.
㉡ 정직 : 진정한 반응뿐만 아니라 조정하고자 하는 마음 또
는 보이고 싶지 않은 부정적인 느낌까지 보여주어야 한다.
㉢ 지지 : 정직하다고 해서 잔인해서는 안 된다. 부정적인 의
견을 표현할 때도 상대방의 자존심을 상하게 하거나 약점
을 이용하거나 위협적인 표현 방법을 택하는 대신에 부드
럽게 표현하는 방법을 사용할 필요가 있다.

12 　　　　　　　　　　　정답 ⑤

좋은 경청은 상대방과 상호작용하고, 말한 내용에 대해 생각
하고, 무엇을 말할지 기대하는 것을 의미한다. 질문에 대한
답이 즉각적으로 이루어질 수 없다고 하더라도 질문을 하려고
하면 오히려 경청하는 데 적극적 태도를 갖게 되고 집중력이
높아질 수 있다.

13 　　　　　　　　　　　정답 ③

제품소개서는 구매 유도의 목적이 있기도 하지만, 제품의 사
용법을 상세히 안내하는 것이 주된 목적이다.

오답분석

① 상품소개서는 소비자에게 상품의 특징을 잘 전달하는 것
이 아니라, 이를 통해 구매를 유도하는 것이 궁극적 목적
이다.
② 설명서 중 제품의 특징과 활용도에 대해 세부적으로 언급
하는 문서는 제품설명서이다.
④ 상품소개서뿐만 아니라 제품설명서도 구매 유도의 목적이
있다.
⑤ 일반인들이 친근하게 읽고 내용을 쉽게 이해하도록 하는
문서는 상품소개서이다.

14 　　　　　　　　　　　정답 ②

• 최과장 : 휴대전화가 발달하면서 문자를 남기는 등의 방안
이 활성화되었으므로 전화 메모는 오히려 감소하였다.
• 이주임 : 업무 메모는 본인의 추진 업무 뿐 아니라 상대의
추진 업무의 진행 상황 및 내용에 대해서 기록하는 것도 포
함한다.

15 　　　　　　　　　　　정답 ④

어떤 사안에 대한 '보고'를 한다는 것은 그 내용에 대한 충분
한 이해가 되었다는 것이다. 즉, 그 내용과 관련해서 어떤 질
문을 받아도 답변이 가능해야 한다.

오답분석

① 설명서에 해당하는 설명이다.
② 기획안에 해당하는 설명이다.
③ 이해를 돕기 위한 자료라 해도 양이 너무 많으면 오히려
내용 파악에 방해가 된다.
⑤ 한 장에 담아내야 하는 원칙이 적용되는 문서는 회사 외부
로 전달되는 문서인 공문서이다.

16 　　　　　　　　　　　정답 ③

문서작성 시에는 이해하기 쉬운 어휘뿐만 아니라 구조적으로
이해하기 쉬운 형태를 갖추고 있어야 한다.

문서작성의 구성요소
• 품위 있고 짜임새 있는 골격
• 객관적이고 논리적이며 체계적인 내용
• 이해하기 쉬운 구조
• 명료하고 설득력 있는 구체적인 문장
• 세련되고 인상적인 레이아웃

17 　　정답 ③

의미가 단순한 언어를 사용하면 메시지의 전달이 분명해진다.

오답분석

① 정보의 양이 너무 많으면 핵심이 가려지기 쉽다.
② 필요 이상으로 진지한 분위기는 의사소통에 부정적인 영향을 준다.
④ 대화 구성원의 사이가 어떤가에 따라 둘 사이의 대화, 즉 의사소통도 달라진다.
⑤ 시·공간 등 물리적인 제약이 있으면 그 속에서 이루어지는 의사소통도 원활히 이루어지기 어렵다.

18 　　정답 ②

회사 자체에 대한 홍보나 기업정보를 제공하는 경우, 홍보물 혹은 보도자료 등 보도에 특화된 정보제공 문서가 적합하다. 따라서 보도자료가 가장 적절한 문서의 형태이다.

오답분석

① 설명서 : 상품 등에 대한 상세 정보를 기술한 문서이다.
③ 회의보고서 : 회의 내용을 정리하여 기록한 문서이다.
④ 주간업무보고서 : 한 주간에 진행된 업무를 보고하는 문서이다.
⑤ 제안서 : 회사의 경영 활동의 중요한 일환으로, 사업 계획의 발전 및 개선안을 제안하기 위해 작성하는 문서이다.

19 　　정답 ④

ㄴ. 정보제공의 경우, 시각적 자료가 있으면 문서의 이해를 도울 수 있으므로 적절히 포함시키는 것이 좋다. 이를 최소화하는 것은 적절하지 않다.
ㄹ. 제안서나 기획서의 경우, 객관적 사실뿐만 아니라 제안자의 주관적 판단과 계획도 반영되어야 한다.

20 　　정답 ③

공식적 말하기는 대중을 상대로 사전에 준비된 내용을 말하는 것으로, ㉠ 토론, ㉡ 연설, ㉢ 토의가 해당한다.

오답분석

㉣·㉤ 의례적 말하기에 해당한다.
㉥ 친교적 말하기에 해당한다.

21 　　정답 ②

연단공포증을 극복하기 위해서는 프레젠테이션에 필요한 것들을 미리 준비하고, 반복적으로 연습하여 완벽한 준비를 해야 한다. 완벽한 준비는 발표 중에 느끼는 불안감에도 불구하고 미리 준비한 그대로 실천할 수 있도록 큰 도움을 준다.

22 　　정답 ⑤

ㄷ. 보고서는 간결하고 핵심적 내용의 도출이 우선이므로, 내용의 중복은 지양하여야 한다.
ㄹ. 참고자료는 반드시 삽입하여야 하며, 정확한 정보를 표기하여야 한다.

보고서 작성법
- 보통 업무 진행 과정에서 쓰는 경우가 대부분이므로, 무엇을 도출하고자 했는지 핵심내용을 구체적으로 제시한다.
- 보고서는 간결하고 핵심적인 내용의 도출이 우선이므로, 내용의 중복은 피한다.
- 업무상 상사에게 제출하는 문서이므로, 문서 내용에 대하여 질문받을 것에 대비한다.
- 산뜻하고 간결하게 작성한다.
- 복잡한 내용일 때에는 도표나 그림을 활용한다.
- 보고서는 개인의 능력을 평가하는 기본요인이므로 제출하기 전에 최종점검을 한다.
- 참고자료는 정확하게 제시한다.

23 　　정답 ④

성공적인 프레젠테이션을 위해서는 내용을 완전히 숙지해야 하며(㉠), 예행연습을 철저히 해야 한다(㉡). 또한, 다양한 시청각 기자재를 활용하여 프레젠테이션 효과를 극대화해야 한다(㉣).

오답분석

㉢ 성공적인 프레젠테이션을 위해서는 청중의 니즈를 파악해야 한다. A대리의 프레젠테이션 청중은 A대리에게 광고를 의뢰한 업체 관계자이므로 A대리는 팀원이 아닌 업체 관계자의 니즈를 파악해야 한다.
㉤ 성공적인 프레젠테이션을 위해서는 일관된 흐름을 가지고 요점을 간결·명확하게 전달해야 한다. 따라서 A대리는 요점을 간결하면서도 명확하게 전달할 수 있도록 연습해야 한다.

24 　　정답 ④

시각화는 문서의 핵심을 파악하기 용이하도록 하는 것이므로, 구체적 자료를 모두 담기보다는 핵심내용만 담는 것이 효과적이다.

문서 시각화 시 고려사항
- 보기 쉬워야 한다.
- 이해하기 쉬워야 한다.
- 다채롭게 표현되어야 한다.
- 숫자는 그래프로 표시한다.

25

상대의 성격에 따라 부담을 느낄 수도 있지만, 상대의 반응을 지레짐작하여 거리를 두는 것보다는 상대방의 말을 집중해서 경청하는 것이 바람직하다.

26

• 문서적인 의사소통 : 문서이해능력, 문서작성능력
• 언어적인 의사소통 : 경청능력, 의사표현능력

27

일반적으로 말의 속도와 리듬에 있어서 매우 빠르거나 짧게 얘기하면 공포나 노여움을 나타낸다.

28

B사원은 현재 문제 상황과 관련이 없는 A사원의 업무 스타일을 근거로 들며, A사원의 의견을 무시하고 있다. 즉, 상대방에 대한 부정적인 판단 때문에 상대방의 말을 듣지 않는 태도가 B사원의 경청을 방해하고 있는 것이다.

오답분석
① 짐작하기 : 상대방의 말을 듣고 받아들이기보다 자신의 생각에 들어맞는 단서들을 찾아 자신의 생각을 확인하는 것이다.
③ 조언하기 : 지나치게 다른 사람의 문제를 본인이 해결해 주고자 하여 상대방의 말끝마다 조언하려고 끼어드는 것이다.
④ 비위 맞추기 : 상대방을 위로하기 위해서 혹은 비위를 맞추기 위해서 너무 빨리 동의하는 것이다.
⑤ 대답할 말 준비하기 : 상대방의 말을 듣고 곧 자신이 다음에 할 말을 생각하기에 바빠 상대방의 말을 잘 듣지 않는 것이다.

29

오답분석
ⓒ V : 바깥쪽이 보이게(경멸, 외설), 안쪽이 보이게(승리)
ⓔ 손바닥 아래위로 흔들기 : 미국(Bye), 유럽(No)

30

오답분석
① '왜?'라는 질문은 보통 진술을 가장한 부정적 · 추궁적 · 강압적인 표현이므로 사용하지 않는 것이 적절하다.
② 요약하는 기술은 상대방에 대한 자신의 이해의 정확성을 확인하는 데 도움이 된다.
③ 상대방이 하는 말의 어조와 억양, 소리의 크기까지도 귀를 기울이는 방법이다.
⑤ 다른 사람의 메시지를 인정하는 것은 당신이 그와 함께하며, 그가 인도하는 방향으로 따라가고 있다는 것을 언어적 · 비언어적인 표현을 통하여 상대방에게 알려주는 방법이다.

PART 2

수리능력

01	02	03	04	05	06	07	08	09	10	11	12	13	14	15				
④	①	④	②	①	③	③	③	⑤	④	②	④	③	④	③				

01

정답 ④

전체 일의 양을 1이라고 하면, 하루에 할 수 있는 일의 양은 A는 7일이 걸리므로 $\frac{1}{7}$, B는 10일이 걸리므로 $\frac{1}{10}$ 이다. 그러므로 A와 B가 같이 일을 할 때 x일이 걸린다고 한다면, 다음 식과 같이 나타낼 수 있다.

$\frac{1}{7}+\frac{1}{10}=\frac{1}{x}$ → $\frac{17}{70}=\frac{1}{x}$

$\therefore x≒4.1$

따라서 A와 B가 같이 준비할 때는 최소 5일이 걸린다.

02

정답 ①

원가를 x원이라고 하면, 원가에 50%의 이익을 붙인 경우는 $1.5x$원이다. 여기에 다시 20%를 할인한 최종 판매 가격은 $1.5x×0.8$ $=1.2x$원이다. 물건 1개당 1,000원의 이익을 얻었으므로 다음 식이 성립한다.

$1.2x-x=1,000$

→ $0.2x=1,000$

$\therefore x=5,000$

따라서 물건의 원가는 5,000원이다.

03

정답 ④

• 총 원화금액 : $(4×1,000)+(3×1,120)+(2×1,180)=9,720$원

• 평균환율 : $\frac{9,720}{9}=1,080$원/달러

04

정답 ②

창고 재고 금액 : $200×1,080=216,000$원

05

정답 ①

입구와 출구가 같고, 둘레의 길이가 456m인 타원 모양의 호수 둘레를 따라 4m 간격으로 일정하게 심어져 있는 가로수는 456÷4= 114그루이며, 입구에 심어져 있는 가로수를 기준으로 6m 간격으로 가로수를 옮겨 심으려고 할 때, 4m와 6m의 최소공배수인 12m 간격의 가로수 456÷12=38그루는 그 자리를 유지하게 된다. 이때 호수 둘레를 따라 6m 간격으로 일정하게 가로수를 심을 때, 필요한 가로수는 456÷6=76그루이므로 그대로 두는 가로수 38그루를 제외한 76−38=38그루를 새롭게 옮겨 심어야 한다.

06

가중평균은 원값에 해당되는 가중치를 곱한 총합을 가중치의 합으로 나눈 것을 말한다. A의 가격을 a만 원이라고 가정하여 가중평균에 대한 식을 정리하면 다음과 같다.

$$\frac{(a\times30)+(70\times20)+(60\times30)+(65\times20)}{30+20+30+20}=66$$

$$\rightarrow \frac{30a+4,500}{100}=66$$

$$\rightarrow 30a=6,600-4,500$$

$$\rightarrow a=\frac{2,100}{30}$$

$$\therefore a=70$$

따라서 A의 가격은 70만 원이다.

07

A, B, C설탕물의 설탕의 질량을 구하면 다음과 같다.
• A설탕물의 설탕의 질량 : $200\times0.12=24$g
• B설탕물의 설탕의 질량 : $300\times0.15=45$g
• C설탕물의 설탕의 질량 : $100\times0.17=17$g

A, B설탕물을 합쳤을 때 설탕물 500g에 들어있는 설탕은 $24+45=69$g이고, 농도는 $\frac{69}{500}\times100=13.8\%$이다. 합친 설탕물을 300g만 남긴 후, C설탕물과 합치면 설탕물 400g이 되고 여기에 들어있는 설탕의 질량은 $300\times0.138+17=58.4$g이다. 또한, 합친 설탕물을 다시 300g만 남길 때 농도는 일정하므로 설탕물이 $\frac{3}{4}$으로 줄어든 만큼 설탕의 질량도 같이 줄어든다.

따라서 설탕의 질량은 $58.4\times\frac{3}{4}=43.8$g이다.

08

숫자 21을 2, 8, 16진수로 바꾸면 다음과 같다.
• 2진수
　2) 21
　2) 10 … 1
　2) 5 … 0
　2) 2 … 1
　　　 1 … 0
아래부터 차례대로 적으면 21의 2진수는 101010이다.
• 8진수
　8) 21
　　　 2 … 5
21의 8진수는 25이다.
• 16진수
　16) 21
　　　 1 … 5
21의 16진수는 15이다.
따라서 옳지 않은 대답을 한 사람은 C사원이다.

09

정답 ⑤

A, B기차의 길이를 각각 a, bm라고 가정하고 터널을 지나는 시간에 대한 식을 세우면 다음과 같다.

• A기차 : $\dfrac{600+a}{36}=25 \rightarrow 600+a=900 \rightarrow a=300$

• B기차 : $\dfrac{600+b}{36}=20 \rightarrow 600+b=720 \rightarrow b=120$

따라서 A기차의 길이는 300m이며, B기차의 길이는 120m이다.

10

정답 ④

제시된 연차 계산법에 따라 A씨의 연차를 구하면 다음과 같다.
• 기간제 : $(6\times365)\div365$일$\times15=90$일
• 시간제 : $(8\times30\times6)\div365\fallingdotseq4$일
따라서 $90+4=94$일이다.

11

정답 ②

L씨의 속력은 친구의 속력보다 3km/h 더 빠르다고 했으므로 $27+3=30$km/h가 된다. L씨가 친구를 따라잡을 때까지 걸리는 시간을 x시간이라 할 때, 이동 거리에 대한 식을 세우면 다음과 같다.

$30x=27\times\dfrac{15}{60}+27x$

$\rightarrow 3x=27\times0.25$

$\therefore x=9\times0.25=2.25$

따라서 L씨가 친구를 따라잡기까지 걸리는 시간은 2.25시간, 즉 2시간 15분이다.

12

정답 ④

영업부서와 회계부서의 신입직 지원자의 수가 같으므로 각 부서의 신입직 지원자를 a명이라 가정해 보자.
이를 토대로 회계부서의 경력직 지원자에 대한 식을 정리하면 다음과 같다.

$\dfrac{a}{8}\times3=150$

$\rightarrow \dfrac{a}{8}=50$

$\therefore a=50\times8=400$

부서별로 지원한 인원을 표로 정리하면 다음과 같다.

(단위 : 명)

구분	영업부서	회계부서	합계
경력직	$\dfrac{a}{8}=50$	$\dfrac{a}{8}\times3=150$	200
신입직	$a=400$	$a=400$	800

따라서 두 부서에 신입직으로 지원한 총인원은 800명이다.

13

정답 ③

주어진 식을 계산하면 $27+15 \div 3 = 32$이다.

$$2 \underline{)32}$$
$$2 \underline{)16} \cdots 0$$
$$2 \underline{)\ 8} \cdots 0$$
$$2 \underline{)\ 4} \cdots 0$$
$$2 \underline{)\ 2} \cdots 0$$
$$\ \ \ \ 1 \cdots 0$$

따라서 이진법으로 나타내면 $32 = 2^5$이므로 $100000_{(2)}$가 된다.

14

정답 ④

첨가하기 전 800g의 소금물의 농도를 a%라고 가정하고 합친 소금물의 소금의 양에 대한 식을 세우면 다음과 같다.

$$400 \times \frac{3}{100} + 800 \times \frac{a}{100} = (400+800) \times \frac{5}{100}$$

$\rightarrow 12 + 8a = 60$

$\rightarrow 8a = 48$

$\therefore a = 6$

따라서 첨가하기 전 소금물 800g의 농도는 6%이다.

15

정답 ③

(평균속력)$=\dfrac{(전체\ 이동거리)}{(전체\ 이동시간)}$ 공식으로 평균속력을 구하면 다음과 같다.

전체 이동거리는 $10+4+7=21$km이고, 전체 이동시간은 $1+0.5+1.5=3$시간이다.

따라서 평균속력은 $21 \div 3 = 7$km/h이다.

01	02	03	04	05	06	07	08	09	10	11	12	13	14	15	16	17	18	19	20
②	③	②	②	⑤	⑤	③	④	①	④	②	⑤	④	④	②	③	①	④	②	③

21	22	23	24	25	26	27	28	29	30										
④	②	③	④	⑤	③	①	④	④	⑤										

01

정답 ②

방사형 그래프(레이더 차트, 거미줄 그래프)에 대한 설명이다.

[오답분석]
① 막대 그래프 : 세로 또는 가로 막대로 사물의 양을 나타내며, 크고 작음을 한눈에 볼 수 있기 때문에 편리하다.
③ 선 그래프 : 꺾은선 그래프라고도 하며, 시간에 따라 지속적으로 변화하는 것을 기록할 때 편리하다. 조사하지 않은 중간값도
   대략 예측할 수 있다.
④ 층별 그래프 : 합계와 각 부분의 크기를 백분율 또는 실수로 나타내고, 시간적 변화를 볼 때 사용한다.
⑤ 점 그래프 : 종축과 횡축에 두 개의 요소를 두고, 보고자 하는 것이 어떤 위치에 있는지 확인할 때 사용한다.

02

정답 ③

A팀은 $\frac{150}{60}$ 시간으로 경기를 마쳤으며, B팀은 현재 70km를 평균 속도 40km/h로 통과해 $\frac{70}{40}$ 시간이 소요되었다. 이때 남은

거리의 평균 속도를 $x$km/h라 하면 $\frac{80}{x}$의 시간이 더 소요된다. 따라서 B팀은 A팀보다 더 빨리 경기를 마쳐야 하므로

$\frac{150}{60} > \frac{70}{40} + \frac{80}{x} \rightarrow x > \frac{320}{3}$ 이다.

03

정답 ②

A씨가 할아버지 댁에 가는 데 걸린 시간은 $\frac{25}{10} + \frac{25}{15} = \frac{25}{6} = 4\frac{1}{6}$ 시간이다.

따라서 걸린 시간이 4시간 10분이므로 오후 4시에 도착했다면 오전 11시 50분에 집에서 나왔다는 것을 알 수 있다.

04

정답 ②

속도가 6km/h이므로 분당 이동거리는 $6,000 \div 60 = 100$m이다. 적재운반에 걸리는 시간은 $200 \div 100 = 2$분이며, 평균 공차이동에
걸리는 시간은 $200 \div 100 = 2$분이다. 적재와 하역 시간은 각각 30초이므로 총 1분이 걸린다. 그러므로 지게차 1대가 1회 운반
작업을 하는 데 필요한 시간은 총 5분이다.
따라서 1분당 1회의 운반을 하기 위해서는 지게차 5대가 필요하다.

05

정답 ⑤

농도 4% 소금물의 양을 xg이라 하자.

$$\frac{24 \times \frac{8}{100} + x \times \frac{4}{100}}{24 + x} \times 100 = 5 \rightarrow \frac{192 + 4x}{24 + x} = 5 \rightarrow 192 + 4x = 5(24 + x) \rightarrow 192 + 4x = 120 + 5x$$

$$\therefore x = 72$$

따라서 72g의 소금물을 넣으면 된다.

06

정답 ⑤

거북이 세 마리의 나이를 각각 X, Y, Z세라고 하자.

$XY = 77 \cdots \text{㉠}$

$YZ = 143 \cdots \text{㉡}$

$ZX = 91 \cdots \text{㉢}$

㉠, ㉡, ㉢을 모두 곱하면 $(XYZ)^2 = 77 \times 143 \times 91 = (7 \times 11) \times (11 \times 13) \times (13 \times 7) = 7^2 \times 11^2 \times 13^2 \rightarrow XYZ = 7 \times 11 \times 13$이다.

㉠, ㉡, ㉢을 $XYZ = 7 \times 11 \times 13$에 대입하면 $X = 7$, $Y = 11$, $Z = 13$이다.

따라서 가장 나이 많은 거북이와 가장 어린 거북이의 나이 차는 $13 - 7 = 6$세이다.

07

정답 ③

딸의 나이 범위에서 8의 배수를 찾아보면 32, 40, 48세가 가능하다. 이 중 5로 나누어 3이 남는 나이는 48세이다.

따라서 딸의 나이는 48세, 아버지의 나이는 84세가 되므로 두 사람의 나이 차는 $84 - 48 = 36$세이다.

08

정답 ④

농도가 15%인 소금물의 양을 xg이라고 가정하고, 소금의 양에 대한 식을 세우면 다음과 같다.

$0.1 \times 200 + 0.15 \times x = 0.13 \times (200 + x)$

$\rightarrow 20 + 0.15x = 26 + 0.13x$

$\rightarrow 0.02x = 6$

$\therefore x = 300$

따라서 농도가 15%인 소금물은 300g이 필요하다.

09

정답 ①

• 7권의 소설책 중 3권을 선택하는 경우의 수 : $_7\text{C}_3 = \frac{7 \times 6 \times 5}{3 \times 2 \times 1} = 35$가지

• 5권의 시집 중 2권을 선택하는 경우의 수 : $_5\text{C}_2 = \frac{5 \times 4}{2 \times 1} = 10$가지

따라서 소설책 3권과 시집 2권을 선택하는 경우의 수는 $35 \times 10 = 350$가지이다.

10

정답 ④

창고를 모두 가득 채웠을 때 보관 가능한 컨테이너의 수는 $10 \times 10 = 100$개이다.

• 9개 창고에 10개씩, 1개 창고에 8개를 보관하는 경우의 수(=10개의 창고 중 8개씩 보관할 1개의 창고를 고르는 경우의 수)

 : $_{10}\text{C}_1 = 10$가지

• 8개 창고에 10개씩, 2개 창고에 9개씩 보관하는 경우의 수(=10개의 창고 중 9개씩 보관할 2개의 창고를 고르는 경우의 수)

 : $_{10}\text{C}_2 = \frac{10 \times 9}{2!} = 45$가지

따라서 보관할 수 있는 경우의 수는 $10 + 45 = 55$가지이다.

11

5개의 숫자 중 4개의 숫자를 뽑는 경우의 수는 $_5C_4=5$가지이다. 뽑힌 4개의 숫자 중 가장 큰 숫자와 가장 작은 숫자 2개를 제외하고 나머지 숫자 2개의 순서만 정하면 되므로 비밀번호로 가능한 경우의 수는 $5\times2=10$가지이다. 따라서 10번의 시도를 하면 반드시 비밀번호를 찾을 수 있다.

12

작년 A제품의 생산량을 x개, B제품의 생산량을 y개라고 하자.

$x+y=1,000 \cdots \text{㉠}$

$\dfrac{10}{100}\times x - \dfrac{10}{100}\times y = \dfrac{4}{100}\times1,000 \rightarrow x-y=400 \cdots \text{㉡}$

㉠과 ㉡을 연립하면 $x=700$, $y=300$이다.

따라서 올해에 생산된 A제품은 $700\times1.1=770$개이다.

13

• 잘 익은 귤을 꺼낼 확률 : $1-\left(\dfrac{10}{100}+\dfrac{15}{100}\right)=\dfrac{75}{100}$

• 썩거나 안 익은 귤을 꺼낼 확률 : $\dfrac{10}{100}+\dfrac{15}{100}=\dfrac{25}{100}$

따라서 한 사람은 잘 익은 귤을, 다른 한 사람은 그렇지 않은 귤을 꺼낼 확률은 $2\times\dfrac{75}{100}\times\dfrac{25}{100}=37.5\%$이다.

14

두 수의 곱이 홀수가 되려면 (홀수)×(홀수)여야 하므로 1에서 10까지 적힌 숫자카드를 임의로 두 장을 동시에 뽑았을 때, 두 장 모두 홀수일 확률을 구해야 한다.

따라서 카드 열 장 중 홀수 카드 두 개를 뽑을 확률은 $\dfrac{_5C_2}{_{10}C_2}=\dfrac{\frac{5\times4}{2\times1}}{\frac{10\times9}{2\times1}}=\dfrac{5\times4}{10\times9}=\dfrac{2}{9}$이다.

15

처음에 빨간색 수건을 꺼낼 확률은 $\dfrac{3}{(3+4+3)}=\dfrac{3}{10}$이고, 다음에 수건을 꺼낼 때 파란색 수건을 꺼낼 확률은 $\dfrac{3}{(2+4+3)}=\dfrac{3}{9}=\dfrac{1}{3}$이다.

따라서 처음에 빨간색 수건을 뽑고, 다음에 파란색 수건을 뽑을 확률은 $\dfrac{3}{10}\times\dfrac{1}{3}=\dfrac{1}{10}$이다.

16

한별이가 만약 50m^3의 물을 사용했다면 수도요금은 기본료를 제외하고 $30\times300+20\times500=19,000$원이므로 총요금인 17,000원보다 많다. 그러므로 사용한 수도량은 30m^3 초과 50m^3 이하이므로 30m^3를 초과한 양을 $x\text{m}^3$라고 가정하고 수도요금에 대한 식을 세우면 $2,000+(30\times300)+(x\times500)=17,000 \rightarrow 500x=17,000-11,000 \rightarrow x=\dfrac{6,000}{500}=12$이다.

따라서 한별이가 한 달 동안 사용한 수도량은 $30+12=42\text{m}^3$임을 알 수 있다.

17

정답 ①

달러와 유로 외화예금통장의 연이자율이 3%이므로 1년 후 만기 해지 시 받을 수 있는 이자액은 각각 $2,000 \times 0.03 = 60$달러, $1,500 \times 0.03 = 45$유로이다. 1년 전 개설할 때의 예치금액과 현재 만기가 도래하여 원금과 이자를 합한 금액을 원화로 바꾸어 정리하면 다음과 같다.

구분		달러 예금통장	유로 예금통장
예치금액	2023년 5월 2일	$1,170 \times 2,000 = 2,340,000$원	$1,320 \times 1,500 = 1,980,000$원
만기 예금액	2024년 5월 2일(현재)	$1,200 \times 2,060 = 2,472,000$원	$1,360 \times 1,545 = 2,101,200$원
차익		132,000원	121,200원

따라서 달러 예금의 차익과 유로 예금의 차익의 차이는 $132,000 - 121,200 = 10,800$원이다.

18

정답 ④

- 빈도 : 어떤 사건이 일어나거나 증상이 나타나는 정도를 의미한다.
- 백분율(%) : 전체 수량을 100으로 하여 나타내려는 수량이 그중 몇이 되는가를 나타내는 개념으로, $\dfrac{(나타내려는 수량)}{(전체수량)} \times 100$으로 산출한다.

만족도 문항의 긍정 답변에 대하여 각각의 백분율을 계산하려면, 각각의 긍정 답변을 50명을 기준으로 나누어서 계산해야 한다.

- ㉠$= (30 \div 50) \times 100 = 60\%$
- ㉢$= (48 \div 50) \times 100 = 96\%$
- ㉤$= (30 \div 50) \times 100 = 60\%$
- ㉡$= (25 \div 50) \times 100 = 50\%$
- ㉣$= (41 \div 50) \times 100 = 82\%$

따라서 백분율이 바르게 연결된 것은 ④이다.

19

정답 ②

K기업은 내년에도 S교육 컨설팅에게 교육을 맡겨야 하는지에 대한 의사를 통계 결과를 활용하여 결정하려고 한다.

20

정답 ③

범죄 유형별로 범죄 발생률이 가장 높은 두 연령대의 범죄 발생률의 합을 계산하면 다음과 같다.

구분	명예훼손	사기	도박	마약관련	절도	방화	폭행	성폭행	살인
총합	$38+22$ $=60\%$	$26+18$ $=44\%$	$31+28$ $=59\%$	$42+35$ $=77\%$	$33+24$ $=57\%$	$28+27$ $=55\%$	$41+39$ $=80\%$	$38+25$ $=63\%$	$29+27$ $=56\%$

따라서 70% 이상인 범죄 유형은 '마약관련(77%)', '폭행(80%)' 2가지이다.

오답분석

① 범죄 유형별 범죄 발생률이 가장 높은 연령대는 다음과 같다.

명예훼손	사기	도박	마약관련	절도	방화	폭행	성폭행	살인
20대	40대	40대	30대	60대	70대 이상	20대	20대	40대

따라서 10대의 범죄 발생률이 1위인 범죄 유형은 없다.

② '사기'의 범죄 발생률이 가장 높은 연령대와 가장 낮은 연령대의 범죄 발생률 차이는 $26-3=23\%$p로 가장 낮다.

④ 70대 이상의 성폭행 범죄 발생률은 0%이므로 범죄 유형 중 범죄 발생률이 1% 미만인 연령대가 있는 범죄는 1가지이다.

⑤ 범죄 유형별 총 범죄자 수가 각각 100명씩이라면 범죄 발생률은 범죄자 수와 같다. 따라서 20대의 범죄자 수는 $38+16+25+35+21+3+41+38+24=241$명이고, 70대 이상의 범죄자 수는 $5+3+3+3+3+28+1+0+1=47$명이므로 20대의 범죄자 수는 70대 이상의 범죄자 수의 5배인 $47 \times 5 = 235$명보다 많다.

21

지역별로 최저근로시간과 최고근로시간의 차이를 구하면 다음과 같다.

(단위 : 시간)

지역	최저근로시간	최고근로시간	|(최저근로시간)−(최고근로시간)|
서울	7.2	10.8	3.6
경기	6.5	10.1	3.6
인천	5.4	10.5	5.1
대전	4.5	9.5	5
대구	6.8	9.6	2.8
부산	5.7	9.8	4.1
울산	4.9	8.9	4
광주	5.6	10.2	4.6

따라서 최저근로시간과 최고근로시간의 차이가 가장 큰 지역은 5.1시간인 인천이다.

오답분석

① 광주의 경우 최고근로시간이 10.2시간으로 경기의 최고근로시간인 10.1시간보다 많다.

② 최저근로시간이 가장 적은 지역은 4.5시간인 대전이지만, 최고근로시간이 가장 적은 지역은 8.9시간인 울산이다.

③ 평균근로시간이 가장 많은 지역은 경기로 8.8시간이고, 평균근로시간이 가장 적은 지역은 대전으로 7.5시간이다. 따라서 두 지역의 차이는 $8.8-7.5=1.3$시간으로 1시간 반(1.5시간) 미만이다.

⑤ 수도권의 평균근로시간과 최저근로시간・최고근로시간의 평균을 비교하면 다음과 같다.

지역	평균근로시간	최저근로시간・최고근로시간의 평균
서울	8.5시간	$\dfrac{7.2+10.8}{2}=9$시간
경기	8.8시간	$\dfrac{6.5+10.1}{2}=8.3$시간
인천	8.6시간	$\dfrac{5.4+10.5}{2}=7.95$시간

따라서 수도권 중 서울만 평균근로시간이 최저근로시간・최고근로시간의 평균의 값보다 적다.

22

정답 ②

• 평균 통화시간이 6분 초과 9분 이하인 여자 사원수 : $400 \times \dfrac{18}{100} = 72$명

• 평균 통화시간이 12분 초과인 남자 사원수 : $600 \times \dfrac{10}{100} = 60$명

따라서 $\dfrac{72}{60} = 1.2$배 많다.

23

정답 ③

'1권 이상'의 성인 독서율은 2022년 대비 2023년 사례수 증가율만큼 증가한다. 빈칸 (가)는 50대의 독서율로, 2022년 대비 2023년 사례수는 $\dfrac{1,200-1,000}{1,000} \times 100 = 20\%$ 증가하였다.

따라서 50대의 '1권 이상' 독서율인 (가)에 들어갈 수치는 $60 \times 1.2 = 72$가 된다.

24

정답 ④

㉠ 2021년 대비 2022년 이용객 수가 증가한 항공노선은 제주행, 일본행, 싱가폴행, 독일행, 미국행으로 총 다섯 개이며, 감소한 항공노선 역시 중국행, 영국행, 스페인행, 캐나다행, 브라질행으로 총 다섯 개로 동일하다.

㉡ 2021년부터 2023년까지의 총 이용객 수는 아시아행(제주, 중국, 일본, 싱가폴)이 $416+743+342+323=1,824$명, 유럽행(독일, 영국, 스페인)이 $244+342+860=1,446$명, 아메리카행(미국, 캐나다, 브라질)이 $400+630+61=1,091$명으로 '아시아행 – 유럽행 – 아메리카행' 순서로 많다.

㉣ 2021년 이용객 수가 적은 하위 2개의 항공노선은 브라질행(23), 독일행(75)이고, 2022년에도 브라질행(21), 독일행(81)이며, 2023년 또한 브라질행(17), 독일행(88)으로 동일하다.

오답분석

㉢ 전체 이용객 중 제주행노선 이용객 비율은 2021년이 $\frac{128}{1,407}\times100\fallingdotseq9.1\%$, 2022년이 $\frac{134}{1,419}\times100\fallingdotseq9.4\%$, 2023년이 $\frac{154}{1,535}\times100\fallingdotseq10.0\%$이다. 따라서 전년 대비 차이는 2022년이 $9.4-9.1=0.3\%p$, 2023년 $10.0-9.4=0.6\%p$로 2022년이 2023년보다 낮다.

25

정답 ⑤

㉠ 2013년에 비해 2023년에 커피 수입량이 증가한 국가는 중국, 러시아, 캐나다, 한국으로 총 네 곳이고, 감소한 국가는 미국, 일본, 호주로 총 세 곳이다.

㉡ 커피 수입량이 가장 많은 상위 2개 국가는 조사연도 모두 중국과 미국으로 동일하다. 각 연도의 상위 2개 국가의 커피 수입량의 합계가 전체 수입량에서 차지하는 비율을 구하면 다음과 같다.

- 2023년 : $\frac{48,510+25,482}{113,836}\times100\fallingdotseq65.0\%$
- 2018년 : $\frac{44,221+26,423}{109,598}\times100\fallingdotseq64.5\%$
- 2013년 : $\frac{40,392+26,228}{105,341}\times100\fallingdotseq63.2\%$

따라서 항상 65% 이하이다.

㉢ 한국의 커피 수입량과 호주의 커피 수입량을 비교해 보면, 2023년에는 한국이 호주의 $4,982\div1,350\fallingdotseq3.7$배, 2018년에는 $4,881\div1,288\fallingdotseq3.8$배, 2013년에는 $4,922\div1,384\fallingdotseq3.6$배이므로 모두 3.5배 이상이다.

㉣ 2013년 대비 2023년의 커피 수입량의 증가율은 캐나다가 $\frac{8,842-7,992}{7,992}\times100\fallingdotseq10.6\%$, 러시아가 $\frac{11,382-10,541}{10,541}\times100\fallingdotseq8.0\%$로 캐나다가 러시아보다 더 높고, 증가량 역시 캐나다가 $8,842-7,992=850$, 러시아가 $11,382-10,541=841$로 캐나다가 러시아보다 더 많다.

26

정답 ③

㉠ 미혼률이 낮고 기혼률이 높을수록 그 격차는 커진다. 따라서 미혼율이 가장 낮고 기혼율이 가장 높은 제주가 미혼과 기혼인 여성의 비율의 격차가 가장 큰 지역임을 알 수 있다.

㉣ 지역별 다자녀가구인 여성 수는 서울이 $382+123=505$명, 경기가 $102+58=160$명, 인천이 $554+283=837$명, 강원이 $106+21=127$명, 대구가 $123+36=159$명, 부산이 $88+74=162$명, 제주가 $21+13=34$명으로 모든 지역이 자녀가 2명인 여성 수보다 적다.

오답분석

㉡ 자녀 수의 4명 이상 항목을 자녀 수 4명이라 가정하고 서울의 자녀 수를 구하면 $(0\times982)+(1\times1,885)+(2\times562)+(3\times382)+(4\times123)=4,647$명이고, 제주의 자녀 수를 구하면 $(0\times121)+(1\times259)+(2\times331)+(3\times21)+(4\times13)=1,036$명이다. 따라서 서울의 자녀 수는 제주의 자녀 수의 $4,647\div1,036\fallingdotseq4.5$배로 5배 미만이다.

㉢ 자녀 수 항목에서 기혼 여성 수가 많은 상위 2개 항목은 서울·경기·대구·부산의 경우 '1명'과 '없음'이지만, 인천·강원·제주의 경우에는 '1명', '2명'으로 동일하지 않다.

27

미혼인 성인 여성의 수는 '(기혼 여성 수)$\times\dfrac{\text{(미혼 여성 비율)}}{\text{(기혼 여성 비율)}}$'로 구할 수 있다.

서울 : $3,934\times\dfrac{31.3}{68.7}\fallingdotseq1,792$명

오답분석

② 경기 : $3,165\times\dfrac{28.9}{71.1}\fallingdotseq1,286$명

③ 인천 : $3,799\times\dfrac{29.1}{70.9}\fallingdotseq1,559$명

④ 강원 : $1,057\times\dfrac{21.5}{78.5}\fallingdotseq289$명

⑤ 제주 : $745\times\dfrac{17.5}{82.5}\fallingdotseq158$명

28

• (가)$=723-(76+551)=96$
• (나)$=824-(145+579)=100$
• (다)$=887-(131+137)=619$
• (라)$=114+146+688=948$
∴ (가)$+$(나)$+$(다)$+$(라)$=96+100+619+948=1,763$

29

A, B, E구의 1인당 소비량을 각각 $a$kg, $b$kg, $e$kg이라고 하고, 제시된 조건을 식으로 나타내면 다음과 같다.
• 첫 번째 조건 : $a+b=30$ … ㉠
• 두 번째 조건 : $a+12=2e$ … ㉡
• 세 번째 조건 : $e=b+6$ … ㉢
㉢을 ㉡에 대입하여 식을 정리하면 $a+12=2(b+6)\ \rightarrow\ a-2b=0$ … ㉣
㉠$-$㉣을 하면 $3b=30$
∴ $b=10$, $a=20$, $e=16$
이를 토대로 A ~ E구의 변동계수를 구하면 다음과 같다.
• A구 : $\dfrac{5}{20}\times100=25\%$

• B구 : $\dfrac{4}{10}\times100=40\%$

• C구 : $\dfrac{6}{30}\times100=20\%$

• D구 : $\dfrac{4}{12}\times100\fallingdotseq33.33\%$

• E구 : $\dfrac{8}{16}\times100=50\%$

따라서 변동계수가 3번째로 큰 구는 D구이다.

ⓒ 2021년 대비 2022년의 연간 매출액 증가율은 $\dfrac{1{,}875-1{,}284}{1{,}284}\times100 ≒ 46.0\%$이고, 2019년 대비 2020년의 연간 매출액 증가율은

$\dfrac{962-885}{885}\times100 ≒ 8.7\%$이므로 $46.0\div8.7 ≒ 5.3$배로 5배 이상이다.

ⓔ 2019년 견과류 매출액은 $885\times0.087 ≒ 76$억 원이고, 2023년 견과류 매출은 $2{,}100\times0.412 ≒ 865$억 원으로 차이는 $865-76=789$억 원이다.

[오답분석]

ⓐ 대부분의 연도에서 캔디·초콜릿, 비스킷, 베이커리의 매출액 비율의 순위는 '캔디·초콜릿 – 비스킷 – 베이커리'로 동일하나, 2021년의 경우에는 '비스킷 – 캔디·초콜릿 – 베이커리' 순서로 다른 연도와 동일하지 않다.

ⓑ 비스킷과 베이커리의 매출액 비율의 증감방향은 비스킷의 경우에는 '증가 – 증가 – 감소 – 감소'이나, 베이커리의 경우에는 '감소 – 감소 – 증가 – 증가'로 증감방향이 반대이다.

남에게 이기는 방법의 하나는 예의범절로 이기는 것이다.

– 조쉬 빌링스 –

PART 3

문제해결능력

01	02	03	04	05	06	07	08	09	10										
②	④	①	①	⑤	④	①	④	②	②										

01
정답 ②

연보라색을 만들기 위해서는 흰색과 보라색이 필요하다. 흰색은 주어진 5가지 물감 중 하나이며, 보라색은 빨강색과 파랑색 물감의 혼합으로 만들 수 있다. 이때 빨강색은 주어지는 물감이지만 파랑색은 주어지지 않았으며, 다른 물감의 조합으로도 만들어 낼 수 없는 색상이다. 따라서 연보라색은 만들 수 없다.

오답분석
① 고동색은 주어진 5가지 물감 중 빨강색, 검정색의 두 가지 물감을 섞어서 만들 수 있다.
③ 살구색은 흰색과 주황색을 섞어서 만들 수 있는데 흰색은 주어진 5가지 물감 중 하나이며, 주황색은 빨강색과 노랑색을 섞어서 만들 수 있다.
④ 카키색은 주어진 물감 중 초록색과 검정색을 섞어서 만들 수 있다.
⑤ 옥색은 주어진 물감 중 초록색과 흰색을 섞어서 만들 수 있다.

02
정답 ④

• (가) 탐색형 문제 : 현재의 상황을 개선하거나 효율을 높이기 위한 것이다. 눈에 보이지 않는 문제로, 이를 방치하면 뒤에 큰 손실이 따르거나 결국 해결할 수 없는 문제로 확대되기도 한다.
• (나) 발생형 문제 : 우리 눈앞에 발생되어 걱정하고, 해결하기 위해 고민하는 것이다. 눈에 보이는 이미 일어난 문제로, 어떤 기준을 이탈함으로써 생기는 이탈 문제와 기준에 미달하여 생기는 미달 문제로 대변되며, 원상복귀가 필요하다.
• (다) 설정형 문제 : 미래상황에 대응하는 장래 경영전략의 문제로, '앞으로 어떻게 할 것인가.'에 대한 문제이다. 지금까지 해오던 것과 관계없이 미래 지향적으로 새로운 과제 또는 목표를 설정함에 따라 일어나는 문제로, 목표 지향적 문제이기도 하다.

03
정답 ①

• (가) 사실 지향의 문제 : 일상 업무에서 일어나는 상식, 편견을 타파하여 객관적 사실로부터 사고와 행동을 출발한다.
• (나) 가설 지향의 문제 : 현상 및 원인 분석 전에 지식과 경험을 바탕으로 일의 과정이나 결과 및 결론을 가정한 다음, 검증 후 사실일 경우 다음 단계의 일을 수행한다.
• (다) 성과 지향의 문제 : 기대하는 결과를 명시하고 효과적으로 달성하는 방법을 사전에 구성하고 실행에 옮긴다.

04
정답 ①

• 문제 인식 : 해결해야 할 전체 문제를 파악하여 우선순위를 정하고, 선정문제에 대한 목표를 명확히 하는 단계(ⓛ)
• 문제 도출 : 선정된 문제를 분석하여 해결해야 할 것이 무엇인지를 명확히 하는 단계(ⓔ)
• 원인 분석 : 파악된 핵심문제에 대한 분석을 통해 근본 원인을 도출하는 단계(ⓒ)
• 해결안 개발 : 문제로부터 도출된 근본 원인을 효과적으로 해결할 수 있는 최적의 해결방안을 수립하는 단계(ⓖ)
• 실행 및 평가 : 해결안 개발을 통해 만들어진 실행계획을 실제 상황에 적용하는 활동으로, 장애가 되는 문제의 원인들을 해결안을 사용하여 제거하는 단계(ⓜ)

05

정답 ⑤

성급한 일반화의 오류는 제한된 정보, 부적합한 증거, 대표성을 결여한 사례를 근거로 일반화하는 오류이다. 주어진 상황에서는 과거의 경험이라는 제한된 정보를 바탕으로 일반화를 하고 있다. 따라서 이와 같은 논리적 오류가 나타난 사례는 ⑤이다.

오답분석

① 인신공격의 오류 : 논거의 부당성보다 그 주장을 한 사람의 인품이나 성격을 비난함으로써 그 주장이 잘못이라고 하면서 발생하는 오류이다.
② 순환논증의 오류 : 논증의 결론 자체를 전제의 일부로 받아들이는 오류이다.
③ 무지의 오류 : 증명할 수 없거나 알 수 없음을 이유로 하여 거짓이라고 추론하는 오류이다.
④ 대중에 호소하는 오류 : 군중심리를 자극하여 논지를 받아들이게 하는 오류이다.

06

정답 ④

ⓒ 특허를 통한 기술 독점은 기업의 내부환경으로 볼 수 있다. 따라서 내부환경의 강점(Strength) 사례이다.
ⓒ 점점 증가하는 유전자 의뢰는 기업의 외부환경(고객)으로 볼 수 있다. 따라서 외부환경에서 비롯된 기회(Opportunity) 사례이다.

오답분석

㉠ 투자 유치의 어려움은 기업의 외부환경(거시적 환경)으로 볼 수 있다. 따라서 외부환경에서 비롯된 위협(Threat) 사례이다.
㉣ 높은 실험 비용은 기업의 내부환경으로 볼 수 있다. 따라서 내부환경의 약점(Weakness) 사례이다.

07

정답 ①

제시문에서는 논증의 결론 자체를 전제의 일부로 받아들이는 순환논증의 오류를 범하고 있다.

오답분석

② 무지의 오류 : 증명할 수 없거나 알 수 없음을 이유로 하여 거짓이라고 추론하는 오류이다.
③ 논점 일탈의 오류 : 논점과 관계없는 것을 제시하여 무관한 결론에 이르게 되는 오류이다.
④ 대중에 호소하는 오류 : 군중심리를 자극하여 논지를 받아들이게 하는 오류이다.

08

정답 ④

델파이 기법은 반복적인 설문 조사를 통해 의견 차이를 좁혀 합의를 도출하는 방식으로, 이를 순서대로 바르게 나열한 것은 ④이다.

09

정답 ②

ㄱ. 사업 추진 경험을 강점으로 활용하여 예산 확보가 어렵다는 위협요소를 제거하는 전략으로, ST전략에 해당한다.
ㄷ. 국토정보 유지관리사업은 이미 강점에 해당하므로, 약점을 보완하여야 하는 WO전략으로 적절하지 않다.

10

정답 ②

브레인스토밍은 문제의 해결책을 찾기 위해 여러 사람이 자유롭게 아이디어를 제시하는 방법이므로, 어떠한 내용의 아이디어라도 비판을 해서는 안 된다.

01	02	03	04	05	06	07	08	09	10	11	12	13	14	15	16	17	18	19	20
②	⑤	④	①	①	⑤	①	③	③	④	④	②	⑤	②	④	④	⑤	⑤	③	②
21	22	23	24	25	26	27	28	29	30										
③	②	⑤	⑤	③	③	②	③	③	①										

01

정답 ②

창의적 사고를 개발하는 방법
- 자유연상법 : 어떤 생각에서 다른 생각을 계속해서 떠올리는 작용을 통해 어떤 주제에서 생각나는 것을 계속해서 열거해 나가는 방법 예 브레인스토밍
- 강제연상법 : 각종 힌트에서 강제적으로 연결지어서 발상하는 방법 예 체크리스트
- 비교발상법 : 주제와 본질적으로 닮은 것을 힌트로 하여 새로운 아이디어를 얻는 방법 예 NM법, Synetics

02

정답 ⑤

창의적 사고란 정보와 정보의 조합이다. 여기에서 말하는 정보에는 주변에서 발견할 수 있는 지식인 내적 정보와 책이나 밖에서 본 현상인 외부 정보의 두 종류가 있다. 이러한 정보를 조합하고 그 조합을 최종적인 해답으로 통합하는 것이 창의적 사고의 첫걸음이다.

03

정답 ④

ㄴ. 민간의 자율주행기술 R&D를 지원하여 기술적 안정성을 높이는 전략은 위협을 최소화하는 내용은 포함하지 않고 약점만 보완하는 전략이므로 ST전략이라 볼 수 없다.
ㄹ. 국내기업의 자율주행기술 투자가 부족한 약점을 국가기관의 주도로 극복하려는 내용은 약점을 최소화하고 위협을 회피하려는 WT전략의 내용으로 적합하지 않다.

[오답분석]
ㄱ. 높은 수준의 자율주행기술을 가진 외국 기업과의 기술이전협약 기회를 통해 국내외에서 우수한 평가를 받는 국내 자동차기업이 국내 자율주행자동차 산업의 강점을 강화하는 전략은 SO전략에 해당한다.
ㄷ. 국가가 지속적으로 자율주행차 R&D를 지원하는 법안이 본회의를 통과한 기회를 토대로 기술개발을 지원하여 국내 자율주행자동차 산업의 약점인 기술적 안전성을 확보하려는 전략은 WO전략에 해당한다.

04

정답 ①

보기에서 활용된 분리 원칙은 '전체와 부분의 분리'이다. 이는 모순되는 요구를 전체와 부분으로 분리해 상반되는 특성을 모두 만족시키는 원리이다. 보기에서는 안테나 전체의 무게를 늘리지 않고 가볍게 유지하면서 안테나의 한 부분인 기둥의 표면을 거칠게 만들어 눈이 달라붙도록 하여 지지대를 강화하였다. ①의 경우 자전거 전체의 측면에서는 동력을 전달하기 위해서 유연해야 하고, 부분의 측면에서는 내구성을 갖추기 위해 단단해야 하는 2개의 상반되는 특성을 지닌다. 따라서 보기와 ①은 '전체와 부분에 의한 분리'의 사례이다.

②·④ '시간에 의한 분리'에 대한 사례이다.
③·⑤ '공간에 의한 분리'에 대한 사례이다.

05
정답 ①

문제해결을 위해서는 체계적인 교육훈련을 통해 일정 수준 이상의 문제해결능력을 발휘할 수 있도록 조직과 실무자의 노력이 필요하다. 또한 고정관념과 편견 등 심리적 타성 및 기존의 패러다임을 극복하고 새로운 아이디어를 효과적으로 낼 수 있는 창조적 스킬 등을 습득하는 것이 필요하다. 이는 창조적 문제해결능력을 향상시켜야 함을 의미하며, 문제해결방법에 대한 체계적인 교육훈련을 통해서 얻을 수 있다. 따라서 문제해결을 위해서 개인은 사내외의 체계적인 교육훈련을 통해 문제해결을 위한 기본 지식뿐 아니라 본인이 담당하는 전문영역에 대한 지식도 습득해야 한다. 이를 바탕으로 문제를 조직 전체의 관점과 기능단위별 관점으로 구분하고, 스스로 해결할 수 있는 부분과 조직 전체의 노력을 통해서 해결할 수 있는 부분으로 나누어 체계적으로 접근해야 한다. 따라서 ①은 문제해결을 위한 필수요소로 적절하지 않다.

06
정답 ⑤

퍼실리테이션(Facilitation)은 촉진을 의미하며, 어떤 그룹이나 집단이 의사결정을 잘할 수 있도록 도와주는 일을 가리킨다. 소프트 어프로치나 하드 어프로치는 타협점의 단순 조정에 그치지만, 퍼실리테이션은 초기에 생각하지 못했던 창조적인 해결방법을 도출한다. 또한, 구성원의 동기가 강화되고 팀워크도 한층 강화된다는 특징을 보인다.

① 소프트 어프로치 : 대부분의 기업에서 볼 수 있는 전형적인 스타일로, 조직 구성원들이 같은 문화적 토양을 가지고 이심전심으로 서로를 이해하는 상황을 가정한다. 또한, 문제해결을 위해서 직접 표현하는 것이 바람직하지 않다고 여기며, 무언가를 시사하거나 암시를 통하여 의사를 전달하고 기분을 서로 통하게 함으로써 문제해결을 도모하려고 한다.
② 명목집단법 : 참석자들로 하여금 서로 대화에 의한 의사소통을 못하게 하고, 서면으로 의사를 개진하게 함으로써 집단의 각 구성원들이 마음속에 생각하고 있는 바를 끄집어내 문제해결을 도모하는 방법이다.
③ 하드 어프로치 : 상이한 문화적 토양을 가지고 있는 구성원을 가정하여 서로의 생각을 직설적으로 주장하고 논쟁이나 협상을 통해 의견을 조정해 가는 방법이다. 이러한 방법은 합리적이긴 하지만, 잘못하면 단순한 이해관계의 조정에 그치고 말아서 그것만으로는 창조적인 아이디어나 높은 만족감을 이끌어 내기 어렵다.
④ 델파이법 : 전문가들에게 개별적으로 설문을 전하고 의견을 받아서 반복수정하는 절차를 거쳐서 의사결정을 하는 방법이다.

07
정답 ①

브레인스토밍은 자유연상법의 하나로, 주제를 정한 후 자유롭게 아이디어를 말하고 이를 결합하여 최적의 방안을 찾는 방법이다.

② 자유연상법 : 생각나는 대로 자유롭게 발상하는 방법이다.
③ 비교발상법 : 힌트에 강제로 연결 지어서 발상하는 방법이다.
④ NM법 : 대상과 비슷한 것을 찾아내 그것을 힌트로 새로운 아이디어를 생각하는 방법이다.
⑤ 시네틱스(Synetics) : 서로 관련이 없어 보이는 것들을 조합하여 새로운 것을 도출하는 방법이다.

08
정답 ③

ST전략은 외부환경의 위협 회피를 위해 내부의 강점을 사용하는 전략이며, 내부의 강점을 이용하여 외부의 기회를 포착하는 전략은 SO전략이므로 옳지 않다.

①·④ SWOT 분석의 정의 및 분석방법이다.
② WT전략에 대한 설명이다.
⑤ WO전략에 대한 설명이다.

09

탐색형 문제란 눈에 보이지 않는 문제로, 이를 방치하면 뒤에 큰 손실이 따르거나 결국 해결할 수 없는 문제로 확대되게 된다. 따라서 지금 현재는 문제가 아니지만 계속해서 현재 상태로 진행할 경우를 가정하고 앞으로 일어날 수 있는 문제로 인식하여야 한다. 이에 해당되는 것은 ㄱ으로, 지금과 같은 공급처에서 원료를 수입하게 되면 미래에는 원료의 단가가 상승하게 되어 회사 경영에 문제가 될 것이다. 따라서 이에 대한 해결책을 갖추어야 미래에 큰 손실이 발생하지 않을 것이다.

발생형 문제란 눈에 보이는 이미 일어난 문제로, 당장 걱정하고 해결하기 위해 고민해야하는 문제를 의미한다. 따라서 ㄴ은 신약의 임상시험으로 인해 임상시험자의 다수가 부작용을 보여 신약 개발이 전면 중단된 것이므로 이미 일어난 문제에 해당한다.

설정형 문제란 미래상황에 대응하는 장래 경영전략의 문제로, '앞으로 어떻게 할 것인가'에 대한 문제를 의미한다. 따라서 미래 상황에 대한 언급이 있는 ㄷ이 해당한다.

10

A, B, C, E직원의 발언을 보면 K화장품 회사의 신제품은 10대를 겨냥하고 있음을 알 수 있다. D직원은 이러한 제품의 타깃층을 무시한 채 단순히 소비성향에 따라 20 ~ 30대를 위한 마케팅이 필요하다고 주장하고 있다. 따라서 D직원은 자신이 알고 있는 단순한 정보에 의존하여 잘못된 판단을 하고 있음을 알 수 있다.

11

(가) 강제연상법 : 각종 힌트에서 강제적으로 연결 지어서 발상하는 방법이다.
(나) 자유연상법 : 어떤 생각에서 다른 생각을 떠올리는 작용을 통해 주제에서 생각나는 것을 열거해 나가는 방법이다.
(다) 비교발상법 : 주제가 본질적으로 닮은 것을 힌트로 하여 새로운 아이디어를 얻는 방법이다.

12

제시문에 따르면 '문제'는 목표와 현실의 차이이고, '문제점'은 목표가 어긋난 원인이 명시되어야 한다. 따라서 미란이의 이야기를 보면 교육훈련이 부족했다는 원인이 나와 있으므로 '문제점'을 말했다고 볼 수 있다.

[오답분석]

① 지혜는 매출액이 목표에 못 미쳤다는 '문제'를 말한 것이다.
③ 건우는 현재 상황을 말한 것이다.
④ 경현이의 말은 목표를 정정했다는 사실뿐이다.
⑤ 연준이는 생산율이 목표에 못 미쳤다는 '문제'를 말한 것이다.

13

문제 인식 단계

환경 분석, 주요 과제 도출, 과제 선정의 절차를 통해 해결해야 할 문제를 파악한다.

• 환경 분석 : 문제가 발생하였을 경우 가장 먼저 해야 하는 일로, 주로 3C 분석이나 SWOT 분석 방법을 사용한다.
• 주요 과제 도출 : 환경 분석을 통해 현상을 파악한 후에는 주요 과제 도출의 단계를 거친다. 과제 도출을 위해서는 다양한 과제 후보안을 도출해 내는 일이 선행되어야 한다.
• 과제 선정 : 과제안 중 효과 및 실행 가능성 측면을 평가하여 우선순위를 부여한 후 가장 우선순위가 높은 안을 선정한다.

14

• A : 비판적 사고의 목적은 단순히 주장의 단점을 찾아내는 것이 아니라, 종합적인 분석과 검토를 통해 그 주장이 타당한지 그렇지 않은지를 밝혀내는 것이다.
• D : 비판적 사고는 논증, 추론에 대한 문제의 핵심을 파악하는 방법을 통해 배울 수 있으며, 타고난 것이라고 할 수 없다.

15

문제해결은 문제해결자의 개선의식, 도전 의식과 끈기를 필요로 한다. 특히 문제해결자의 현상에 대한 도전 의식과 새로운 것을 추구하려는 자세, 난관에 봉착했을 때 헤쳐 나가려는 태도 등이 문제해결의 밑바탕이 된다. A씨의 경우 문제해결방법에 대한 지식이 충분함에도 불구하고 이런 도전 의식과 끈기가 부족하여 문제해결에 어려움을 겪고 있다.

16

고객 맞춤형 서비스 실행방안에 대한 개선 방향을 제안해야 하므로 고객유형별 전문 상담사를 사전 배정할 수 있도록 하는 ④가 가장 적절한 방안이다.

오답분석

① 직원에게 전용 휴대폰을 지급하는 것은 고객 맞춤형 서비스로 보기 어렵다.
②·③·⑤ 고객지원센터의 운영을 보완하는 것은 고객지원의 편의성을 높이는 것일 뿐 고객 맞춤형 서비스로 보기 어렵다.

17

㉤에는 발전이 아니라 발견이 들어가야 한다.

> **탐색형 문제**
> 현재의 상황을 개선하거나 효율을 높이기 위한 문제이다.
> – 잠재 문제 : 문제가 잠재되어 있어 인식하지 못하다가 결국은 문제가 확대되어 해결이 어려운 문제이다.
> – 예측 문제 : 지금 현재로는 문제가 없으나 현 상태의 진행 상황을 예측이라는 방법을 사용하여 찾아야 앞으로 일어날 수 있는 문제가 보이는 문제이다.
> – 발견 문제 : 현재로서는 담당 업무에 아무런 문제가 없으나 유사 타 기업의 업무방식이나 선진기업의 업무방법 등의 정보를 얻음으로써 보다 좋은 제도나 기법, 기술을 발견하여 개선·향상시킬 수 있는 문제이다.

18

실행계획 수립은 무엇을, 어떤 목적으로, 언제, 어디서, 누가, 어떤 방법으로의 물음에 대한 답을 가지고 계획하는 단계이다. 자원을 고려하여 수립해야 하며, 세부 실행내용의 난도를 고려하여 가급적 구체적으로 세우는 것이 좋으며, 해결안별 구체적인 실행계획서를 작성함으로써 실행의 목적과 과정별 진행내용을 일목요연하게 파악하도록 하는 것이 필요하다.

19

(가) 허수아비 공격의 오류 : 상대가 의도하지 않은 것을 강조하거나 허점을 비판하여 자신의 주장을 내세운다.
(나) 성급한 일반화의 오류 : 적절한 증거가 부족함에도 불구하고 몇몇 사례만을 토대로 성급하게 결론을 내린다.
(다) 대중에 호소하는 오류 : 타당한 논거를 제시하지 않고 많은 사람들이 그렇게 생각하거나 행동한다는 것을 논거로 제시한다.

오답분석

• 인신공격의 오류 : 주장이 아닌 상대방을 공격하여 논박한다.
• 애매성의 오류 : 여러 가지 의미로 해석될 수 있는 용어를 사용하여 혼란을 일으킨다.
• 무지의 오류 : 상대가 자신의 주장을 입증하지 못함을 근거로 상대를 반박한다.

20

정답 ②

창의적 사고는 선천적으로 타고 날 수도 있지만, 후천적 노력에 의해서도 개발이 가능하다.

오답분석

① 새로운 경험을 찾아 나서는 사람은 적극적이고 모험심과 호기심 등을 가진 사람으로, 창의력 교육훈련에 필요한 요소를 가지고 있는 사람이다.

③ 창의적인 사고는 창의력 교육훈련을 통해 후천적 노력에 의해서도 개발이 가능하다.

④ 창의력은 본인 스스로 자신의 틀에서 벗어나도록 노력하는 것으로, 통상적인 사고가 아니라 기발하고 독창적인 것을 말한다.

⑤ 창의적 사고는 전문지식보다 자신의 경험 및 기존의 정보를 특정한 요구 조건에 맞추거나 유용하도록 새롭게 조합시킨 것이다.

21

정답 ③

브레인스토밍(Brainstorming)

• 한 사람이 생각하는 것보다 다수가 생각하는 것이 아이디어가 많다.

• 아이디어 수가 많을수록 질적으로 우수한 아이디어가 나올 수 있다.

• 아이디어는 비판이 가해지지 않으면 많아진다.

오답분석

① 스캠퍼(Scamper) 기법 : 창의적 사고를 유도하여 신제품이나 서비스 등을 생각하는 발상 도구이다.

② 여섯 가지 색깔 모자(Six Thinking Hats) : 각각 중립적, 감정적, 부정적, 낙관적, 창의적, 이성적 사고를 뜻하는 여섯 가지 색의 모자를 차례대로 바꾸어 쓰면서 모자 색깔이 뜻하는 유형대로 생각해보는 방법이다.

④ TRIZ(Teoriya Resheniya Izobretatelskikh Zadatch) : 문제에 대하여 이상적인 결과를 정하고, 그 결과를 얻는 데 모순이 되는 것을 찾아 모순을 극복할 수 있는 해결안을 찾는 40가지 방법에 대한 이론이다.

⑤ Logic Tree 기법 : 문제의 원인을 깊이 파고들거나 해결책을 구체화할 때, 제한된 시간 안에 넓이와 깊이를 추구하는 데 도움이 되는 기술로, 주요 과제를 나무 모양으로 분해하여 정리하는 기술이다.

22

정답 ②

해결안별 세부 실행내용을 구체적으로 작성하는 것은 실행의 목적과 과정별 진행 내용을 일목요연하게 파악하도록 하는 것으로써 '실행계획 수립' 단계에 해당한다.

오답분석

①・③・④・⑤ 실행 및 Follow – Up 단계에서 모니터 시 고려할 사항이다.

23

정답 ⑤

전략적 사고란 현재 당면하고 있는 문제와 그 해결방법에만 집착하지 않고, 그 문제와 해결방안이 상위 시스템과 어떻게 연결되어 있는지를 생각하는 것을 의미한다.

오답분석

① 분석적 사고 : 전체를 각각의 요소로 나누어 그 요소의 의미를 도출한 다음 우선순위를 부여하여 구체적인 문제해결방법을 실행하는 것을 의미한다.

② 발상의 전환 : 사물과 세상을 바라보는 기존의 인식 틀을 전환하여 새로운 관점에서 바라보는 것을 의미한다.

③ 내・외부자원의 활용 : 문제해결 시 기술, 재료, 방법, 사람 등 필요한 자원 확보 계획을 수립하고 내・외부자원을 효과적으로 활용하는 것을 의미한다.

④ 창의적 사고 : 당면한 문제를 해결하기 위해 이미 알고 있는 경험지식을 해체하여 새로운 아이디어를 다시 도출하는 것을 의미한다.

24

정답 ⑤

논리적 사고를 구성하는 다섯 가지 요소

• 상대 논리의 구조화 : 자신의 논리로만 생각하면 독선에 빠지기 쉬우므로 상대의 논리를 구조화하여 약점을 찾고, 자신의 생각을 재구축하는 것이 필요하다.

• 구체적인 생각 : 상대가 말하는 것을 잘 알 수 없을 때에는 구체적으로 생각해 보아야 한다.

• 생각하는 습관 : 논리적 사고에 있어서 가장 기본이 되는 것으로, 특정한 문제에 대해서만 생각하는 것이 아니라 일상적인 대화, 신문의 사설 등 어디서 어떤 것을 접하든지 늘 생각하는 습관을 들여야 한다.

• 타인에 대한 이해 : 상대의 주장에 반론을 제시할 때에는 상대 주장의 전부를 부정하지 않는 것이 좋으며, 동시에 상대의 인격을 부정해서는 안 된다.

• 설득 : 자신이 함께 일을 진행하는 상대와 의논하고 설득해 나가는 가운데 자신이 깨닫지 못했던 새로운 가치를 발견할 수 있다.

25

정답 ③

탐색형 문제는 현재의 상황을 개선하거나 효율을 높이기 위한 문제로, 눈에 보이지 않지만 방치하면 뒤에 큰 손실이 따르거나 결국 해결할 수 없는 문제로 나타날 수 있다. 현재 상황은 문제가 되지 않지만, 생산성 향상을 통해 현재 상황을 개선하면 대외경쟁력과 성장률을 강화할 수 있으므로 ③은 탐색형 문제에 해당한다.

[오답분석]

①·④ 현재 직면하고 있으면서 바로 해결해야 하는 발생형 문제에 해당한다.

②·⑤ 앞으로 발생할 수 있는 설정형 문제에 해당한다.

26

정답 ③

예술성은 창의적 사고와 관련이 있으며, 비판적 사고를 개발하기 위해서는 감정적이고 주관적인 요소를 배제하여야 한다.

[오답분석]

① 체계성 : 결론에 이르기까지 논리적 일관성을 유지하여 논의하고 있는 문제의 핵심에서 벗어나지 않도록 한다.

② 결단성 : 모든 필요한 정보가 획득될 때까지 불필요한 논증을 피하고 모든 결정을 유보하며, 증거가 타당할 때 결론을 맺어야 한다.

④ 지적 호기심 : 여러 가지 다양한 질문이나 문제에 대한 해답을 탐색하고 사건의 원인과 설명을 구하기 위해 왜, 언제, 누가, 어떻게 등에 대한 질문을 제기한다.

⑤ 지적 회의성 : 모든 신념은 의심스러운 것으로, 적절한 결론이 제시되지 않는 한 결론이 참이라고 받아들이지 않는다.

27

정답 ②

초고령화 사회는 실버산업(기업)을 기준으로 외부환경 요소로 볼 수 있다. 따라서 기회요인으로 적절하다.

[오답분석]

① 제품의 우수한 품질은 기업의 내부환경 요소로 볼 수 있다. 따라서 강점요인으로 적절하다.

③ 기업의 비효율적인 업무 프로세스는 기업의 내부환경 요소로 볼 수 있다. 따라서 약점요인으로 적절하다.

④ 살균제 달걀 논란은 빵집(기업)을 기준으로 외부환경 요소로 볼 수 있다. 따라서 위협요인으로 적절하다.

⑤ 근육운동 열풍은 헬스장(기업)을 기준으로 외부환경 요소로 볼 수 있다. 따라서 기회요인으로 적절하다.

28

정답 ③

K사는 모바일 게임 시장은 사라질 것이라는 과거의 고정관념에서 벗어나 인식의 틀을 전환하여 오히려 신기술인 AR을 게임에 도입하여 큰 성공을 거두었다. 즉, K사는 기존에 가지고 있는 인식의 틀을 전환하여 새로운 관점에서 사물과 세상을 바라보는 발상의 전환을 통해 문제를 해결한 것이다.

29

정답 ③

분석적 문제는 해답의 수가 적고 한정되어 있는 반면, 창의적 문제는 해답의 수가 많으며 많은 답 가운데 보다 나은 것을 선택할 수 있다. 따라서 분석적 문제에 대한 해답은 창의적 문제에 대한 해답보다 적다.

창의적 문제와 분석적 문제의 비교

구분	창의적 문제	분석적 문제
문제제시방법	현재 문제가 없더라도 보다 나은 방법을 찾기 위한 문제 탐구로, 문제 자체가 명확하지 않음	현재의 문제점이나 미래의 문제로 예견될 것에 대한 문제 탐구로, 문제 자체가 명확함
해결방법	창의력에 의한 많은 아이디어의 작성을 통해 해결	분석, 논리, 귀납과 같은 논리적 방법을 통해 해결
해답 수	해답의 수가 많으며, 많은 답 가운데 보다 나은 것을 선택할 수 있음	해답의 수가 적으며, 한정되어 있음
주요 특징	주관적, 직관적, 감각적, 정성적, 개별적, 특수성	객관적, 논리적, 정량적, 이성적, 일반적, 공통성

30

정답 ①

㉠ 단순한 인과관계 : 원인과 결과를 분명하게 구분할 수 있는 경우이다.

㉡ 닭과 계란의 인과관계 : 원인과 결과를 구분하기 어려운 경우이다.

㉢ 복잡한 인과관계 : 단순한 인과관계와 닭과 계란의 인과관계의 두 유형이 복잡하게 서로 얽혀 있는 경우이다.

PART 4

자원관리능력

01	02	03	04	05	06	07	08	09	10										
②	①	④	③	②	②	④	②	③	④										

01

정답 ②

A씨의 일회용기 사용은 자원보다는 자신을 최우선적으로 추구하기 때문에 나타나는 물적자원 낭비에 해당하므로 이는 편리성 추구로 인한 결과이다.

오답분석

① 자원을 어떻게 활용할 것인가에 대한 계획 없이 충동적이고 즉흥적으로 행동하여 자신이 활용할 수 있는 자원들을 낭비하는 경우를 의미한다. 이러한 사람은 대게 목표치가 없기 때문에 얼마나 낭비하는지조차 파악하지 못한다.
③ 자신이 가지고 있는 중요한 자원을 인식하지 못하는 것을 의미하는데, 이는 자원을 물적자원에 국한하여 생각하기 때문에 무의식적으로 중요한 자원을 낭비하게 되는 것이다.
④ㆍ⑤ 자원관리의 중요성을 인식하면서도 자원관리에 대한 경험이나 노하우가 부족하기 때문에 효과적인 방법을 활용할 줄 모르는 경우를 의미한다.

02

정답 ①

물품의 분실이란 실질적으로 분실하여 다시 구입해야 하는 경제적 손실을 의미하는 것으로, A씨의 경우 물건이 집에 있지만 찾지 못하는 경우에 해당하므로 분실로 보기는 어렵다.

오답분석

② A씨는 물건을 아무렇게나 보관하였기 때문에 그 보관 장소를 파악하지 못해 다시 그 물건이 필요하게 된 상황임에도 찾는 데 어려움을 겪고 그만큼 시간도 지체하였다.
③ A씨가 커피머신을 제대로 보관하지 않았기 때문에 그로 인해 물품이 훼손되는 경우가 발생하였다.
④ A씨는 물품을 정리하였다기보다 창고에 쌓아 두었으므로 이는 정리하지 않고 보관한 경우로 볼 수 있다.
⑤ A씨는 지금 당장 필요하지 않음에도 구입을 했으므로 이는 목적 없는 구매에 해당한다.

03

정답 ④

개인의 인맥은 핵심인맥, 또 핵심인맥으로부터 연결되거나 우연한 사건으로 연결된 파생인맥, 또 그러한 파생인맥을 통하여 계속하여 연결되는 인맥 등 끝없이 확장할 수 있는 영역이다.

오답분석

① 개인 차원에서의 인적자원관리란 정치적, 경제적 또는 학문적으로 유대관계가 형성된 사람들과의 관계뿐만 아니라 더 나아가 자신이 알고 있는 모든 사람들과의 관계를 관리하는 것을 의미한다.
② 자신과 직접적으로 관계가 형성된 사람들을 핵심인맥이라 하고, 이러한 핵심인맥을 통해 관계가 형성되거나 우연한 계기로 관계가 형성된 사람들을 파생인맥이라 지칭한다.
③ 개인은 핵심인맥뿐만 아니라 파생인맥을 통해서도 다양한 정보를 획득할 수 있으며, 정보를 전파하는 것은 개인 차원에서의 인적자원관리 외의 것에 해당한다.
⑤ 인적자원관리를 위해 능동성, 개발 가능성, 전략적 자원을 고려하는 것은 개인 차원에서의 인적자원관리가 아닌 조직 차원에서 조직의 실적을 높이기 위해 고려해야 하는 사항에 해당한다.

04

ㄴ. 능동적이고 반응적인 성격의 인적자원은 기업의 관리 여하에 따라 기업 성과에 기여하는 정도가 확연히 달라진다.

ㄹ. 기업의 성과는 자원을 얼마나 효율적으로 잘 활용하였는지에 달려있다. 따라서 기업의 성과를 높이기 위해 전략적으로 인적자원을 활용하여야 한다.

오답분석

ㄱ. 자원 자체의 양과 질에 의해 기업 성과 기여도가 달라지는 수동적 성격의 물적자원과 달리, 인적자원은 개인의 욕구와 동기, 태도와 행동 및 만족감에 따라 그 기여도가 달라지는 능동적 성격의 자원에 해당한다.

ㄷ. 인적자원은 자연적인 성장뿐만 아니라 장기간에 걸쳐 개발될 수 있는 잠재력과 자질을 지니고 있다.

05

동일 및 유사 물품의 분류는 보관의 원칙 중 동일성의 원칙과 유사성의 원칙에 따른 것이다. 동일성의 원칙은 '같은 품종은 같은 장소'에 보관한다는 것이며, 유사성의 원칙은 '유사품은 인접한 장소'에 보관한다는 것을 말한다.

06

공정 보상의 원칙은 모든 근로자에게 평등한 근로의 대가를 지급하는 것이 아니라 공헌도에 따라 노동의 대가를 달리 지급함으로써 공정성을 갖도록 하는 것이다.

오답분석

① 적재적소 배치의 원리 : 해당 업무에 가장 적합한 인재를 배치하여 알맞은 인재를 알맞은 자리에 배치하는 것이다.

③ 종업원 안정의 원칙 : 종업원의 직장 내에서의 직위와 근로환경을 보장함으로써 근로자에게 신뢰를 주어 업무에 안정적으로 임할 수 있게 하는 것이다.

④ 창의력 계발의 원칙 : 근로자가 창의성 향상을 통해 새로운 것을 생각해 낼 수 있도록 이에 필요한 다양한 기회의 장을 마련하여, 그 결과에 따라 적절한 보상을 제공하는 것이다.

07

정답 ④

외적 시간낭비 요인이란 외부에서 일어나는 영향으로 인해 시간이 낭비되는 것으로, 본인이 조절할 수 없는 영역이다. 반면, 내적 시간낭비 요인이란 내부적 이유로 인해 시간이 낭비되는 것으로, 이는 자신과 관련이 있다. ④는 동료 직원, 즉 외적 요인에 의한 것으로 외적 시간낭비 요인에 해당한다.

오답분석

①·②·③ 자신과 관련된 요인으로, 내적 시간낭비 요인에 해당한다.

08

ㄱ. 시간은 매일·매주·매달·매년, 하루 24시간씩 끊임없이 주어지는 기적에 해당한다.

ㄹ. 우리의 감정에 따라 시간의 속도가 순간마다 다르게 느껴지기도 하지만, 사실상 시간은 매 순간 동일한 속도로 흐르고 있다.

오답분석

ㄴ. 시간은 그 쓰임에 따라 행복을 가지고 오기도 하고, 불행을 가지고 오기도 한다.

ㄷ. 시간은 융통성이 없어 무슨 일이 있어도 멈추지 않고 계속하여 흐른다.

ㅁ. 황금시간대라는 단어처럼 시간은 때에 따라 상대적으로 그 가치가 높기도 낮기도 하다.

09

ㄴ. 자신에게 직접적인 도움을 줄 수 있는 사람들을 관리하는 것은 개인 차원에서의 인적자원관리, 즉 인맥관리이다.

효율적이고 합리적인 인사관리 원칙
- 적재적소 배치의 원칙 : 해당 직무 수행에 가장 적합한 인재를 배치해야 한다.
- 공정 보상의 원칙 : 근로자의 인권을 존중하고, 공헌도에 따라 노동의 대가를 공정하게 지급해야 한다.
- 공정 인사의 원칙 : 직무 배당, 승진, 상벌, 근무 성적의 평가, 임금 등을 공정하게 처리해야 한다.
- 종업원 안정의 원칙 : 직장에서 신분이 보장되고, 계속해서 근무할 수 있다는 믿음을 가지게 하여 근로자가 안정된 회사 생활을 할 수 있도록 해야 한다.
- 창의력 계발의 원칙 : 근로자가 창의력을 발휘할 수 있도록 새로운 제안, 건의 등의 기회를 마련하고, 적절한 보상을 하여 인센티브를 제공해야 한다.
- 단결의 원칙 : 직장 내에서 구성원들이 소외감을 갖지 않도록 배려하고, 서로 유대감을 가지고 협동, 단결하는 체제를 이루도록 해야 한다.

10

회전 대응 보관의 원칙은 입·출하 빈도의 정도에 따라 보관 장소를 결정해야 한다는 것으로, 입·출하 빈도가 높은 물품일수록 출입구에 가까운 장소에 보관해야 한다는 의미이다.

① 네트워크 보관의 원칙 : 물품 정리 및 이동 거리 최소화를 지원하는 방식으로, 출하 품목의 연대적 출고가 예상되는 제품을 한데 모아 정리하고 보관하는 방식이다.
② 형상 특성의 원칙 : 화물의 형상에 따라 보관 방법을 변경하는 방식으로, 표준화된 제품은 랙에, 비표준화된 제품은 형상에 맞게 보관하는 방식이다.
③ 통로 대면의 원칙 : 물품의 입·출고를 용이하게 하고, 창고 내의 원활한 물품 흐름과 활성화를 위하여 통로에 면하여 보관하는 원칙이다.

36 · NCS 모듈형 핵심영역

03

자원관리능력
적중예상문제

01	02	03	04	05	06	07	08	09	10	11	12	13	14	15	16	17	18	19	20
③	②	③	④	④	①	②	②	⑤	④	③	②	④	④	④	③	②	②	①	④
21	22	23	24	25	26	27	28	29	30										
③	②	④	②	⑤	④	①	④	③	④										

01
정답 ③

자원 활용 계획을 수립할 때는 자원의 희소성이 아닌 자원이 투입되는 활동의 우선순위를 고려하여 자원을 할당해야 한다.

02
정답 ②

자원의 낭비요인은 비계획적 행동, 편리성 추구, 자원에 대한 인식 부재, 노하우 부족(경험 및 학습 부족) 등이 있다. 따라서 계획적인 행동은 시간 낭비요인으로 옳지 않다.

03
정답 ③

항목별 예산 관리는 전년도 예산을 기준으로 하며 점진주의적인 특징이 있기 때문에 예산 증감의 신축성이 없다는 것이 단점이다.

04
정답 ④

일중독자의 시간관리 관행
• 가장 생산성이 낮은 일을 가장 오래하는 경향이 있다.
• 최우선 업무보다는 가시적인 업무에 전력을 다하는 경향이 있다.
• 자신이 할 수 있는 일은 다른 사람에게 맡기지 않는 경향이 있다.
• 위기 상황에 과잉 대처하면서 침소봉대하는 경향이 있다.

05
정답 ④

자원관리의 4단계 과정
1. 필요한 자원의 종류와 양 확인 : '어떠한' 자원이 '얼마큼' 필요한지 파악하는 단계로, 일반적으로 '시간자원, 예산자원, 물적자원, 인적자원'으로 구분하여 파악한다.
2. 이용 가능한 자원의 수집과 확보 : 필요한 양보다 조금 더 여유 있게 최대한으로 자원을 확보한다.
3. 자원활용계획 수립 : 자원이 투입되는 활동의 우선순위를 고려하여 자원을 할당하고 활용계획을 수립한다.
4. 계획에 따른 수행 : 계획을 수립한 대로 업무를 추진한다.

06

정답 ①

예산의 구성요소
- 직접비용 : 제품 또는 서비스를 창출하기 위해 직접 소비된 것으로 여겨지는 비용이다.
- 간접비용 : 과제를 수행하기 위해 소비된 비용 중 직접비용을 제외한 비용으로, 생산에 직접 관련되지 않은 비용이다.

07

정답 ②

제시문에서는 시간계획의 기본원리를 설명하기 위해 기본 원칙으로 '60 : 40의 원칙'을 정의하고 있다. 이때 ㉠은 계획 행동, ㉡은 계획 외 행동, ㉢은 자발적 행동이다.

08

정답 ②

시간계획을 진행할 시 가장 많이 반복되는 일에 가장 많은 시간을 분배한다.

09

정답 ⑤

시간관리를 통해 스트레스 감소, 균형적인 삶, 생산성 향상, 목표 성취 등의 효과를 얻을 수 있다.

> **시간관리를 통해 얻을 수 있는 효과**
> - 스트레스 감소 : 사람들은 시간이 부족하면 스트레스를 받기 때문에 모든 시간 낭비요인은 잠재적인 스트레스 유발 요인이라 할 수 있다. 따라서 시간관리를 통해 시간을 제대로 활용한다면 스트레스 감소 효과를 얻을 수 있다.
> - 균형적인 삶 : 시간관리를 통해 일을 수행하는 시간을 줄인다면, 일 외에 다양한 여가를 즐길 수 있다. 또한, 시간관리는 삶에 있어서 수행해야 할 다양한 역할들의 균형을 잡는 것을 도와준다.
> - 생산성 향상 : 한정된 자원인 시간을 적절히 관리하여 효율적으로 일을 하게 된다면 생산성 향상에 큰 도움이 될 수 있다.
> - 목표 성취 : 목표를 성취하기 위해서는 시간이 필요하고, 시간은 시간관리를 통해 얻을 수 있다.

10

정답 ④

회전 대응 보관의 원칙은 입·출하의 빈도가 높은 품목을 출입구 가까운 곳에 보관하는 것을 말한다.

오답분석
① 통로 대면의 원칙 : 물품의 창고 내 입고와 출고를 용이하게 하고, 창고 내의 원활한 흐름과 활성화를 위하여 물품을 통로에 면하여 보관한다.
② 중량 특성의 원칙 : 물품의 중량에 대응하여 보관 장소나 고저를 결정하는 것으로, 무거운 물품일수록 출구와 가까운 하층부에 보관한다.
③ 선입 선출의 원칙 : 먼저 보관한 물품을 먼저 출고하는 원칙으로, 일반적으로 상품의 수명 주기가 짧은 경우 적용한다.
⑤ 네트워크 보관의 원칙 : 물품 정리 및 이동 거리의 최소화를 지원하는 방식으로, 출하 품목의 연대적 출고가 예상되는 제품을 한데 모아 정리하고 보관한다.

11

정답 ③

대표적인 직접비용으로는 재료비, 원료와 장비비, 시설비, 여행(출장)비와 잡비, 인건비가 있다. 반면, 간접비용으로는 보험료, 건물관리비, 광고비, 통신비, 사무비품비, 각종 공과금이 있다. 따라서 잡비는 직접비용에 해당한다.

오답분석
①·②·④·⑤ 간접비용에 해당한다.

12

정답 ②

편리성 추구는 지나치게 편한 방향으로만 자원을 활용하는 것을 의미한다. 일회용품을 사용하는 것, 늦잠을 자는 것, 주위 사람들에게 멋대로 대하는 것 등이 이에 포함된다. 지나친 편리성 추구는 물적자원뿐만 아니라 시간과 돈의 낭비를 초래할 수 있으며, 주위의 인맥도 줄어들게 할 수 있다.

오답분석

① 비계획적 행동 : 자원을 어떻게 활용하는 것인가에 대한 계획이 없는 것으로, 계획 없이 충동적이고 즉흥적으로 행동하여 자원을 낭비하게 된다.
③ 자원에 대한 인식 부재 : 자신이 가지고 있는 중요한 자원을 인식하지 못하는 것으로, 무의식적으로 중요한 자원을 낭비하게 된다.
④ 노하우 부족 : 자원관리의 중요성을 인식하면서도 자원관리에 대한 경험이나 노하우가 부족하여 자원을 효과적으로 활용할 줄 모르는 경우를 말한다.

13

정답 ④

꼭 해야만 하는 일을 끝내지 못했을 경우에는 다른 사람에게 부탁하기보다는 자신의 차기 계획에 반영하여 해결하는 것이 좋다. 다른 사람에게 위양할 수 있는 일과 그렇지 못한 일은 일을 진행하는 도중이 아닌 시간계획 최초부터 나누어 두어야 한다. 따라서 야근을 해도 끝내지 못한 일은 다음 일일 업무 계획에 반영하여 자신이 해결하도록 해야 한다.

14

정답 ④

ⓒ은 긴급하면서도 중요한 문제이므로 제일 먼저 해결해야 하는 1순위에 해당하며, ⓛ은 중요하지만 상대적으로 긴급하지 않으므로 계획하고 준비해야 할 문제인 2순위에 해당한다. ⓣ은 긴급하지만 상대적으로 중요하지 않은 업무이므로 3순위에 해당하고, 마지막으로 중요하지도 긴급하지도 않은 ⓔ은 4순위에 해당한다.

15

정답 ④

물품출납 및 운용카드는 물품에 대한 상태를 지속적으로 확인하고 작성하여 개정할 필요가 있다.

16

정답 ③

오답분석

① 예산 집행 과정에서의 관리 및 통제는 사업과 같은 큰 단위만이 해당되는 것이 아니라 직장인의 경우 월급, 용돈 등 개인적인 단위에도 해당된다.
② 예산을 잘 수립했다고 해서 예산을 잘 관리하는 것은 아니다. 예산을 적절하게 수립하였다고 하더라도 집행 과정에서 관리에 소홀하면 계획은 무용지물이 된다.
④ 예산 사용 내역에서 계획보다 비계획의 항목이 더 많은 경우는 예산 집행 과정을 적절하게 관리하지 못한 경우라고 할 수 있다.
⑤ 가계부는 개인 차원에서의 관리에 활용되며, 프로젝트나 과제의 경우에는 워크시트를 작성함으로써 효과적으로 예산 집행 과정을 관리할 수 있다.

17

정답 ②

직접비용은 제품 또는 서비스를 창출하기 위해 직접 소요되는 비용으로, 재료비, 원료와 장비, 여행(출장) 및 잡비, 인건비 등이 포함된다. 반면, 간접비용은 생산에 직접 관련되지 않는 비용으로, 보험료, 건물관리비, 광고비, 통신비 등이 포함된다.
따라서 여행(출장) 및 잡비는 제품 또는 서비스 창출에 직접 관련 있는 항목이므로 직접비에 해당한다.

18

정답 ②

인적자원은 조직 차원뿐만 아니라 개인에게 있어서도 매우 중요하다.

19

정답 ①

인맥을 활용하면 각종 정보와 정보의 소스를 주변 사람으로부터 획득할 수 있다. 또한 '나' 자신의 인간관계나 생활에 대해서 알 수 있으며, 이로 인해 자신의 인생에 탄력을 불어넣을 수 있다. 또한, 주변 사람들의 참신한 아이디어를 통해 자신만의 사업을 시작할 수도 있다. 따라서 A사원의 메모는 모두 옳은 내용이다.

20

정답 ④

계획을 세울 때 흔히 저지르기 쉬운 실수 중 하나는 계획을 세우는 데 너무 많은 시간을 소비하는 것이다. 계획은 완벽히 세우기 어렵고 설사 완벽하게 세웠더라도 실천하지 못하면 무용지물이다. 따라서 계획이 완벽해야 한다는 부담감을 버리고 실제로 실행하면서 수정될 수 있음을 염두에 두는 것이 좋다.

21

정답 ③

인적자원 배치의 세 가지 유형
• 양적 배치 : 작업량과 조업도, 여유 또는 부족 인원을 감안하여 소요인원을 결정하고 배치하는 것이다.
• 질적 배치 : 적재적소주의에 따른 배치를 의미한다.
• 적성 배치 : 팀원의 적성 및 흥미에 따라 배치하는 것이다.

22

정답 ②

인맥은 (가) 핵심인맥과 (나) 파생인맥으로 나누어 볼 수 있다. 핵심인맥은 자신과 직접적인 관계에 있는 사람들을 의미하며, 파생인맥은 핵심인맥을 통해 파생된 인맥을 의미한다.

23

정답 ④

충원, 교육훈련은 전사적 자원관리(ERP)의 인적자원관리에 해당하는 사례이다. 인적자원관리는 기업의 경영 자원인 사람에 대한 인사 계획, 정보 관리, 급여, 교육훈련 등 모든 인사 업무를 지원하는 종합적인 인사관리시스템이다.
반면, 공급망 관리의 사례로는 자재 예측, 구매, 유통, 협업 등을 들 수 있으며, 업무에 필요한 정보 흐름을 최적화하는 데 필요한 기능을 제공한다.

24

정답 ②

유사성의 원칙은 유사품을 인접한 장소에 보관하는 것을 말한다. 같은 장소에 보관해야 하는 것은 동일한 물품이다.

오답분석
① 물적자원관리 과정에서 첫 번째로 해야 할 일은 사용 물품과 보관 물품의 구분이며, 물품 활용의 편리성과 반복 작업 방지를 위해 필요한 작업이다.
③ 물품 분류가 끝나면 적절하게 보관장소를 선정해야 하는데, 물품의 특성에 맞게 분류하여 보관하는 것이 바람직하다. 또한, 재질의 차이로 분류하는 방법도 옳은 방법이다.
④ 회전 대응 보관 원칙에 대한 옳은 설명이다. 물품 보관 장소까지 선정이 끝나면 차례로 정리하면 된다. 여기서 회전 대응 보관 원칙을 지켜야 물품 활용도가 높아질 수 있다.
⑤ 물품 보관 장소를 선정할 때 무게와 부피에 따라 분류하는 방법도 중요하다. 만약 다른 약한 물품들과 같이 놓게 되면 무게 또는 부피가 큰 물품에 의해 다른 물품이 파손될 가능성이 크기 때문이다.

25

정답 ⑤

물적자원을 효과적으로 관리하기 위해서는 먼저 사용 물품과 보관 물품으로 구분하고, 동일 및 유사 물품으로 분류한 뒤 물품을 적절하게 보관할 수 있는 장소를 선정해야 한다. 따라서 효과적인 물적자원관리 과정은 (다) → (나) → (가)의 순서로 이루어져야 한다.

26

정답 ④

물품은 일괄적으로 같은 장소에 보관하는 것이 아니라, 개별 물품의 재질, 부피, 무게 등의 특성을 고려하여 보관 장소를 선정해야 한다.

오답분석

①・②・③・⑤ 물품에 따라 재질, 부피, 무게 등을 기준으로 물품을 분류하기도 하지만, 모든 물품의 분류 기준이 되는 것은 아니므로 재질, 부피, 무게 등을 모두 포함하는 물품의 특성이 기준이 된다.

27

정답 ①

- 동일성의 원칙 : 동일 물품은 같은 장소에 보관한다.
- 유사성의 원칙 : 유사 물품은 인접한 장소에 보관한다.

28

정답 ④

적절한 수준의 여분은 사용 중인 물품의 파손 등 잠재적 위험에 즉시 대응할 수 있어 생산성을 향상시킬 수 있다.

오답분석

① 물품의 분실 사례에 해당한다. 물품의 분실은 훼손과 마찬가지로 물품을 다시 구입해야 하므로 경제적인 손실을 가져올 수 있다.
② 물품의 훼손 사례에 해당한다. 물품을 제대로 관리하지 못하여 새로 구입해야 한다면 경제적인 손실이 발생할 수 있다.
③ 분명한 목적 없이 물품을 구입한 사례에 해당한다. 분명한 목적 없이 물품을 구입할 경우 관리가 소홀해지면서 분실, 훼손의 위험이 커질 수 있다.
⑤ 보관 장소를 파악하지 못한 사례에 해당한다. 물품의 위치를 제대로 파악하지 못한다면, 물품을 찾는 시간이 지체되어 어려움을 겪을 수 있다.

29

정답 ③

A유통업체는 바코드(Bar Code)를 사용하여 물품을 관리하고 있다. 물품의 수명기간 동안 무선으로 물품을 추적 관리할 수 있는 것은 바코드가 아닌 RFID 물품관리 시스템으로, 물품에 전자태그(RFID)를 부착하여 관리하는 것을 말한다.

30

정답 ④

자연자원의 경우 자연 상태에 있는 그대로의 자원을 말하므로 석탄, 햇빛, 구리, 철광석, 나무 등이 이에 해당한다. 반면 인공자원의 경우 사람들이 인위적으로 가공하여 만든 물적자원으로, 시설이나 장비 등이 포함되므로 댐, 인공위성, 컴퓨터가 이에 해당한다.

미래는 자신이 가진 꿈의 아름다움을 믿는 사람들의 것이다.

– 엘리노어 루즈벨트 –

PART 5

최종점검 모의고사

제1회
최종점검 모의고사

01	02	03	04	05	06	07	08	09	10	11	12	13	14	15	16	17	18	19	20
⑤	⑤	④	④	④	③	③	④	③	②	①	④	①	⑤	③	③	⑤	④	①	④
21	22	23	24	25	26	27	28	29	30	31	32	33	34	35	36	37	38	39	40
③	④	②	④	①	④	④	⑤	②	③	①	⑤	③	④	③	⑤	①	①	⑤	③

01
정답 ⑤

피드백은 상대방이 원하는 경우 대인관계에 있어서 그의 행동을 개선할 수 있는 기회를 제공해 줄 수 있다. 하지만 부정적이고 비판적인 피드백만을 계속 주는 경우에는 오히려 역효과가 나타날 수 있으므로 피드백을 줄 때에는 상대방의 긍정적인 면과 부정적인 면을 균형 있게 전달하도록 유의하여야 한다.

02
정답 ⑤

• 병 : 상대방을 향하여 상체를 기울여 다가앉는 자세를 취함으로써 자신이 열심히 들을 것이라는 것을 강조하였다. 따라서 적절한 경청방법으로 볼 수 있다.
• 정 : 현재 심란한 상황이지만, 직원의 말을 경청하기 위해 비교적 편안한 자세를 취했으므로 적절한 경청 방법으로 볼 수 있다.

오답분석
• 갑 : 상대방의 말에 경청을 할 때에는 상대와 정면으로 눈을 마주치는 자세가 필요하다. 따라서 상대방과의 눈을 피해 바닥을 보는 행동은 적절한 경청 방법이 아니다.
• 을 : 손이나 다리를 꼬지 않는 자세는 개방적 자세로, 상대에게 마음을 열어 놓고 있다는 표시이다. 따라서 다리를 꼬고 앉아 있는 행동은 자신의 의견에 반대한 후배에게 마음을 열어 놓고 경청하고 있다고 보기 어렵다.

03
정답 ④

A씨의 아내는 A씨가 자신의 이야기에 공감해 주길 바랐지만, A씨는 아내의 이야기를 들어주기보다는 해결책을 찾아 아내의 문제에 대해 조언하려고만 하였다. 즉, A씨의 아내는 마음을 털어놓고 위로받고 싶었지만, A씨의 조언하려는 태도 때문에 더 이상 대화가 이어질 수 없었다.

오답분석
① 짐작하기 : 상대방의 말을 듣고 받아들이기보다 자신의 생각에 들어맞는 단서들을 찾아 자신의 생각을 확인하는 것이다.
② 걸러내기 : 상대의 말을 듣기는 하지만 상대방의 메시지를 온전하게 듣는 것이 아닌 경우이다.
③ 판단하기 : 상대방에 대한 부정적인 판단 때문에 또는 상대방을 비판하기 위하여 상대방의 말을 듣지 않는 것이다.
⑤ 옳아야만 하기 : 자존심이 강한 사람은 자존심에 관한 것을 전부 막아버리려 하기 때문에 자신의 부족한 점에 대한 상대방의 말을 들을 수 없게 된다.

04

정답 ④

A씨는 안 좋은 일이 생겨도 자신을 탓하고, 사소한 실수에도 사과를 반복한다. 즉, A씨는 자기 자신을 낮은 자존감과 열등감으로 대하고 있다. 성공하는 사람의 이미지를 위해서는 자신을 너무 과소평가하지 말아야 한다. 특히, A씨와 같이 평소에 '죄송합니다.'나 '미안합니다.'를 입에 달고 사는 사람들의 경우 얼핏 보면 예의 바르게 보일 수 있으나, 꼭 필요한 경우가 아니라면 자신을 비하하지 않도록 해야 한다.

05

정답 ④

- C사원 : 문서의 첨부 자료는 반드시 필요한 자료 외에는 첨부하지 않도록 해야 하므로 적절하지 않다.
- D사원 : 문서를 작성한 후에는 다시 한 번 내용을 검토해야 하지만, 문장 표현에 있어서 작성자의 성의가 담기도록 경어나 단어 사용에 신경을 써야 하므로 낮춤말인 '해라체'로 고쳐 쓰는 것은 적절하지 않다.

06

정답 ③

- ㄴ. 보도자료 : 정부 기관이나 기업체, 각종 단체 등이 언론을 상대로 자신들의 정보가 기사로 보도되도록 하기 위해 보내는 자료이다.
- ㄷ. 비즈니스 메모 : 업무상 중요한 일이나 앞으로 체크해야 할 일이 있을 때 필요한 내용을 메모 형식으로 작성하여 전달하는 글이다.

[오답분석]

- ㄱ. 상품소개서 : 소비자에게 상품의 특징을 잘 전달해 상품을 구입하도록 유도하는 것을 목적으로 하며, 일반인들이 친근하게 읽고 내용을 쉽게 이해하도록 하는 문서이다.
- ㄹ. 제품설명서 : 제품 구입도 유도하지만 제품의 사용법에 대해 더 자세히 알려주는 데 주목적을 가지며, 제품의 특징과 활용도에 대해 세부적으로 언급하는 문서이다.

07

정답 ③

직업생활에서 요구되는 문서적인 의사소통능력은 문서로 작성된 글이나 그림을 읽고 내용을 이해하고 요점을 판단하며, 이를 바탕으로 목적과 상황에 적합하도록 아이디어와 정보를 전달할 수 있는 문서를 작성하는 능력을 말한다. 반면, 언어적인 의사소통능력은 상대방의 이야기를 듣고 의미를 파악하며, 이에 적절히 반응하고, 자신의 의사를 목적과 상황에 맞게 설득력을 가지고 표현하기 위한 능력을 말한다.

- 문서적인 의사소통 : ㉠, ㉢, ㉫
- 언어적인 의사소통 : ㉡, ㉣

08

정답 ④

한자음 '녀'가 단어 첫머리에 올 때는 두음 법칙에 따라 '여'로 적으나, 의존 명사의 경우는 '녀' 음을 인정한다. 해를 세는 단위의 '년'은 의존 명사이므로 ④의 '연'은 '년'으로 적어야 한다.

[오답분석]

① 이사장의 말을 직접 인용하고 있으므로 '라고'의 쓰임은 적절하다.
② '말'이 표현을 하는 도구의 의미로 사용되었으므로 '로써'의 쓰임은 적절하다.
③ 받침 'ㅇ'으로 끝나는 말 뒤에 쓰였으므로 '률'의 쓰임은 적절하다.
⑤ 아라비아 숫자만으로 연월일을 모두 표시하고 있으므로 마침표의 사용은 적절하다.

PART 5

09

석연치 않은 뉘앙스를 풍겨 상대방의 기분을 불쾌하게 만들 수 있는 중의적인 표현은 피해야 하지만, 단정적인 표현도 좋지 않은 의사소통 방식이다.

10

원활한 의사표현을 위해서는 긍정과 공감에 초점을 둔 의사표현 기법을 사용해야 한다. 상대방의 말을 그대로 받아서 맞장구를 치는 것은 상대방에게 공감을 보여주는 가장 쉬운 방법이다.

오답분석

① 상대방의 말이 채 끝나기 전에 어떤 답을 할까 궁리하는 것은 주의를 분산시켜 경청에 몰입하는 것을 방해한다.
③ 핵심은 구체적으로 다루되, 표현은 가능한 간결하게 사용하는 것이 바람직한 의사표현방법이다.
④ 이견이 있거나 논쟁이 붙었을 때는 무조건 앞뒤 말의 논리적 개연성만 따지지 않고 이성과 감성의 조화를 통해 문제를 해결해야한다.
⑤ 장점은 자신이 부각한다고 해서 공식화되지 않으며, 오히려 자신의 단점과 실패경험을 앞세우면 더 많은 지지자를 얻을 수 있다.

11

세 번째 조건에서 중앙값이 28세이고, 최빈값이 32세라고 했으므로 신입사원 5명 중 2명은 28세보다 어리고, 28세보다 많은 사람 2명은 모두 32세가 되어야 한다. 또한 두 번째 조건에서 신입사원 나이의 총합은 $28.8 \times 5 = 144$세이므로, 27세 이하인 2명의 나이 합은 $144 - (28 + 32 + 32) = 52$세가 된다. 그러므로 2명의 나이는 (27세, 25세), (26세, 26세)가 가능하지만 최빈값이 32세이기 때문에 26세가 2명인 경우는 불가능하다. 따라서 28세보다 어린 2명은 25세와 27세이며, 가장 어린 사람과 가장 나이가 많은 사람의 나이 차는 $32 - 25 = 7$세이다.

12

500g의 설탕물에 녹아있는 설탕의 양을 xg이라고 하자.

3%의 설탕물 200g에 들어있는 설탕의 양은 $\frac{3}{100} \times 200 = 6$g이다. 이를 토대로 식을 정리하면 다음과 같다.

$$\frac{x + 6}{500 + 200} \times 100 = 7 \rightarrow x + 6 = 49$$
$$\therefore x = 43$$

따라서 500g의 설탕에 녹아있는 설탕의 양은 43g이다.

13

지혜와 주헌이가 함께 걸어간 거리는 150×30m이고, 집에서 회사까지 거리는 150×50m이다. 따라서 지혜가 집에 가는 데 걸린 시간은 $150 \times 30 \div 300 = 15$분이고, 다시 회사까지 가는 데 걸린 시간은 $150 \times 50 \div 300 = 25$분이다. 그러므로 주헌이가 회사에 도착하는 데 걸린 시간은 20분이고, 지혜가 걸린 시간은 40분이므로 지혜는 주헌이가 도착하고 20분 후에 회사에 도착한다.

14

위원회를 구성할 수 있는 경우의 수는 학생회장과 A교수가 동시에 뽑히는 경우를 제외하여 구한다.

전체 인원 12명 중 5명을 뽑는 경우의 수는 $_{12}C_5 = \frac{12 \times 11 \times 10 \times 9 \times 8}{5 \times 4 \times 3 \times 2 \times 1} = 792$가지이고, 학생회장과 A교수가 같이 대표로 뽑히는 경우의 수는 12명 중 2명을 제외한 10명에서 3명을 뽑는 경우이므로 $_{10}C_3 = \frac{10 \times 9 \times 8}{3 \times 2 \times 1} = 120$가지이다.

따라서 위원회를 구성할 수 있는 경우의 수는 $792 - 120 = 672$가지이다.

15

정답 ③

- 목요일, 금요일에 비가 올 확률 : $0.7 \times 0.7 = 0.49$
- 목요일에 비가 오지 않고, 금요일에 비가 올 확률 : $(1-0.7) \times 0.4 = 0.12$

$\therefore 0.49 + 0.12 = 0.61$

16

정답 ③

의자의 개수를 x개, 사원수를 y명이라 하면 다음 식이 성립한다.

$y = 4 \times (x-2) + 1 \rightarrow y = 4x - 8 + 1 \rightarrow y = 4x - 7 \cdots \bigcirc$

$y = 3x + 2 \cdots \bigcirc$

$\bigcirc$에 $\bigcirc$을 대입하면 $3x + 2 = 4x - 7 \rightarrow x = 9$이다.

따라서 의자 개수가 9개이므로 사원은 총 $3 \times 9 + 2 = 29$명이다.

17

정답 ⑤

2022년 관광 수입이 가장 많은 국가는 중국(44,400백만 달러)이며, 가장 적은 국가는 한국(17,300백만 달러)이다. 두 국가의 2023년 관광 지출 대비 관광 수입 비율을 구하면 다음과 같다.

- 한국 : $\dfrac{13,400}{30,600} \times 100 = 43.8\%$

- 중국 : $\dfrac{32,600}{257,700} \times 100 = 12.7\%$

따라서 두 국가의 비율 차이는 $43.8 - 12.7 = 31.1\%$p이다.

18

정답 ④

5만 미만에서 10만 ~ 50만 미만까지의 투자건수 비율을 합하면 된다. 따라서 $28 + 20.9 + 26 = 74.9\%$이다.

19

정답 ①

100만 ~ 500만 미만에서 500만 미만까지의 투자건수 비율을 합하면 된다. 따라서 $11.9 + 4.5 = 16.4\%$이다.

20

정답 ④

원통형 기둥 윗면의 넓이는 $\pi r^2 = 3 \times \left(\dfrac{0.8}{2}\right)^2 = 0.48\text{m}^2$($r$은 원의 반지름), 옆면은 $2\pi r l = 2 \times 3 \times 0.4 \times 1 = 2.4\text{m}^2$($l$은 원기둥의 높이)이다. 따라서 페인트칠에 들어가는 총비용은 $(0.48 \times 10만) + (2.4 \times 7만) = 4.8만 + 16.8만 = 21.6만$ 원($= 216,000$원)이다.

21

정답 ③

문제는 원활한 업무 수행을 위해 해결해야 하는 질문이나 의논 대상을 의미한다. 즉, 해결하기를 원하지만 실제로 해결해야 하는 방법을 모르고 있는 상태나 얻고자 하는 해답이 있지만 그 해답을 얻는 데 필요한 일련의 행동을 알지 못한 상태이다.

또한, 문제점은 문제의 근본 원인이 되는 사항으로, 문제해결에 필요한 열쇠의 핵심 사항을 말하며, 개선해야 할 사항이나 손을 써야 할 사항, 문제가 해결될 수 있고 문제의 발생을 미리 방지할 수 있는 사항을 말한다.

따라서 제시문에서 문제는 사업계획서 제출에 실패한 것이고, 문제점은 K기업의 전산망 마비로 전산시스템 접속이 불가능해진 것이라고 볼 수 있다.

22

정답 ④

연역법의 오류는 'A=B, B=C, so A=C'와 같은 삼단 논법에서 발생하는 오류를 의미한다.
'이현수 대리(A)는 기획팀(B)을 대표하는 인재인데(A=B), 이현수 대리가 이런 실수(C)를 하다니(A=C) 기획팀이 하는 업무는
모두 실수투성일 것이 분명할 것(B=C)'이라는 말은 'A=B, A=C, so B=C'와 같은 삼단 논법에서 발생하는 오류인 연역법의
오류에 해당한다.

[오답분석]

① 권위나 인신공격에 의존한 논증 : 위대한 성인이나 유명한 사람의 말을 활용해 자신의 주장을 합리화하거나 상대방의 주장이
   아니라 상대방의 인격을 공격하는 것이다.
② 무지의 오류 : 증명되지 않았기 때문에 그 반대의 주장이 참이라는 것이다.
③ 애매성의 오류 : 언어적 애매함으로 인해 이후 주장이 논리적 오류에 빠지는 경우이다.
⑤ 허수아비 공격의 오류 : 상대방의 주장과는 전혀 상관없는 별개의 논리를 만들어 공격하는 경우이다.

23

정답 ②

(가) 고객 분석 : ㉠, ㉢과 같은 고객에 대한 질문을 통해 고객에 대한 정보를 분석한다.
(나) 자사 분석 : ㉡과 같은 질문을 통해 자사의 수준에 대해 분석한다.
(다) 경쟁사 분석 : ㉢, ㉣과 같은 질문을 통해 경쟁사를 분석함으로써 경쟁사와 자사에 대한 비교가 가능하다.

24

정답 ④

먼저 이슈 분석은 현재 수행하고 있는 업무에 가장 큰 영향을 미치는 핵심이슈 설정, 이슈에 대한 일시적인 결론을 예측해 보는
가설 설정, 가설검증계획에 의거하여 분석 결과를 이미지화하는 Output 이미지 결정의 절차를 거쳐 수행된다. 다음으로 데이터
분석은 목적에 따라 데이터 수집 범위를 정하는 데이터 수집계획 수립, 정량적이고 객관적인 사실을 수집하는 데이터 수집, 수집된
정보를 항목별로 분류·정리한 후 의미를 해석하는 데이터 분석의 절차를 거쳐 수행된다. 마지막으로 원인 파악 단계에서는 이슈와
데이터 분석을 통해서 얻은 결과를 바탕으로 최종 원인을 확인한다. 따라서 원인 분석 단계는 ㉢ → ㉤ → ㉠ → ㉡ → ㉥ →
㉣의 순서로 진행된다.

25

정답 ①

설득은 논쟁이 아니라 논증을 통해 더욱 정교해지며, 공감을 필요로 한다. 나의 주장을 다른 사람에게 이해시켜 납득시키고 그
사람이 내가 원하는 행동을 하게 만드는 것이다. 이때 이해는 머리로 하고 납득은 머리와 가슴이 동시에 공감되는 것을 말하는데,
이 공감은 논리적 사고가 기본이 된다. 따라서 ①은 상대방이 했던 이야기를 이해하도록 노력하면서 공감하려는 태도가 보이므로
설득에 해당한다.

[오답분석]

② 상대의 생각을 모두 부정하지 않고, 상황에 따른 생각을 이해함으로써 새로운 지식이 생길 가능성이 있으므로 논리적 사고
   구성요소 중 '타인에 대한 이해'에 해당한다.
③ 상대가 말하는 것을 잘 알 수 없어 구체적인 사례를 들어 이해하려는 것으로 논리적 사고 구성요소 중 '구체적인 생각'에
   해당한다.
④ 상대 주장에 대한 이해가 부족하다는 것을 인식해 상대의 논리를 구조화하려는 것으로 논리적 사고 구성요소 중 '상대 논리의
   구조화'에 해당한다.
⑤ 상대방의 말한 내용이 명확하게 이해가 안 되어 먼저 자신이 생각하여 이해하도록 노력하는 것으로 논리적 사고 구성요소 중
   '생각하는 습관'에 해당한다.

26

정답 ④

(가) 하드 어프로치 : 상이한 문화적 토양을 가지고 있는 구성원을 가정하고, 서로의 생각을 직설적으로 주장하고 논쟁이나 협상을 통해 서로의 의견을 조정해 가는 방법이다.

(나) 퍼실리테이션 : '촉진'을 의미하며, 어떤 그룹이나 집단이 의사결정을 잘 하도록 도와주는 일을 의미한다. 퍼실리테이션에 의한 문제해결방법은 깊이 있는 커뮤니케이션을 통해 서로의 문제점을 이해하고 공감함으로써 창조적인 문제해결을 도모한다.

(다) 소프트 어프로치 : 대부분의 기업에서 볼 수 있는 전형적인 스타일로, 조직 구성원들이 같은 문화적 토양을 가지고 이심전심으로 서로를 이해하는 상황을 가정한다.

27

정답 ④

문제 도출은 선정된 문제를 분석하여 해결해야 할 것이 무엇인지를 명확히 하는 단계로, (가) 문제 구조 파악과 (나) 핵심 문제 선정의 절차를 거쳐 수행된다. 이때, 문제 구조 파악을 위해서는 현상에 얽매이지 말고 문제의 본질과 실제를 봐야 하며, 한쪽 면만 보지 말고 다면적으로 보며, 눈앞의 결과만 보지 말고 넓은 시야로 문제를 바라봐야 한다.

28

정답 ⑤

창의적 사고는 통상적인 것이 아니라 기발하거나 신기하며, 독창적이다. 또한, 발산적 사고로서 아이디어가 많고 다양하고 독특한 것을 의미하며, 유용하고 가치가 있어야 한다.

29

정답 ②

국내 금융기관에 대한 SWOT 분석 결과를 정리하면 다음과 같다.

강점(Strength)	약점(Weakness)
• 높은 국내 시장 지배력 • 우수한 자산건전성 • 뛰어난 위기관리 역량	• 은행과 이자수익에 편중된 수익구조 • 취약한 해외 비즈니스와 글로벌 경쟁력
기회(Opportunity)	위협(Threats)
• 해외 금융시장 진출 확대 • 기술 발달에 따른 핀테크의 등장 • IT 인프라를 활용한 새로운 수익 창출	• 새로운 금융 서비스의 등장 • 글로벌 금융기관과의 경쟁 심화

㉠ SO전략은 강점을 살려 기회를 포착하는 전략으로, 강점인 국내 시장점유율을 기반으로 핀테크 사업에 진출하려는 ㉠은 적절한 SO전략으로 볼 수 있다.

㉢ ST전략은 강점을 살려 위협을 회피하는 전략으로, 강점인 우수한 자산건전성을 강조하여 글로벌 금융기관과의 경쟁에서 우위를 차지하려는 ㉢은 적절한 ST전략으로 볼 수 있다.

[오답분석]

㉡ WO전략은 약점을 강화하여 기회를 포착하는 전략이다. 그러나 위기관리 역량은 이미 국내 금융기관이 지니고 있는 강점에 해당하므로 WO전략으로 적절하지 않다.

㉣ 해외 비즈니스 역량을 강화하여 해외 금융시장에 진출하는 것은 약점을 보완하여 기회를 포착하는 WO전략에 해당한다.

30

정답 ③

비판적 사고를 발휘하는 데에는 개방성, 융통성 등이 필요하다. 개방성은 다양한 여러 신념들이 진실일 수 있다는 것을 받아들이는 태도로, 편견이나 선입견에 의하여 결정을 내려서는 안 된다. 융통성은 개인의 신념이나 탐구 방법을 변경할 수 있는 태도로, 비판적 사고를 위해서는 특정한 신념의 지배를 받는 고정성, 독단적 태도 등을 배제해야 한다. 따라서 비판적 평가에서 가장 낮은 평가를 받게 될 지원자는 본인의 신념을 갖고 상대를 끝까지 설득하겠다는 C지원자이다.

31

정답 ①

1분기 예산서 중 간접비는 '마. 일반관리비'이다. 따라서 간접비 총액은 7,500,000원이다.
- 직접비 : 재료비, 원료와 장비, 시설비, 여행(출장) 및 잡비, 인건비 등
- 간접비 : 보험료, 건물관리비, 광고비, 통신비, 공과금, 사무 비품비 등

[오답분석]

가 ~ 라는 모두 직접비에 해당한다.

32

정답 ⑤

ⓒ 개인이 시간을 효율적으로 관리하기 위해서는 위임이 가능한 업무는 적절하게 위임하여 시간 내 감당 가능한 수준에서 업무를 수행해야 한다. 따라서 업무 위임을 자제하는 것은 효율적인 시간관리의 효과로 볼 수 없다.
ⓔ 효율적 시간관리를 통해 기업의 생산성이 향상될 수 있으므로 오히려 인건비가 감소할 수 있다.

[오답분석]

ⓐ·ⓑ 효율적인 시간관리를 통해 개인은 스트레스를 감소시킬 수 있고, 균형적인 삶을 영위할 수 있다. 한편, 기업은 줄어든 생산 시간으로 시장에 집중할 시간이 늘어나고, 이는 곧 시장 점유율 증가로 나타난다.

33

정답 ③

C사의 직접적인 관리가 불가능한 기술적 오류에 의해 발생한 사례이므로 자원의 낭비 사례로 볼 수 없다.

[오답분석]

① 비계획적 행동에 따른 자원 낭비 사례에 해당한다. 예산의 용도를 적절한 수준에서 세부적으로 설정해 두어야 집행부서가 용도별 한도에 맞게 예산을 사용할 수 있다.
② 편리성 추구로 인한 자원 낭비 사례에 해당한다. 개인의 인적관계망이 인적자원에 포함되듯 협력업체와의 관계도 기업의 자원에 해당한다. 휴일의 편의를 누리느라 협력업체의 신뢰를 잃었으므로 자원 낭비 사례로 볼 수 있다.
④ 보유자원에 대한 인식 부재로 인한 자원 낭비 사례에 해당한다. 보유 중인 물품의 재고량을 제대로 파악하지 못하여 재고를 처리하지 못하는 것은 자원관리의 실패로 볼 수 있다.
⑤ 노하우 부족에 따른 자원 낭비 사례에 해당한다. 자원관리에 대한 경험이나 노하우가 부족한 경우 교육 및 훈련 프로그램을 통해 효과적인 자원관리가 이루어질 수 있도록 해야 한다.

34

정답 ④

제시문은 권한위양에 대한 설명이다. 권한위양이란 기업의 규모가 커질수록 업무활동이 점점 복잡해져서 관리자가 모든 것을 다스리기 어려움에 따라 자기의 사무를 분할하여 일부를 부하에게 위임하고 그 수행 책임을 지우는 것으로, 그 결과 조직은 탄력성 있게 운용되고, 조직 구성원들의 근로의욕은 높아지는 효과가 있다.

[오답분석]

① ㄷ. 규칙성 - 일관성 : 시간계획을 정기적·체계적으로 체크하여 일관성 있게 마무리하는 것을 말한다.
② ㅁ. 유연성 : 시간계획 자체가 중요한 것이 아니고 목표달성을 위해 필요 시 유연하게 하는 것을 말한다.
③ ㅈ. 성과 : 예정 행동만을 계획하는 것이 아니라 기대되는 성과나 행동의 목표도 함께 기록하는 것을 말한다.
⑤ B. 시간계획의 조정 : 자기 외 다른 사람(비서, 부하, 상사)의 시간 계획을 감안하여 계획을 수립하는 것을 말한다.

35

정답 ③

시간 프레임은 적절한 시간 프레임을 설정하고 특정의 일을 하는 데 소요되는 꼭 필요한 시간만을 계획에 삽입하는 것으로, 지윤이는 일주일간 해야 할 일에 대해서는 계획을 세웠지만, 그에 소요되는 시간은 고려하지 않았다.

오답분석

① ㄴ. 일·행동의 리스트화 : 해당 기간에 예정된 행동을 모두 리스트화하는 것으로, 지윤이가 일주일간 해야 할 일에 대한 주간계획표를 작성하는 것이 이에 해당한다.
② ㅅ. 기록 : 체크리스트나 스케줄표를 사용하여 계획을 반드시 기록하여 전체 상황을 파악하는 것으로, 지윤이가 일주일간 해야 할 일에 대한 주간계획표를 작성하는 것이 이에 해당한다.
④ ㅋ. 우선순위 : 여러 일 중에서 어느 일이 가장 우선적으로 처리해야 할 것인가를 결정하는 것으로, 지윤이가 먼저 해야 할 일에 대해 따로 표시를 하여 다른 일에 비해 우선적으로 진행하는 것이 이에 해당한다.
⑤ ㅍ. 시간 낭비 요인과 여유 시간 : 예상 못한 방문객 접대, 전화 등의 사건으로 예정된 시간이 부족할 경우를 대비하여 여유 시간을 확보하는 것으로, 지윤이가 예기치 못한 상황에 대비해 항상 일요일을 비워두는 것이 이에 해당한다.

36

정답 ⑤

직접비용은 제품 또는 서비스를 창출하기 위해 직접 소비된 것으로 여겨지는 비용을 말하며, 재료비, 원료와 장비 구입비, 인건비, 출장비 등이 직접비용에 해당한다.
반면, 간접비용은 생산에 직접 관련되지 않은 비용을 말하며, 광고비, 보험료, 통신비 등이 간접비용에 해당한다.
• 직접비용 : ㉠, ㉡, ㉢, ㉧
• 간접비용 : ㉣, ㉤

37

정답 ①

㉠은 능력주의, ㉡은 적재적소주의, ㉢은 적재적소주의, ㉣은 능력주의이다. 개인에게 능력을 발휘할 수 있는 기회와 장소를 부여하고, 그 성과를 바르게 평가한 뒤 평가된 능력과 실적에 대해 그에 상응하는 보상을 주는 능력주의 원칙은 적재적소주의 원칙의 상위개념이라고 할 수 있다. 즉, 적재적소주의는 능력주의의 하위개념에 해당한다.

38

정답 ①

인맥관리카드는 자신의 주변에 있는 인맥을 관리카드로 작성하여 관리하는 것으로, 모두를 하나의 인맥관리카드에 작성하는 것보다 핵심인맥과 파생인맥을 구분하여 작성하는 것이 효과적이다.

오답분석

② NQ(Network Quotient)는 인맥 지수를 의미하며, 다른 사람들의 경조사에 참석함으로써 인맥을 관리할 수 있다.
③ 인맥을 키워나가기 위해서는 인맥 지도 그리기를 통해 가장 먼저 자신의 현재 인맥 상태를 점검해 보는 것이 좋다.
④ SNS상의 정기적인 연락을 통해 인맥을 관리할 수 있다.
⑤ 명함을 효과적으로 관리하기 위해서는 명함에 상대에 대한 구체적인 정보들을 적어두는 것이 좋다.

39

정답 ⑤

RFID 태그의 종류에 따라 반복적으로 데이터를 기록하는 것이 가능하며, 물리적인 손상이 없는 한 반영구적으로 이용할 수 있다.

> **RFID**
> 무선 주파수(RF; Radio Frequency)를 이용하여 대상을 식별(IDentification)하는 기술로, 정보가 저장된 RFID 태그를 대상에 부착한 뒤 RFID 리더를 통하여 정보를 인식한다. 기존의 바코드를 읽는 것과 비슷한 방식으로 이용되나, 바코드와 달리 물체에 직접 접촉하지 않고도 데이터를 인식할 수 있으며, 여러 개의 정보를 동시에 인식하거나 수정할 수 있다. 또한, 바코드에 비해 많은 양의 데이터를 허용함에도 데이터를 읽는 속도가 매우 빠르며, 데이터의 신뢰도 또한 높다.

40

정답 ③

잔액에는 당월 실적이 아닌 배정액에서 누적 실적(ⓒ)을 뺀 값을 작성한다.

01	02	03	04	05	06	07	08	09	10	11	12	13	14	15	16	17	18	19	20
③	①	③	④	④	④	①	③	④	②	③	③	①	④	⑤	③	⑤	④	②	④
21	22	23	24	25	26	27	28	29	30	31	32	33	34	35	36	37	38	39	40
④	③	①	②	②	③	③	②	③	④	①	③	①	③	②	④	①	⑤	④	⑤

01

정답 ③

제시된 사례에 나타난 의사표현에 영향을 미치는 요소는 연단공포증이다. 연단공포증은 90% 이상의 사람들이 호소하는 불안이므로, 이러한 심리현상을 잘 통제하면서 표현을 한다면 청자는 더 인간답다고 생각하게 될 것이다. 이러한 공포증은 본질적인 것이기 때문에 완전히 치유할 수는 없으나, 노력에 의해서 심리적 불안을 어느정도 유화시킬 수 있다. 따라서 완전히 치유할 수 있다는 ③은 적절하지 않다.

02

정답 ①

판단하기는 상대방에 대한 부정적인 판단 때문에 상대방의 말을 듣지 않는 것이다.

오답분석

② 조언하기 : 다른 사람의 문제를 본인이 해결해 주고자 하는 것이다.
③ 언쟁하기 : 반대하고 논쟁하기 위해서만 상대방의 말에 귀를 기울이는 것이다.
④ 걸러내기 : 듣고 싶지 않은 것들을 막아버리는 것이다.
⑤ 비위 맞추기 : 상대방을 위로하기 위해서 혹은 비위를 맞추기 위해서 너무 빨리 동의하는 것을 말한다.

03

정답 ③

오답분석

① 매일 30분씩 반복하여 공부하는 방법도 큰 도움이 된다.
② 출퇴근 시간에 외국어 방송을 보거나 듣는 것만으로도 도움이 된다.
④ 실수를 두려워하지 말고 기회가 있을 때마다 외국어로 말하는 것이 좋다.
⑤ 업무와 관련된 주요 용어의 외국어는 꼭 알아두는 것이 좋다.

04

정답 ④

개방적인 질문은 상대방의 다양한 생각을 이해하고, 상대방으로부터 보다 많은 정보를 얻기 위한 방법으로, 이로 인하여 서로에 대한 이해의 정도를 높일 수 있다. 그러나 G씨에게 누구와 여행을 함께 가는지 묻는 F씨의 질문은 개방적 질문이 아닌 단답형의 대답이나 반응을 이끌어 내는 폐쇄적 질문에 해당하므로 ④는 개방적인 질문 방법에 대한 사례로 적절하지 않다.

PART 5

05

정답 ④

- (가) : 설명서
  - 상품이나 제품에 대해 설명하는 글이므로 정확하게 기술한다.
  - 전문용어는 소비자들이 이해하기 어려우므로 가급적 사용을 삼간다.
- (나) : 공문서
  - 공문서는 대외문서이고, 장기간 보관되는 문서이기 때문에 정확하게 기술한다.
  - 회사 외부로 전달되는 글인 만큼 누가, 언제, 어디서, 무엇을, 어떻게가 드러나도록 써야 한다.
- (다) : 보고서
  - 보통 업무 진행 과정에서 쓰는 경우가 대부분이므로 무엇을 도출하고자 했는지 핵심내용을 구체적으로 제시한다.
  - 간결하고 핵심적인 내용의 도출이 우선이므로 내용의 중복은 피한다.
- (라) : 기획서
  - 기획서는 상대에게 어필해 상대가 채택하게끔 설득력을 갖춰야 하므로 상대가 요구하는 것이 무엇인지 고려하여 작성한다.
  - 기획서는 완벽해야 하므로 제출하기 전에 충분히 검토한다.

06

정답 ④

과거에는 의사소통을 기계적인 정보의 전달만으로 이해하였다. 그러나 의사소통은 정보 전달 이상의 것으로, 일방적인 언어나 문서를 통해 의사를 전달하는 것은 의사소통이라고 할 수 없다. 의사소통은 상대방에게 메시지를 전달하는 과정이 아니라 상대방과의 상호작용을 통해 메시지를 다루는 과정이다. 따라서 성공적인 의사소통을 위해서는 상대방이 어떻게 받아들일 것인가에 대한 고려를 바탕으로 메시지를 구성하여야 한다.

07

정답 ①

문서를 작성해야 하는 상황은 주로 요청이나 확인을 부탁하는 경우, 정보제공을 위한 경우, 명령이나 지시가 필요한 경우, 제안이나 기획을 할 경우, 약속이나 추천을 위한 경우이다. 자유롭게 제시된 팀원의 모든 의견은 공식적인 것이 아니므로 문서로 작성하지 않아도 된다.

08

정답 ③

문서이해의 구체적인 절차는 다음과 같다.

```
┌─────────────────────────────────────────┐
│         1. 문서의 목적 이해하기            │
└─────────────────────────────────────────┘
                    ↓
┌─────────────────────────────────────────┐
│    2. 문서를 작성되게 된 배경과 주제 파악하기 │
└─────────────────────────────────────────┘
                    ↓
┌─────────────────────────────────────────┐
│   3. 문서에 쓰인 정보를 밝혀내고, 문서가 제시하고 있는 │
│              현안문제 파악하기             │
└─────────────────────────────────────────┘
                    ↓
┌─────────────────────────────────────────┐
│   4. 문서를 통해 상대방의 욕구와 의도 및 내게 요구되는 │
│            행동에 대한 내용 분석하기        │
└─────────────────────────────────────────┘
                    ↓
┌─────────────────────────────────────────┐
│   5. 문서에서 이해한 목적 달성을 위해 취해야 할 행동을 │
│              생각하고 결정하기             │
└─────────────────────────────────────────┘
                    ↓
┌─────────────────────────────────────────┐
│  6. 상대방의 의도를 도표나 그림 등으로 메모하여 요약, 정리해 보기 │
└─────────────────────────────────────────┘
```

A씨의 경우 문서 내용을 정리하여 요구사항별로 그룹화하고, 중요한 내용만 간추려 메모하기 시작하였으므로 상대방의 의도를 도표나 그림 등으로 메모하여 요약, 정리해 보는 단계에 해당하는 것을 알 수 있다.

09

정답 ④

B대리는 A사원의 질문에 대해 명료한 대답을 하지 않고 모호한 태도를 보이고 있으므로 협력의 원리 중 태도의 격률을 어기고 있음을 알 수 있다.

10

정답 ②

㉠ 작성 주체에 의한 구분 : 문서는 작성 주체에 따라 공문서와 사문서로 구분한다.
　– 공문서 : 행정기관에서 공무상 작성하거나 시행하는 문서와 행정기관이 접수한 모든 문서
　– 사문서 : 개인이 사적인 목적을 위하여 작성한 문서
㉡ 유통 대상에 의한 구분 : 외부로 유통되지 않는 내부결재문서와 외부로 유통되는 문서인 대내문서, 대외문서 등으로 구분한다.
　– 외부로 유통되지 않는 문서 : 행정기관이 내부적으로 계획 수립, 결정, 보고 등을 하기 위하여 결재를 받는 내부결재문서
　– 외부 유통 문서 : 기관 내부에서 보조기관 상호 간 협조를 위하여 수신·발신하는 대내문서, 다른 행정기관에 수신·발신하는 대외문서, 발신자와 수신자 명의가 다른 문서
㉢ 문서의 성질에 의한 구분 : 성질에 따라 법규문서, 지시문서, 공고문서, 비치문서, 민원문서, 일반문서로 구분한다.
　– 법규문서 : 법규사항을 규정하는 문서
　– 지시문서 : 행정기관이 하급기관이나 소속 공무원에 대하여 일정한 사항을 지시하는 문서
　– 공고문서 : 고시·공고 등 행정기관이 일정한 사항을 일반에게 알리기 위한 문서
　– 비치문서 : 행정기관 내부에 비치하면서 업무에 활용하는 문서
　– 민원문서 : 민원인이 행정기관에 특정한 행위를 요구하는 문서와 그에 대한 처리문서
　– 일반문서 : 위의 각 문서에 속하지 않는 모든 문서

11

정답 ③

A지점에서 P지점 사이의 거리를 x km, P지점에서 B지점 사이의 거리를 $(30-x)$ km라 하자.

(A에서 P까지 가는 데 걸린 시간)+(P에서 B까지 가는 데 걸린 시간)=9시간이므로 $\dfrac{x}{3}+\dfrac{30-x}{4}=9$ 이다.

∴ $x=18$

12

정답 ③

• 5% 설탕물 600g에 들어있는 설탕의 양 : $\dfrac{5}{100}\times600=30$ g
• 10분 동안 가열한 후 남은 설탕물의 양 : $600-(10\times10)=500$ g
• 가열한 후 남은 설탕물의 농도 : $\dfrac{30}{500}\times100=6$ %

여기에 더 넣은 설탕물 200g의 농도를 x%라 하면 다음 식이 성립한다.

$\dfrac{6}{100}\times500+\dfrac{x}{100}\times200=\dfrac{10}{100}\times700$

$\rightarrow 2x+30=70$

∴ $x=20$

13

정답 ①

30분까지의 기본료를 x원, 1분마다 추가 요금을 y원이라고 하면, 1시간 대여료와 2시간 대여료에 대해 다음 식이 성립한다.
$x+30y=50,000 \cdots ㉠$
$x+90y=110,000 \cdots ㉡$
두 식을 연립하면 $x=20,000$, $y=1,000$이다.
따라서 기본료는 20,000원, 30분 후 1분마다 추가 요금은 1,000원이므로 3시간 대여료는 $20,000+150\times1,000=170,000$원이다.

14

남녀 우승자 두 명에게 음료를 나눠주는 경우는 세 가지로 구분할 수 있다.

- 같은 음료 2개, 같은 음료 2개 : $_3C_2 \times 2! = 6$가지($\because$ 2개씩 있는 음료 3종류 중 2종류를 선택하여 2명에게 나눠주는 방법)
- 같은 음료 2개, 다른 음료 2개 : $_3C_1 \times _3C_2 \times 2! = 18$가지($\because$ 2개씩 있는 음료 3종류 중 1종류를 선택하고, 나머지 음료 중 서로 다른 음료 2개를 선택하는 방법)
- 다른 음료 2개, 다른 음료 2개 : $3 \times 3 \times 2! + _3C_2 \times _3C_2 = 18 + 9 = 27$가지($\because$ 한 묶음에 사이다가 포함되었을 경우와 사이다를 제외한 나머지 3종류 음료에서 서로 다른 종류를 고르는 방법)

따라서 모든 경우의 수는 $6 + 18 + 27 = 51$가지이다.

15

한 골만 넣으면 경기가 바로 끝난다고 하였으므로 현재 상황은 두 팀이 동점임을 알 수 있다. 두 팀이 한 번씩 승부차기를 하고도 경기가 끝나지 않으려면 두 팀 모두 성공하거나 실패해야 한다.

- 두 팀 모두 성공하는 확률 : $0.7 \times 0.4 = 0.28$
- 두 팀 모두 실패하는 확률 : $0.3 \times 0.6 = 0.18$

따라서 승부차기 후에도 경기가 끝나지 않을 확률은 $0.28 + 0.18 = 0.46$이다.

16

50원, 100원, 500원짜리 동전의 개수를 각각 x개, y개, z개라고 하자.

$x + y + z = 14 \cdots$ ㉠

$50x + 100y + 500z = 2,250 \rightarrow x + 2y + 10z = 45 \cdots$ ㉡

㉠과 ㉡을 연립하면

$y + 9z = 31 \cdots$ ㉢

이때 ㉠의 조건에 의해 ㉢을 만족하는 경우는 $y = 4$, $z = 3$이고, 구한 값을 ㉠에 대입하면 $x = 7$이다.

따라서 50원짜리는 7개, 100원짜리는 4개, 500원짜리는 3개가 된다.

17

2일차부터 7일차까지 전일 대비 사망자 증가 수는 2일차 $5 - 0 = 5$명, 3일차 $10 - 5 = 5$명, 4일차 $12 - 10 = 2$명, 5일차 $18 - 12 = 6$명, 6일차 $25 - 18 = 7$명, 7일차 $28 - 25 = 3$명으로 전일 대비 사망자가 가장 많이 증가한 날은 6일차이다. 또한 2일차부터 7일차까지 전일 대비 수재민 증가 수는 2일차 $920 - 582 = 338$명, 3일차 $1,460 - 920 = 540$명, 4일차 $2,840 - 1,460 = 1,380$명, 5일차 $4,202 - 2,840 = 1,362$명, 6일차 $5,888 - 4,202 = 1,686$명, 7일차 $7,210 - 5,888 = 1,322$명으로 전일 대비 수재민이 가장 많이 증가한 날도 6일차이다.

오답분석

① 1일차 대비 7일차의 피해액 증가율은 $\dfrac{7,850 - 700}{700} \times 100 ≒ 1,021.4\%$이고, 복구비용 증가율은 $\dfrac{10,992 - 1,800}{1,800} \times 100 ≒ 510.7\%$이므로 피해액 증가율이 복구비용 증가율보다 높다.

② 최고기온이 가장 낮은 일차는 6일차(27.2℃)이고, 최저기온이 가장 낮은 일차는 7일차(24.1℃)이다.

③ 일차별 시간당 최고 강수량이 가장 많은 날은 6일차(880mm)로 평균습도도 72%로 가장 높지만 최고기온은 27.2℃로 가장 낮다.

④ 일차별 시간당 최고 강수량의 증감방향은 6일차까지 증가하다가 이후 감소하였다. 하지만 일자별 평균습도는 2일차까지 전일 대비 증가하다가 3일차에는 전일 대비 감소하였고, 다시 6일차까지 전일 대비 증가하였다가 이후 감소하였다.

18

정답 ④

일차별 전체 수재민 중 실종자가 차지하는 비율[(수재민)÷(실종자)×100)]을 나타내면 다음과 같다.

일차	수재민(명)	실종자(명)	수재민 중 실종자가 차지하는 비율(%)
1일차	2	582	0.34
2일차	3	920	0.33
3일차	4	1,460	0.27
4일차	4	2,840	0.14
5일차	5	4,202	0.12
6일차	7	5,888	0.12
7일차	8	7,210	0.11

따라서 가장 높은 일차는 1일차(0.34%)이고, 가장 낮은 일차는 7일차(0.11%)이므로 그 차이는 0.34−0.11=0.23%p이다.

19

정답 ②

㉠ 근로자가 총 90명이고 전체에게 지급된 임금의 총액이 2억 원이므로 근로자당 평균 월 급여액은 $\dfrac{2억\ 원}{90명}≒222$만 원이다.

　따라서 평균 월 급여액은 230만 원 이하이다.

㉡ 월 210만 원 이상 급여를 받는 근로자 수는 26+12+8+4=50명이다. 따라서 총 90명의 절반인 45명보다 많으므로 옳은 설명이다.

[오답분석]

㉢ 월 180만 원 미만의 급여를 받는 근로자 수는 6+4=10명이다. 따라서 전체에서 $\dfrac{10}{90}≒11\%$의 비율을 차지하고 있으므로 옳지 않은 설명이다.

㉣ '월 240만 원 이상 월 270만 원 미만'의 구간에서 월 250만 원 이상 받는 근로자의 수는 주어진 자료만으로는 확인할 수 없다.

20

정답 ④

미국의 점수 총합은 4.2+1.9+5.0+4.3=15.4점으로 프랑스의 총점인 5.0+2.8+3.4+3.7=14.9점보다 높다.

[오답분석]

① 기술력 분야에서는 프랑스가 제일 높다.
② 성장성 분야에서 점수가 가장 높은 국가는 한국이고, 시장지배력 분야에서 점수가 가장 높은 국가는 미국이다.
③ 브랜드파워 분야에서 각국 점수 중 최댓값과 최솟값의 차이는 4.3−1.1=3.2점이다.
⑤ 시장지배력 분야의 점수는 일본이 1.7점으로 3.4점인 프랑스보다 낮다.

21

정답 ④

3C 분석에서 고객 분석은 '고객은 자사의 상품 / 서비스에 만족하고 있는지'를, 자사 분석은 '자사가 세운 달성목표와 현상 간에 차이가 없는지'를, 경쟁사 분석은 '경쟁기업의 우수한 점과 자사의 현상과 차이가 없는지'를 질문을 통해 분석하는 방법이다.

[오답분석]

① SWOT 분석에 대한 설명이다.
② STP 전략에 대한 설명이다.
③ 4P(마케팅 믹스)에 대한 설명이다.
⑤ 5 Force Model에 대한 설명이다.

22

문제해결을 위해서는 조직의 기능 단위 수준에서 현 문제점을 분석하지 않고, 다른 문제와 해결방안을 연결하여 모색하는 전략적 사고를 해야 한다.

23

흔히 우리는 창의적인 사고가 특별한 사람들만이 할 수 있는 대단한 능력이라고 생각하지만, 우리는 일상생활에서 창의적인 사고를 끊임없이 하고 있으며, 이러한 창의적 사고는 누구에게나 있는 능력이다. 예를 들어 어떠한 일을 할 때 더 쉬운 방법이 없을까 고민하는 것 역시 창의적 사고 중 하나로 볼 수 있다.

오답분석

②·③·④·⑤ 모두 창의적 사고에 대한 옳은 설명으로, 이 밖에도 창의적 사고는 발산적(확산적) 사고로, 아이디어가 많고 다양하고 독특한 것을 의미한다. 이때 아이디어란 통상적인 것이 아니라 기발하거나 신기하고 독창적인 것이어야 하며, 또한 유용하고 적절하며 가치가 있어야 한다.

24

A사원은 자사의 수익과 성과가 적은 이유를 단순히 영업에서의 문제로 판단하고, 타사에 근무하는 친구의 경험만을 바탕으로 이에 대한 해결방안을 제시하였다. 따라서 문제를 각각의 요소로 나누어 판단하는 분석적 사고가 부족한 사례로 볼 수 있다. A사원은 먼저 문제를 각각의 요소로 나누고, 그 요소의 의미를 도출한 후 우선순위를 부여하여 구체적인 문제해결방법을 실행해야 한다.

25

A기업과 B기업의 사례를 통해 현재 겪고 있는 문제만을 인식하는 기업과 미래에 발생할지도 모르는 문제도 인식하는 기업의 차이가 있음을 알 수 있다. 이러한 관점에서 문제의 유형을 현재 직면하고 있는 발생형 문제, 현재 상황은 문제가 아니지만 현재 상황을 개선하기 위한 탐색형 문제, 장래의 환경변화에 대응해서 앞으로 발생할 수 있는 설정형 문제로 구분할 수 있다. 즉, A기업은 현재 겪고 있는 발생형 문제만을 해결하는 데 급급했지만, B기업은 미래에 발생할지도 모르는 설정형 문제를 인식하고 이를 대비했다. 결국 문제를 인식하는 시점의 차이가 두 기업의 성장에 많은 차이를 초래하였음을 알 수 있다.

26

제시된 사례에 따르면 혼잡한 시간대에도 같은 노선의 앞차를 앞지르지 못하는 버스 운행 규칙으로 인해 버스의 배차 간격이 일정하지 않은 문제가 나타났다.

27

자료에 나타난 논리적 사고 개발 방법은 피라미드 구조 방법으로, 하위의 사실이나 현상부터 사고함으로써 상위의 주장을 만들어가는 방법이다. 그림의 'a~i'와 같은 보조 메시지들을 통해 주요 메인 메시지인 '1~3'을 얻고, 다시 메인 메시지를 종합한 최종적인 정보를 도출해 낸다.

오답분석

① So What 기법에 대한 설명이다.
② Logic Tree 기법에 대한 설명이다.
④ SWOT 기법에 대한 설명이다.
⑤ MECE 기법에 대한 설명이다.

28

②는 접근 연상이 아닌 대비 연상에 해당한다.

> **자유연상법의 유형**
> • 접근 연상 : 주제와 관련이 있는 대상이나 과거의 경험을 떠올리는 것이다.
> • 대비 연상 : 주제와 반대되는 대상을 생각하는 것이다.
> • 유사 연상 : 주제와 유사한 대상이나 경험을 떠올려 보는 활동이다.

29

브레인스토밍은 '질보다 양'의 규칙을 따라 심사숙고하는 것보다 가능한 많은 아이디어를 생각하는 것이 바람직하다.

30

ㄴ. 다수의 풍부한 경제자유구역 성공 사례를 활용하는 것은 강점에 해당되지만, 외국인 근로자를 국내주민과 문화적으로 동화시키려는 시도는 외국인 근로자들의 입주만족도를 저해할 수 있다. 외국인 근로자들의 문화를 존중하는 동시에 외국인 근로자들과 국내주민 간의 문화적 융화를 도모하여야 지역경제발전을 위한 원활한 사회적 토대를 조성할 수 있다. 따라서 해당 전략은 ST전략으로 적절하지 않다.
ㄹ. 경제자유구역 인근 대도시와의 연계를 활성화하면 오히려 인근 기성 대도시의 산업이 확장된 교통망을 바탕으로 경제자유구역의 사업을 흡수할 위험이 커진다. 또한 인근 대도시와의 연계 확대는 경제자유구역 내 국내·외 기업 간의 구조 및 운영상 이질감을 해소하는 데에 직접적인 도움이 된다고 보기 어렵다.

[오답분석]
ㄱ. 경제호황으로 인해 자국을 벗어나 타국으로 진출하려는 해외기업이 증가하는 기회상황에서 성공적 경험에서 축적된 우리나라의 경제자유구역 조성 노하우로 이들을 유인하여 유치하는 전략은 SO전략에 해당한다.
ㄷ. 기존에 국내에 입주한 해외기업의 동형화 사례를 활용하여 국내기업과 외국계 기업의 운영상 이질감을 해소하여 생산성을 증대시키는 전략은 WO전략에 해당한다.

31

영리 기반 공유경제 플랫폼은 효율적이지만, 노동자의 고용안정성을 취약하게 하고 소수에게 이익이 독점되는 문제가 있다.

32

보관 물품의 경우에도 물품의 특성에 따른 효율적 구분이 필요하다. 보관 물품이 사용 물품으로 전환되는 경우 해당 물품을 찾기 위한 시간이 소요되기 때문이다.

[오답분석]
① 사용 물품과 보관 물품을 구분하지 않을 경우 가까운 시일 내에 활용하게 될 물품을 보관하다가 다시 꺼내야 하는 경우가 발생할 수 있으므로 처음부터 물품의 사용 여부를 고려하여 보관하여야 한다.
② 모든 물품을 같이 놓아두게 된다면 개별 물품의 훼손이 생길 수 있으므로 물품의 특성을 고려하여 보관 장소를 선정하여야 한다.
④ 유사품을 인접한 장소에 보관하면 특정 물품의 정확한 위치는 모르더라도 대략의 위치를 알고 있으므로 찾는 시간을 단축할 수 있다.
⑤ 재질의 차이에 따라 보관 장소의 차이를 두는 것이 필요한데, 특히 유리의 경우 쉽게 파손될 우려가 있으므로 따로 보관하는 것이 좋다.

33

정답 ①

㉠ 시간자원을 최대한 활용하기 위해 가장 많이 반복되는 일에 가장 많은 시간을 분배한다.
㉡ 시간 계획을 위한 기본 원리는 하루 시간의 60%를 계획된 행동에 할애하고 40%는 비계획된 행동에 할애하는 60 : 40의 규칙을 따른다.

34

정답 ③

SMART 법칙은 자신의 목표를 구체적이고, 현실적으로 언제까지 달성 가능하며, 목표의 달성여부를 판단하기 위해 측정이 가능하게 계획을 세우는 것이다. 따라서 '나는 부지런하고 성실한 사람이 되겠다.'는 구체적이지 않고 모호하므로 SMART 법칙에 따른 목표의 예시로 적절하지 않다.

35

정답 ②

인건비는 제품 생산에 직접적으로 소비된 것으로 직접비에 해당하며, 출장비 역시 제품 생산 또는 서비스를 창출하기 위해 출장이나 타 지역으로의 이동이 필요한 경우와 기타 과제 수행상 발생하는 다양한 비용을 포함하며, 이는 제품 생산을 위해 직접적으로 소비된 직접비에 해당한다.

오답분석
① 통신비 : 회사의 업무 용도로 개인 휴대폰을 이용하였을 경우 지급되는 사용료로, 제품 생산을 위해 간접적을 소비된 간접비에 해당한다.
③ 광고비 : 광고활동을 위해 사용되는 비용으로, 광고 선전비라고도 불리며 이는 제품 생산에 직접적으로 소비되지 않는 간접비에 해당한다.
④ 보험료 : 보험계약자가 보험계약에 의거하여 보험자에게 지급하는 요금으로, 제품 생산에 직접적으로 소비되지 않는 간접비에 해당한다.
⑤ 사무비품비 : 사무실에서 사용하는 도구나 부속품에 사용되는 비용으로, 제품 생산에 직접적으로 소비되지 않는 간접비에 해당한다.

36

정답 ④

제시문에서 설명하는 인력채용방식은 '사내추천제도'이다. 사내추천제도는 검증된 인재를 채용할 수 있고, 각종 비용을 줄일 수 있어 기업들이 선호하는 제도이다. 또한, 사내추천제도로 채용된 직원들의 이직률이 낮다는 점에서 인력 이동이 잦은 IT업계나 외국계 기업에서 두드러지게 활용된다.

오답분석
① 공개채용제도 : 자격을 갖춘 모든 사람에게 지원할 기회를 제공하고 공정한 경쟁과정을 통해 적합한 인재를 채용하는 방식이다.
② 수시채용제도 : 기업이 신규 사업 진출이나 인력 수요가 생겼을 때 채용공고를 통해 충원하는 채용방식이다.
③ 학교추천제도 : 기업들이 대학의 교수진으로부터 인재를 추천받아 채용하는 방식이다.
⑤ 헤드헌팅을 통한 채용 : 전문 인력채용 업체에서 제공하는 고급・전문 인력의 재취업이나 스카우트 중개를 통해 인력을 채용하는 방식이다.

37

정답 ①

(가) 적자 발생 : 예산을 실제보다 낮게 책정하면 프로젝트 자체가 이익을 주는 것이 아니라 오히려 적자가 나는 경우가 발생할 수 있다.
(나) 경쟁력 손실 : 예산을 실제보다 높게 책정하면 비용이 제품에 반영되어 경쟁력을 잃어버리게 된다.
(다) 이상적 상태 : 예산과 실제 비용이 비슷한 상태가 가장 이상적인 상태라고 할 수 있다.

38

A기업은 전자가격표시기의 도입으로 작업 소요 시간을 일주일 평균 31시간에서 3.8시간으로 단축하였다. 기업의 입장에서 작업 소요 시간을 단축하게 되면 생산성 향상, 가격 인상, 위험 감소, 시장 점유율 증가의 효과를 얻을 수 있다.

39

D는 물품을 분실한 경우로, 보관 장소를 파악하지 못한 경우와 비슷할 수 있으나 분실한 경우에는 물품을 다시 구입하지 않으면 향후 활용할 수 없다는 점에서 차이가 있다. 물품을 분실한 경우 물품을 다시 구입해야 하므로 경제적인 손실을 가져올 수 있으며, 경우에 따라 동일한 물품이 시중에서 판매되지 않는 경우가 있을 수 있다.

40

기사에 따르면 관세청은 QR코드 방식의 통관표지를 사용하여 병행수입물품을 관리하고 있다. QR코드의 경우 바코드에 비해 인식률이 우수하며, 코드 모양이 정사각형이므로 360도 어느 방향으로 읽어도 정확하게 인식할 수 있다.

[오답분석]
① QR코드는 1차원적 구성의 바코드와 달리 사각형의 가로세로 격자무늬의 2차원 코드에 정보를 담는다.
② QR코드는 기존 바코드에 비해 많은 양의 정보를 넣을 수 있으며, 정보의 인식 속도 역시 뛰어나다.
③ QR코드는 오류 복원 기능이 있어 코드 일부분이 오염되거나 손상되어도 정보를 복원할 수 있다.
④ 일반적으로 바코드의 정보를 파악하기 위해서는 전용 단말기가 필요하지만, QR코드의 경우 스마트폰만 있으면 상품 정보를 파악할 수 있다.

우리가 해야 할 일은 끊임없이 호기심을 갖고
새로운 생각을 시험해 보고 새로운 인상을 받는 것이다.

– 월터 페이터 –

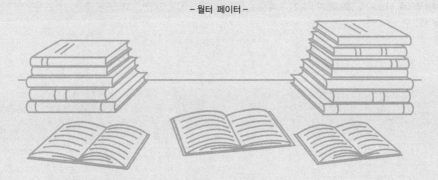

모듈형 NCS 핵심영역 답안카드

문항						문항					
1	①	②	③	④	⑤	21	①	②	③	④	⑤
2	①	②	③	④	⑤	22	①	②	③	④	⑤
3	①	②	③	④	⑤	23	①	②	③	④	⑤
4	①	②	③	④	⑤	24	①	②	③	④	⑤
5	①	②	③	④	⑤	25	①	②	③	④	⑤
6	①	②	③	④	⑤	26	①	②	③	④	⑤
7	①	②	③	④	⑤	27	①	②	③	④	⑤
8	①	②	③	④	⑤	28	①	②	③	④	⑤
9	①	②	③	④	⑤	29	①	②	③	④	⑤
10	①	②	③	④	⑤	30	①	②	③	④	⑤
11	①	②	③	④	⑤	31	①	②	③	④	⑤
12	①	②	③	④	⑤	32	①	②	③	④	⑤
13	①	②	③	④	⑤	33	①	②	③	④	⑤
14	①	②	③	④	⑤	34	①	②	③	④	⑤
15	①	②	③	④	⑤	35	①	②	③	④	⑤
16	①	②	③	④	⑤	36	①	②	③	④	⑤
17	①	②	③	④	⑤	37	①	②	③	④	⑤
18	①	②	③	④	⑤	38	①	②	③	④	⑤
19	①	②	③	④	⑤	39	①	②	③	④	⑤
20	①	②	③	④	⑤	40	①	②	③	④	⑤

모듈형 NCS 핵심영역 답안카드

성 명

지원 분야

문제지 형별기재란

( )형 Ⓐ Ⓑ

수 험 번 호

감독위원 확인

인

문번	답란	문번	답란
1	① ② ③ ④ ⑤	21	① ② ③ ④ ⑤
2	① ② ③ ④ ⑤	22	① ② ③ ④ ⑤
3	① ② ③ ④ ⑤	23	① ② ③ ④ ⑤
4	① ② ③ ④ ⑤	24	① ② ③ ④ ⑤
5	① ② ③ ④ ⑤	25	① ② ③ ④ ⑤
6	① ② ③ ④ ⑤	26	① ② ③ ④ ⑤
7	① ② ③ ④ ⑤	27	① ② ③ ④ ⑤
8	① ② ③ ④ ⑤	28	① ② ③ ④ ⑤
9	① ② ③ ④ ⑤	29	① ② ③ ④ ⑤
10	① ② ③ ④ ⑤	30	① ② ③ ④ ⑤
11	① ② ③ ④ ⑤	31	① ② ③ ④ ⑤
12	① ② ③ ④ ⑤	32	① ② ③ ④ ⑤
13	① ② ③ ④ ⑤	33	① ② ③ ④ ⑤
14	① ② ③ ④ ⑤	34	① ② ③ ④ ⑤
15	① ② ③ ④ ⑤	35	① ② ③ ④ ⑤
16	① ② ③ ④ ⑤	36	① ② ③ ④ ⑤
17	① ② ③ ④ ⑤	37	① ② ③ ④ ⑤
18	① ② ③ ④ ⑤	38	① ② ③ ④ ⑤
19	① ② ③ ④ ⑤	39	① ② ③ ④ ⑤
20	① ② ③ ④ ⑤	40	① ② ③ ④ ⑤

모듈형 NCS 핵심영역 답안카드

성 명	

지원 분야	

문제지 형별기재란	
( )형	Ⓐ Ⓑ

수험번호

⓪	⓪	⓪	⓪	⓪	⓪	⓪
①	①	①	①	①	①	①
②	②	②	②	②	②	②
③	③	③	③	③	③	③
④	④	④	④	④	④	④
⑤	⑤	⑤	⑤	⑤	⑤	⑤
⑥	⑥	⑥	⑥	⑥	⑥	⑥
⑦	⑦	⑦	⑦	⑦	⑦	⑦
⑧	⑧	⑧	⑧	⑧	⑧	⑧
⑨	⑨	⑨	⑨	⑨	⑨	⑨

감독위원 확인
(인)

1	① ② ③ ④ ⑤
2	① ② ③ ④ ⑤
3	① ② ③ ④ ⑤
4	① ② ③ ④ ⑤
5	① ② ③ ④ ⑤
6	① ② ③ ④ ⑤
7	① ② ③ ④ ⑤
8	① ② ③ ④ ⑤
9	① ② ③ ④ ⑤
10	① ② ③ ④ ⑤
11	① ② ③ ④ ⑤
12	① ② ③ ④ ⑤
13	① ② ③ ④ ⑤
14	① ② ③ ④ ⑤
15	① ② ③ ④ ⑤
16	① ② ③ ④ ⑤
17	① ② ③ ④ ⑤
18	① ② ③ ④ ⑤
19	① ② ③ ④ ⑤
20	① ② ③ ④ ⑤

21	① ② ③ ④ ⑤
22	① ② ③ ④ ⑤
23	① ② ③ ④ ⑤
24	① ② ③ ④ ⑤
25	① ② ③ ④ ⑤
26	① ② ③ ④ ⑤
27	① ② ③ ④ ⑤
28	① ② ③ ④ ⑤
29	① ② ③ ④ ⑤
30	① ② ③ ④ ⑤
31	① ② ③ ④ ⑤
32	① ② ③ ④ ⑤
33	① ② ③ ④ ⑤
34	① ② ③ ④ ⑤
35	① ② ③ ④ ⑤
36	① ② ③ ④ ⑤
37	① ② ③ ④ ⑤
38	① ② ③ ④ ⑤
39	① ② ③ ④ ⑤
40	① ② ③ ④ ⑤

모듈형 NCS 핵심영역 답안카드

성명	

지원분야	

문제지 형별기재란

Ⓐ
Ⓑ

(　)형

수험번호

⓪	①	②	③	④	⑤	⑥	⑦	⑧	⑨
⓪	①	②	③	④	⑤	⑥	⑦	⑧	⑨
⓪	①	②	③	④	⑤	⑥	⑦	⑧	⑨
⓪	①	②	③	④	⑤	⑥	⑦	⑧	⑨
⓪	①	②	③	④	⑤	⑥	⑦	⑧	⑨
⓪	①	②	③	④	⑤	⑥	⑦	⑧	⑨
⓪	①	②	③	④	⑤	⑥	⑦	⑧	⑨

감독위원 확인	

(인)

1	① ② ③ ④ ⑤	21	① ② ③ ④ ⑤
2	① ② ③ ④ ⑤	22	① ② ③ ④ ⑤
3	① ② ③ ④ ⑤	23	① ② ③ ④ ⑤
4	① ② ③ ④ ⑤	24	① ② ③ ④ ⑤
5	① ② ③ ④ ⑤	25	① ② ③ ④ ⑤
6	① ② ③ ④ ⑤	26	① ② ③ ④ ⑤
7	① ② ③ ④ ⑤	27	① ② ③ ④ ⑤
8	① ② ③ ④ ⑤	28	① ② ③ ④ ⑤
9	① ② ③ ④ ⑤	29	① ② ③ ④ ⑤
10	① ② ③ ④ ⑤	30	① ② ③ ④ ⑤
11	① ② ③ ④ ⑤	31	① ② ③ ④ ⑤
12	① ② ③ ④ ⑤	32	① ② ③ ④ ⑤
13	① ② ③ ④ ⑤	33	① ② ③ ④ ⑤
14	① ② ③ ④ ⑤	34	① ② ③ ④ ⑤
15	① ② ③ ④ ⑤	35	① ② ③ ④ ⑤
16	① ② ③ ④ ⑤	36	① ② ③ ④ ⑤
17	① ② ③ ④ ⑤	37	① ② ③ ④ ⑤
18	① ② ③ ④ ⑤	38	① ② ③ ④ ⑤
19	① ② ③ ④ ⑤	39	① ② ③ ④ ⑤
20	① ② ③ ④ ⑤	40	① ② ③ ④ ⑤

※ 본 답안지는 마킹연습용 모의 답안지입니다.

모듈형 NCS 핵심영역 답안카드

1	① ② ③ ④ ⑤	21	① ② ③ ④ ⑤
2	① ② ③ ④ ⑤	22	① ② ③ ④ ⑤
3	① ② ③ ④ ⑤	23	① ② ③ ④ ⑤
4	① ② ③ ④ ⑤	24	① ② ③ ④ ⑤
5	① ② ③ ④ ⑤	25	① ② ③ ④ ⑤
6	① ② ③ ④ ⑤	26	① ② ③ ④ ⑤
7	① ② ③ ④ ⑤	27	① ② ③ ④ ⑤
8	① ② ③ ④ ⑤	28	① ② ③ ④ ⑤
9	① ② ③ ④ ⑤	29	① ② ③ ④ ⑤
10	① ② ③ ④ ⑤	30	① ② ③ ④ ⑤
11	① ② ③ ④ ⑤	31	① ② ③ ④ ⑤
12	① ② ③ ④ ⑤	32	① ② ③ ④ ⑤
13	① ② ③ ④ ⑤	33	① ② ③ ④ ⑤
14	① ② ③ ④ ⑤	34	① ② ③ ④ ⑤
15	① ② ③ ④ ⑤	35	① ② ③ ④ ⑤
16	① ② ③ ④ ⑤	36	① ② ③ ④ ⑤
17	① ② ③ ④ ⑤	37	① ② ③ ④ ⑤
18	① ② ③ ④ ⑤	38	① ② ③ ④ ⑤
19	① ② ③ ④ ⑤	39	① ② ③ ④ ⑤
20	① ② ③ ④ ⑤	40	① ② ③ ④ ⑤

※ 본 답안지는 마킹연습용 모의 답안지입니다.

모듈형 NCS 핵심영역 답안카드

성 명	

지원 분야	

문제지 형별기재란	Ⓐ Ⓑ
( )형	

수 험 번 호

| ⓪ ① ② ③ ④ ⑤ ⑥ ⑦ ⑧ ⑨ |
| ⓪ ① ② ③ ④ ⑤ ⑥ ⑦ ⑧ ⑨ |
| ⓪ ① ② ③ ④ ⑤ ⑥ ⑦ ⑧ ⑨ |
| ⓪ ① ② ③ ④ ⑤ ⑥ ⑦ ⑧ ⑨ |
| ⓪ ① ② ③ ④ ⑤ ⑥ ⑦ ⑧ ⑨ |
| ⓪ ① ② ③ ④ ⑤ ⑥ ⑦ ⑧ ⑨ |
| ⓪ ① ② ③ ④ ⑤ ⑥ ⑦ ⑧ ⑨ |

감독위원 확인	인

번호	답란	번호	답란
1	① ② ③ ④ ⑤	21	① ② ③ ④ ⑤
2	① ② ③ ④ ⑤	22	① ② ③ ④ ⑤
3	① ② ③ ④ ⑤	23	① ② ③ ④ ⑤
4	① ② ③ ④ ⑤	24	① ② ③ ④ ⑤
5	① ② ③ ④ ⑤	25	① ② ③ ④ ⑤
6	① ② ③ ④ ⑤	26	① ② ③ ④ ⑤
7	① ② ③ ④ ⑤	27	① ② ③ ④ ⑤
8	① ② ③ ④ ⑤	28	① ② ③ ④ ⑤
9	① ② ③ ④ ⑤	29	① ② ③ ④ ⑤
10	① ② ③ ④ ⑤	30	① ② ③ ④ ⑤
11	① ② ③ ④ ⑤	31	① ② ③ ④ ⑤
12	① ② ③ ④ ⑤	32	① ② ③ ④ ⑤
13	① ② ③ ④ ⑤	33	① ② ③ ④ ⑤
14	① ② ③ ④ ⑤	34	① ② ③ ④ ⑤
15	① ② ③ ④ ⑤	35	① ② ③ ④ ⑤
16	① ② ③ ④ ⑤	36	① ② ③ ④ ⑤
17	① ② ③ ④ ⑤	37	① ② ③ ④ ⑤
18	① ② ③ ④ ⑤	38	① ② ③ ④ ⑤
19	① ② ③ ④ ⑤	39	① ② ③ ④ ⑤
20	① ② ③ ④ ⑤	40	① ② ③ ④ ⑤

모듈형 NCS 핵심영역 답안카드

성 명	

지원 분야	

문제지 형별기재란

( )형   Ⓐ   Ⓑ

수 험 번 호

⑩	⑩	⑩	⑩	⑩	⑩	⑩
①	①	①	①	①	①	①
②	②	②	②	②	②	②
③	③	③	③	③	③	③
④	④	④	④	④	④	④
⑤	⑤	⑤	⑤	⑤	⑤	⑤
⑥	⑥	⑥	⑥	⑥	⑥	⑥
⑦	⑦	⑦	⑦	⑦	⑦	⑦
⑧	⑧	⑧	⑧	⑧	⑧	⑧
⑨	⑨	⑨	⑨	⑨	⑨	⑨

감독위원 확인

(인)

1	① ② ③ ④ ⑤
2	① ② ③ ④ ⑤
3	① ② ③ ④ ⑤
4	① ② ③ ④ ⑤
5	① ② ③ ④ ⑤
6	① ② ③ ④ ⑤
7	① ② ③ ④ ⑤
8	① ② ③ ④ ⑤
9	① ② ③ ④ ⑤
10	① ② ③ ④ ⑤
11	① ② ③ ④ ⑤
12	① ② ③ ④ ⑤
13	① ② ③ ④ ⑤
14	① ② ③ ④ ⑤
15	① ② ③ ④ ⑤
16	① ② ③ ④ ⑤
17	① ② ③ ④ ⑤
18	① ② ③ ④ ⑤
19	① ② ③ ④ ⑤
20	① ② ③ ④ ⑤

21	① ② ③ ④ ⑤
22	① ② ③ ④ ⑤
23	① ② ③ ④ ⑤
24	① ② ③ ④ ⑤
25	① ② ③ ④ ⑤
26	① ② ③ ④ ⑤
27	① ② ③ ④ ⑤
28	① ② ③ ④ ⑤
29	① ② ③ ④ ⑤
30	① ② ③ ④ ⑤
31	① ② ③ ④ ⑤
32	① ② ③ ④ ⑤
33	① ② ③ ④ ⑤
34	① ② ③ ④ ⑤
35	① ② ③ ④ ⑤
36	① ② ③ ④ ⑤
37	① ② ③ ④ ⑤
38	① ② ③ ④ ⑤
39	① ② ③ ④ ⑤
40	① ② ③ ④ ⑤

※ 본 답안카드는 마킹연습용 모의 답안카드입니다.

모듈형 NCS 핵심영역 답안카드

문번	1	2	3	4	5	문번	1	2	3	4	5
1	①	②	③	④	⑤	21	①	②	③	④	⑤
2	①	②	③	④	⑤	22	①	②	③	④	⑤
3	①	②	③	④	⑤	23	①	②	③	④	⑤
4	①	②	③	④	⑤	24	①	②	③	④	⑤
5	①	②	③	④	⑤	25	①	②	③	④	⑤
6	①	②	③	④	⑤	26	①	②	③	④	⑤
7	①	②	③	④	⑤	27	①	②	③	④	⑤
8	①	②	③	④	⑤	28	①	②	③	④	⑤
9	①	②	③	④	⑤	29	①	②	③	④	⑤
10	①	②	③	④	⑤	30	①	②	③	④	⑤
11	①	②	③	④	⑤	31	①	②	③	④	⑤
12	①	②	③	④	⑤	32	①	②	③	④	⑤
13	①	②	③	④	⑤	33	①	②	③	④	⑤
14	①	②	③	④	⑤	34	①	②	③	④	⑤
15	①	②	③	④	⑤	35	①	②	③	④	⑤
16	①	②	③	④	⑤	36	①	②	③	④	⑤
17	①	②	③	④	⑤	37	①	②	③	④	⑤
18	①	②	③	④	⑤	38	①	②	③	④	⑤
19	①	②	③	④	⑤	39	①	②	③	④	⑤
20	①	②	③	④	⑤	40	①	②	③	④	⑤

성명

지원분야

문제지 형별기재란

형 ( )
Ⓐ Ⓑ

수험번호

⓪	①	②	③	④	⑤	⑥	⑦	⑧	⑨
⓪	①	②	③	④	⑤	⑥	⑦	⑧	⑨
⓪	①	②	③	④	⑤	⑥	⑦	⑧	⑨
⓪	①	②	③	④	⑤	⑥	⑦	⑧	⑨
⓪	①	②	③	④	⑤	⑥	⑦	⑧	⑨
⓪	①	②	③	④	⑤	⑥	⑦	⑧	⑨
⓪	①	②	③	④	⑤	⑥	⑦	⑧	⑨

감독위원 확인

(인)

2024 최신판 시대에듀 모듈형
NCS 핵심영역 한권으로 끝내기 + 무료NCS특강

개정3판1쇄 발행	2024년 09월 20일 (인쇄 2024년 05월 30일)
초 판 발 행	2021년 02월 10일 (인쇄 2020년 11월 26일)
발 행 인	박영일
책 임 편 집	이해욱
편 저	SDC(Sidae Data Center)
편 집 진 행	김재희 · 김미진
표지디자인	조혜령
편집디자인	김경원 · 장성복
발 행 처	(주)시대고시기획
출 판 등 록	제10-1521호
주 소	서울시 마포구 큰우물로 75 [도화동 538 성지 B/D] 9F
전 화	1600-3600
팩 스	02-701-8823
홈 페 이 지	www.sdedu.co.kr
I S B N	979-11-383-7277-0 (13320)
정 가	20,000원

모듈형
NCS
핵심영역
한권으로 끝내기